梅　锋　李从容　著

设计思维

开启中小学创新教育之门

上海科技教育出版社

图书在版编目(CIP)数据

设计思维:开启中小学创新教育之门/梅锋,李从容著. —上海:上海科技教育出版社,2021.8
ISBN 978-7-5428-7565-5

Ⅰ.①设… Ⅱ.①梅… ②李… Ⅲ.①创造教育—教学研究—中小学 Ⅳ.①G632.0

中国版本图书馆CIP数据核字(2021)第137892号

责任编辑　陈怡嘉
封面设计　杨　静

设计思维
——开启中小学创新教育之门
梅　锋　李从容　著

出版发行　上海科技教育出版社有限公司
　　　　　(上海市柳州路218号　邮政编码200235)
网　　址　www.sste.com　www.ewen.co
经　　销　各地新华书店
印　　刷　上海盛通时代印刷有限公司
开　　本　787×1092　1/16
印　　张　14.5
插　　页　8
版　　次　2021年8月第1版
印　　次　2021年8月第1次印刷
书　　号　ISBN 978-7-5428-7565-5/G·4467
定　　价　78.00元

序 | Foreword

作为一个长期从事科研工作、同时又十分关注我国科技教育的一线科技工作者,我对这本书的主题感到十分亲切。作者团队基于现有教育模式中的创新理念,从设计思维入手,探索出了一个崭新的切入点。我认为,以设计思维理念作为学生课堂教育的补充是非常必要且有益的。

设计思维,本质上是一种以人为本的问题解决方法。这一概念最早来自工程设计领域,其中融合了设计者对科学、技术的人性化思考。随着社会的发展,其概念的内涵和外延不断演化,逐渐形成了目前的样子。

设计思维课程将设计者规划、实践、解决实际问题的思考方式萃取出来,再用系统化的方法传达给学生。这个过程包含移情、定义问题、设想解决方案、制造原型和测试成果几个步骤——在测试之后,如果没有达到预期效果,还需要进行反思、排除干扰、继续优化。这整个过程蕴含着科学精神的许多要素:理解实际问题、理性思考、大胆假设、实践求证、不屈不挠。让学生完整地体验这一切,对于培养青少年创新能力和综合素质很有帮助。

设计思维课程与大部分学科课程不同,它在提出的问题与解决方法之间保留了足够的空间。在设计思维课的课堂上是没有标准答案的,每一堂课都是由教师带领学生进行的一次探索。世界上大多数科学技术的研究工作也是如此。科学和技术的发展是为了解决人类社会在某个领域遇到的实际问题,每一次进步与创新都要通过艰辛却充满乐趣的探索来实现。在探索中,我们总是在挑战极限,总是在开拓人类认知的新边疆。探索者既需要聪明灵活的大脑,又需要努力、坚韧的精神,还需要严谨规范的知识积累。我很高兴地看到,有人正在将这些方法与感悟,以普及教育的方式传授给我们的下一代。在国家大力倡导科技创新与素质教育的今天,这样的工作是非常有意义的。

此外,本书还提出:创新和设计是紧密联系在一起的,在充满了可能性的真实世界中,

"人人都是设计师"。每个人都能通过设计,实现微小的创新;而一个看似困难的创新目标,是可以通过分析拆解成若干"微创新"来实现的——这就体现了引导的重要性。本书细致地讲解了很多案例,帮助教师迅速理解如何把设计思维融入教学,为学生的学习搭建"骨架"、架设"桥梁",帮助他们"跳一跳"够到更高的阶梯。

  我希望学生把"勤奋""好奇""渐进""远志"八个字记在心中。好奇心需要由系统化的观察和学习来支撑,从思维习惯开始,夯实创新的基本功,才能保证在未来厚积薄发,实现"渐进"和"远志"的目标。我相信,经过系统化的思维训练,学生能找到关于创新、设计的思考路径,摸索出适合自己的学习方法,并能够在实际生活中进行应用。如果下一代都能具备良好的学习能力和解决实际问题的能力,我们国家的科技创新发展战略目标必能尽早实现。

2021 年 6 月

前言 | Preface

本书缘起于这个时代。

在这个科技与信息如洪流般冲击全球的时代，培养创新人才是我们的核心目标，而基础教育是培养创新人才的摇篮、兴国的要义。未来，人才的核心竞争力是社会主义核心价值观与强大的创新能力。从2000年开始，我国基础教育课程改革就提出要培养学生的创新与实践能力，至今已探索了二十年。我们以创造活动的起点——设计思维——为抓手，花了近十年时间进行跨学科研究，并且在全国各地的中小学校展开了实践。

本书是我们近十年来在设计思维领域耕耘的成果，包括我们所有的理论思考、课程开发、模式探索，也包含了各地一线教师在课堂实践中对成功经验的总结和对不足的反思。

本书提出了关于学习、设计与创新的三个核心素养、六个基础能力。围绕这些理念而开设的《设计思维》课程，能有效培养学生的创新意识与创新能力，培养学生跨学科综合运用知识、解决实际问题的意识和能力，能帮助学生有效提升学科学习的动力。设计思维课程既为一线教学服务，也从一线教学中不断汲取养料、提炼总结。如今，它已经发展成为具备理论体系、课程内容、教学框架与测评工具的完整体系。

在从事设计思维教育的近十年间，我们得到了来自各方面的帮助：有备受尊敬的专家学者，有严谨治学的教科研人员，有志同道合的高等院校，有来自北京、上海、贵阳、青岛、宁夏以及长春的教育管理部门，有中小学校长及教师，还有积极参与的众多学生与家长。他们给了我们很多专业建议，还提供了大量科研论文、教学设计案例、教学图片和录课视频。由于提供帮助的个人和单位众多，无法逐一提及，我们在此一并表示衷心感谢。本书中选用了部分案例，我们标明了相关老师、学校。如果没有他们，我们的研究不可能达到理论与实践相结合的水平。

本书要特别感谢北京教育学院二级教授李晶老师。李教授在中小学教师继续教育和综合理科课程两个方向上深耕数十年，成果卓著。在她的悉心指引与启发下，我们在实践中不断修正方向,丰满羽翼。设计思维教育,并非为培养专业设计师而设置,其课程兼具科学的理性与艺术的感性。我们秉承"把眼光放长远,把思想放高处"的原则,在解决实际问题的过程中,促进学生把所学知识结构化,提升学习能力与创新素养。在不远的将来,希望我们的学生能够用设计视角观察世界,用设计思维思考世界,用设计语言表达世界,用设计方法创造世界。这将是对时代最好的回应!

梅　锋　李从容
2021年7月

目录

第一章　设计思维教育综述 / 001

第一节　设计思维的起源与发展 / 003
第二节　设计思维的概念和特点 / 005
第三节　中小学开展设计思维教育的意义 / 017

第二章　服务K-8创新和学科教育 / 023

第一节　K-8设计思维课程的定义 / 025
第二节　设计思维课程与学科课程的异同 / 026
第三节　从人脑认知原理看设计思维课程的作用 / 031
第四节　K-8阶段设计思维课程教学目标 / 035
第五节　教学设计案例——拯救机场口渴者 / 044

第三章　设计思维核心素养之一：系统思想 / 053

第一节　创新与设计思维的关系（之一）/ 055
第二节　用系统思想观察、分析、理解事物 / 058
第三节　重新审视设计思维五大特征 / 069
第四节　教学设计案例——刀叉棍 / 073

第四章　设计思维核心素养之二：表现力 / 083

第一节　创新与设计思维的关系（之二）/ 085

第二节　多维度提升表现力 / 087
第三节　教学设计案例——揭秘色彩 / 095

第五章　设计思维核心素养之三：创新技巧 / 101

第一节　创新与设计思维的关系（之三）/ 103
第二节　适合于中小学创新教育的创新技巧划分方法 / 107
第三节　教学设计案例——黑暗中的光明 / 110

第六章　学习的六大基础思维能力 / 125

第一节　中小学学科教学目标和核心素养分析 / 127
第二节　学习的六大基础思维能力在各学科中的应用 / 129
第三节　教学设计案例——小小设计师 / 147

第七章　设计思维课程目标体系 / 155

第一节　K-8设计思维教育目标体系 / 157
第二节　设计思维的教学学段目标 / 158
第三节　设计思维水平测试分析 / 163

第八章　设计思维教学实施建议 / 171

第一节　在日常教学中融合创新素养教育 / 173
第二节　关于教学方法、环节与资源的建议 / 179
第三节　教学设计案例——影子（学科教学·语文读本阅读）/ 183
第四节　教学设计案例——变废为宝（作品评价）/ 191

附录一　设计思维教育与其他教育理念差异及关系的辨析 / 196
附录二　义务教育阶段课程标准中的教学目标（节选）/ 204
附录三　高中课程标准中的学科核心素养（节选）/ 218

第一章 设计思维教育综述

>>> 我们生活的时代发展如此迅猛,以至于五年前的事对于很多人来说已经恍如隔世,生活在大中型城市的人对此体会更深。世界在飞速改变,如果要从教育、科技、政治、经济和商业领域找一个共同的高频词语,那一定非"创新"莫属。创新带来了更快速的经济增长、更丰富多彩的生活和对美好未来的憧憬。然而,这也给我们教育工作者带来了一个巨大的困惑:怎样培养学生的创新精神、创新思维和创新能力?怎样帮助学生在未来激烈的社会竞争中生存发展?未来的青年,既要为自己和家人带来幸福,也要为社会、国家和人类创造更多的物质财富和精神财富。这不仅仅是国家对教育工作者的希望和要求,也是所有中国人在未来拥有更好生活水平的关键。

第 一 节

设计思维的起源与发展

第二次世界大战结束之后,电气化、信息化、全球化的趋势推动着世界不断加速发展,技术的进步帮助数以亿计的人口摆脱贫困,也提高了相当一部分人的生活水平。然而技术革命也产生了负面影响:工业化生产排放的大量温室气体正在影响地球的气候,过度开发导致了生态灾难,商业营销塑造出不健康的生活方式,这些都给人类带来了隐患。我们逐渐意识到,过去的发展模式已经不能适应当今世界的发展了。人类需要更多的创新平衡个人、社会、环境的不同需求的新技术和新产品;去摸索解决健康、贫困和教育问题的新思路;去实践兼顾各种利益的新策略。

"设计思维"的理念就是在这样的背景下应运而生的。20世纪50—60年代,在西方逐渐兴起了一股研究发展"新设计技术"和"创新技术"的热潮,一批学者从不同领域各自独立或相互启发地提出了"设计思维"的概念。

在不同语境和文化观念中,创新有完全不同的意义。就像"科学家"一词,在有的文化中,只有伽利略、牛顿、爱因斯坦等科学伟人才配叫"科学家";而在有的文化中,只要从事科学研究工作的人(scientist)都是科学家。"创新"一词也一样。在设计思维的语境中,创新不必是"从无到有"的发明,在新的条件下使用已有的方法、素材或材料也是创新,即使是微小的改进也可被称为"微创新"。事实上,创新不是无源之水,即使对最伟大的设计师来说也是如此。例如,贝聿铭在卢浮宫的入口处设计建造了玻璃材质的埃及金字塔——无论是金字塔还是玻璃材质都是现有的,但他把代表现代文明(玻璃)和代表古老文明(金字塔)的两个元素放在标志着近代西方文明的卢浮宫前,就是大胆且伟大的创新(见插页

图1-1）。

我们越来越迫切地需要创新。然而,创新不是地底下的石油、田里的小麦、城市里的房子,可以按照一定"流程"按部就班地"生产"出来。事实上,"创新"是"流程"和"常规套路"的反面,它往往出现在按照流程和常规方法无法达成目标的时刻。这使我们面临着一个困境:如何找到培养创新能力的"常规方法"呢？这就和设计思维有关了。

斯坦福大学机械工程系和商业管理系教授阿诺德(John Arnold)从"创新工程"的角度、英国皇家艺术学院的教授阿切尔(L. Bruce Archer)从系统思想的角度分别提出了"设计思维"的概念。越来越多的学者也加入了对这个概念的探索和拓展中。他们把设计思维的研究扩展到了更多领域,如科学领域——典型代表是西蒙(Herbert Alexander Simon,著作《人工科学》)、设计工程领域——典型代表是麦金姆(Robert McKim,著作《视觉思维的体验》)、建筑领域——典型代表为劳森(Brain Lawson,著作《设计师怎样思考》)、通识教育领域——典型代表为克罗斯(Nigel Cross,著作《设计师式的认知》),此外,建筑与规划设计界泰斗罗(Peter G. Rowe)教授的建筑设计和城市规划著作《设计思维》也扩大了这一概念的影响。

随着"设计思维"理念逐渐被理解,教育界开始探索如何把它由理论变成实践。1991年,荷兰著名的代尔夫特理工大学组织了一系列关于设计思维的国际研讨会。接着,斯坦福大学副教授法斯特(Rolf Faste)开设了一门名为"设计思维:一种创新方法"的课。而法斯特的同事——凯利(David M. Kelley)把设计思维运用到了商业领域,创立了设计咨询公司IDEO。此后,"设计思维"的理念在学界和企业界的推动下不断发展,成为一种综合产品、服务、结构、空间、经验等多方面信息,系统化地解决实际问题的方法论。设计思维被广泛应用于产品设计、广告营销、企业管理、工业过程设计等领域。随着应用领域的拓展,对设计思维的研究也逐渐分化出三个研究和发展方向。第一个方向认为设计思维是一种认知方式(cognitive style),可以用于提升掌握、运用新知识技能的效果。第二个方向把设计思维当作一种通用设计理论(general theory of design)进行研究,用来提高各行业设计工作的效率。第三个方向把设计思维作为一种组织资源(organizational resource)用于管理工具的开发,目的是提升企业和机构的运营效率。

设计思维的理念蓬勃发展导致了其理论演化出多个分支。相关的研究论文、介绍文章和商业报告汗牛充栋。表1-1为著名咨询公司埃森哲对设计思维发展历程的总结——应该注意的是,此表仅为设计思维在"组织资源"方向的一个例子,但是已经可以看出,如今,设计思维的应用领域和思想内涵比起其初创时,已经发生了巨大的改变。

表1-1　对设计思维发展历程的总结（资料来源：埃森哲分析）

阶段	设计思维1.0	设计思维2.0	设计思维3.0
特征	以用户为中心，在设计中考虑人的使用习惯、动机和情感因素	基于用户需求，构建产品概念，并逐步产生商业模式	由内而外地推动数字化创新，通过内外协作，重新定义产品和服务，以适应数字时代的消费者
倡导者	设计机构	互联网企业	转型中的企业

在"认知方式"发展方向的最好案例就是教育领域。由于设计思维提供了一整套关于"创新"的方法论，教育界认为可以用来帮助学生认识、理解、尝试创新。2005年，斯坦福大学建立了名为d.school的设计学院，进行设计思维的教育和推广。来自各个学科的学生聚集在一起，运用这种思维方法解决复杂的问题。该学院在教学中专注于思维方法训练，而非讲授某一特定领域的知识，其目标是培养创新者，而不是产生任何特定的创新产品。此后，其他一些著名大学也开始开设设计思维课程，如耶鲁大学、哈佛大学、多伦多大学等。

需要注意的是：设计思维是培养（成年人和在校学生）创新意识、创新能力的一种有效方法，但绝不是唯一方法。本书仅就设计思维在教育和教学中的理论和应用进行讨论。

第二节

设计思维的概念和特点

设计思维的理论和越来越多的实践正在改变着人们的工作方法，它在增强创新能力方面起着积极作用。在进一步聚焦中国孩子从幼儿园到初中八年级（以下简称K-8阶段）的设计思维教育之前，我们首先要搞清楚什么是设计、什么是设计思维。

一、什么是设计？

世界著名设计理论家、教育家、经典设计著作《为真实的世界设计》的作者帕帕奈克（Victor Pananek）说："所有人都是设计师。"设计是一项看似高深、实则与我们每个人的生活紧密相连的活动。

加拿大瑞尔森大学哲学系教授帕里森(Glenn Parson)在其关于设计的研究专著《设计的哲学》中,对"设计"进行了全面的研究和探讨。他在融会了前人对"设计"的多种经典定义后,将其概括为:"一种有意而为、通过创新解决问题的方案。这种方案必须足够专业,一般人不能轻易发现其不足之处。"也就是说,一个活动要被称为设计,需要同时满足"有意而为""解决问题""有创新""不能轻易被挑战"四个条件。

下面我们根据帕里森对设计的定义,分析一个普通教师的日常生活和工作内容,认识什么是设计,并理解为什么帕帕奈克说"所有人都是设计师"。

(一)教师的日常设计之一:做教学设计

教学设计是为了更好地达成某个教学目标而进行的思维活动,因此是"有意而为"的。如果现有的教案已经可以满足教学目标,就没必要额外进行教学设计了——可见,进行教学设计是要解决现有教学过程中暴露的问题,例如概念陈述不清、学生理解有困难或学生难以由所学知识点拓展出更多应用等。因此,设计教案是为了"解决问题"。

由于不能使用现有的教学方法,必须引入其他教学方法,如制作新的教具、增加一个情境导入环节、设计新练习题、增加引导学生延伸思考的支架等。这些方法也许在其他单元教学中使用过,但只要对本单元的教学是第一次,就可视为创新。

最后,教师的专业性应保证其教学设计是基本符合教学规范和一般教育规律的。当然,教师的教案也许不够完美,可能被同事或专家发现问题,并提出批评或修改建议,但是,非本专业人士——比如,服装设计师——就很难轻易找出教案的毛病挑战教师。因此教案符合设计的定义中"不能轻易被挑战"的要求。

(二)教师的日常设计之二:班级日常管理

班级管理需要定班规。班规制订得太宽松就没有效果,制订得太紧学生又做不到——看起来很简单的事,如果设置不科学,最后很可能不了了之,既没效果还有损班规的严肃性。

教师为了制订班规,可以在班会上让同学们就"我们班需要哪些班规?"展开讨论,每个学生发言一分钟,要说明:①定什么班规;②为什么。等孩子们充分讨论后,教师再进行引导:"班规太多了记不住,我们来选择三条最重要的。"再次展开热烈争论。最后投票选出了三条班规,全班一致同意执行。

在这个活动中,教师实际上设计了一个流程,通过学生自己讨论、自己决定,解决了学生不理解班规的作用、缺乏遵守班规的行动力的问题,同时还培养了学生的责任感,锻炼了学生的表达能力,并在投票中理解了"少数服从多数"的决策原则。"解决一个棘手的管理难题"和"达成素质教育目标"两件事情就这样在班会上热热闹闹地实现了。

教师的做法在外人看来随心所欲,只是站在讲台边上带着学生"玩",但行家一看就知道这是目标明确、流程清晰的课堂活动,是"有意而为"的;而且用到了"创新"的方法解决问题。班主任的班会流程设计也显示出其作为教育工作者的业务能力和素养,是"不能轻易被挑战"的。

此处我们举例说明了日常琐碎的管理工作中也有"设计"。事实上,即使教师并不擅长创意,仅仅使用了平常的讲故事的方法说服孩子遵守班规,只要是他/她根据本班的特点和实际情况,采取了以前没有采取过的手段,则都可以被看作"微创新"。

(三) 教师的日常设计之三:安排一家人的饭菜

设计不仅在职业活动中,也在日常活动中。教师也有个人生活和自己的家庭,在预算下让一家人吃饱吃好,同样需要他/她的责任感和精打细算的能力。如何安排每天的做饭需要"有意而为"的思考,而怎样根据家人的具体口味和需要,做到荤素搭配、色香味俱全、健康又好吃,则需要在预算、采购、厨艺、营养知识、了解每个人的需要和偏好等各个方面能"有创意"地"解决问题"。因此,把一日三餐安排好的"大厨"也是设计师——按时尚界的流行词语,这样的人被称为"生活家",即会生活的专家。在他/她做出来的饭菜中蕴含的巧思,不会做饭的人是无法感受到的。"生活家"的"设计作品"也是"不能轻易被挑战"的。

教师拥有职业身份,但也是设计安排自己生活的人。以上三个例子证明,设计可以是有形的(饭菜),也可以是无形的(班级管理);可以是职业活动(教书育人),也可以是日常生活(做家务);可以非常严肃(教学设计),也可以很活泼随意(组织班会、筹划菜谱)。事实上只要符合以上四个条件的活动,都属于设计。这就是帕帕奈克说"所有人都是设计师"的原因。

二、设计作品的特征

了解了什么是"设计"之后,我们再了解什么是设计作品。帕里森详细论述了所有设计呈现的四个主要特征:功能、表达、美感、反映价值观(athics)。这四个特征高度概括了各行各业中的设计作品。

（一）特征一：功能性

根据设计的定义，任何设计都必须解决某个问题，因此设计都服务于某一实际需要。如茶杯满足喝水的需要，大桥满足跨越障碍的需要，等等。功能对设计的重要性毋庸置疑。尽管人们普遍认可"设计的核心是功能"，但什么是"功能"仍然存在争议。设计者、使用者对同一个设计的功能可能理解不同，时空改变也能影响它。一个明代的青花瓷盘在当时的设计者和使用者眼里是餐具；在当代收藏家眼里，它是古玩；而在考古学家眼里，它则是研究明代科技水平、审美情趣和历史事件的物证。在上面三个设计作品例子中，教学设计、组织班会和做饭都有明确的功能。可以说，没有功能，就不是设计。

（二）特征二：具有表达作用

所有的设计都会表达出设计者或使用者的某种信息，如价值倾向、个人品位、身份地位、群体认同、理想寄托等。表达的方式千差万别，但本质都是"通过突出呈现某种价值，使设计对象更有吸引力"。班会流程设计则表达了以学生为主体的教育理念，体现了自主、平等的生活态度和培养主人翁意识、社会责任感的价值取向；而规划餐食则体现了个体在口味、健康等方面的需求，饭菜的内容、品质也能反映一个家庭的经济收入、消费观念。

（三）特征三：美感

当代哲学家汉密尔顿（Andy Hamilton）指出："设计中不可避免地包含了美学元素。"无论是学者或普通人，都同样认可设计中美感的存在，但都难以明确指出设计的美感来自哪里。《设计的哲学》归纳总结了历史上及现代学者的研究成果，认为设计的美感有多个来源：可以来自功能本身（偏客观），可以来自个人品位（偏主观），也可以因功能和形式的和谐、功能与环境的和谐产生美感（主客观交织）等。

在上面三个设计作品例子中，最明显的是饭菜的"色香味"给人的美感，但是考虑到家庭预算、采购食材的成本、家人的口味，人们不难感受饭菜背后"功能和形式的和谐""功能与环境的和谐"所产生的美感。教学设计的美感和班会流程的美感可以来自授课中和谐的师生互动、流畅的实施过程；如果有同事、同行听课，他们则可以从看似平常的活动中，感受到素质教育的思想之美。

（四）特征四：反映价值观

设计师"怎样设计""为什么而设计""怎样定位设计"，都反映了设计师以及社会的价值观。例如,紫禁城的设计、皇冠的设计体现了皇权至上的思想;第一套比基尼的设计则是二次大战后思想活跃开放、妇女独立的体现;当代的时装面料中动物皮毛越来越少,其实是动物保护理念的反映;现在的大部分工业设计也会体现低碳、环保的理念。在上面三个设计作品例子中,教学设计体现的是中小学课程标准里所体现的国家发展理念和社会主义核心价值观;制订班规体现了学生是主体、教师是引导者的教育理念;筹划饭菜则体现了中国人注重饮食、注重家庭的价值观。

三、设计思维的特点

我们已经了解了"什么是设计",那么什么是"设计的思维方式"(设计思维)呢?由于不同应用领域对设计思维的理解侧重点不同,定义也不尽相同。概括了诸多参与创立与完善设计思维理念的学者的观点,我们会发现,无论是专注于科学研究的西蒙、专注于设计工程的麦金姆,还是其他领域的学者,他们都把设计思维看成从设计的角度,对某一行业(或应用领域)解决问题的方法的抽象概括。

例如,率先把设计思维用于企业、商业活动的设计咨询公司IDEO所定义的设计思维是:"一种'以人为中心'的创新方式,它从设计师的思维方式出发,整合人的需求和科技提供的可能性,以实现商业目标。"在这个定义中,设计思维的应用领域是商业和企业管理。其核心是"人"(人的需求、人的行为、人的心理),目标是"实现商业目标",而方法是整合科技提供的各种可能性。

本书讨论的是中小学教育,特别是小学到初中阶段的教育,因此我们更关注教育领域对设计思维的定义。斯坦福大学是设计思维理念的主要发源地,它的"设计学院"(d.school)对设计思维的定义非常简单:"设计思维是一种创造性解决问题的方法论。"这个定义很宽泛,但符合教育的需要:教育的"作品"是人,目标是把受教育的孩子培养成能够适应未来生存与发展的人才。因此,设计思维在教育领域的目的是:"帮助学生掌握一种解决问题的方法论。"

这种方法论至少要满足三个要求:①应该有较强的通用性,因为我们无法预知每个学生未来的生存环境;②要有灵活性,因为每个学生在工作和生活中遇到的问题都完全不同;③这个方法论还应该突出创新能力,因为在快速进步、竞争激烈的信息技术时代,只有创新才是个人、群体乃至国家的生存之道。[①]

---

① 读者可以自行搜索其他关于设计思维的定义,比较其异同,感受不同领域的研究人员描述这一概念的相同点和不同点,这有利于更好地理解什么是设计思维。

因此，教育领域的设计思维是一种以人为中心的、强调运用创新思维、结合创新手段，进行实践操作来解决实际问题的思考过程。它具有以下几个方面的特点。

（一）以解决生活实际问题为目的

解决实际问题是设计的核心。无论是远古原始人构思一个煮食物的陶罐该做成什么样，还是当代科学家设计最尖端的高能粒子对撞机；琐碎到与人见面时穿什么衣服、怎么说第一句话，复杂到设计港珠澳大桥，都是为了解决某一个实际问题，都有着明确的"功能"。

帕里森的思想反映着他对设计的理解。他认为，设计是一种在生活中无处不在的普适性的创新活动，不是高高在上的，不是只有科学怪人、艺术天才才能完成的。人类物质文明的发展历史就是一个不断通过设计解决实际问题、不断进步的历史。即使在人类完全不懂"设计"这个概念的古代，那些或名垂青史、或默默无闻的能工巧匠就是当时的设计师，他们的思考都是围绕"解决实际问题"展开的。

中国古代两个最著名的"设计大师"：一个是鲁班（也叫公输班或公输盘），另一个是墨子。《公输》中记载了一个墨子和鲁班用设计的逻辑斗智斗勇、最终化解了一场战争的故事。楚王令鲁班制造云梯准备进攻宋国，墨子开始用传统的"讽喻"方式劝说楚王放弃这个战争计划，然而这种劝说并没见效。于是墨子改变策略，在楚王面前和鲁班进行攻城、守城的"沙盘实战推演"。最后"公输盘之攻械尽，子墨子之守圉有余。"墨子赢了鲁班，表示守城的设计战胜了攻城的设计，楚王因此放弃了攻宋。在这场沙盘上的战斗中，墨子和鲁班通过模拟的工程、技术对抗，从具体的环境条件和相互制约关系中推演战争的发展，相当于一场模拟的战争。因此其结果非常有说服力，终于瓦解了楚王攻宋的决心。墨子根据不同工程器械的原理和作用，设计相应的防守器械，这是关于设计与解决实际问题的一个非常典型的案例，即使放在今天也很精彩。

中国九年义务制教育的科学课标中阐释："工程是运用科学和技术进行设计，解决实际问题和制造产品的活动，而工程技术的关键是设计""整个人工世界都是设计、制造出来的"。除了科学课标中对设计的重要性有明确阐释，其他一些课标——美术——也强调了设计的重要性。而在其他学科的课标中，"设计"大都以间接的方式出现，如运用本学科知识解决实际问题等。

（二）以创新为灵魂

设计之所以存在，是因为常规的、已有的方法无法解决问题，需要有人筹划一套以前不曾用过的新方法。因此设计总是通过创新来解决新问题。

我们在论述创新的定义时,已经阐述了设计的创新不一定是"人类前所未有"的新发明。与日常生活相关的创新更多的是所谓的"微创新"。比如:农夫觉得手里的锄头除草时不好用,铁匠根据农夫提出的要求,改进锄头的设计,打造了一把更适合于除草的锄头。在这个案例中,农夫显然没有现成的解决方案,否则他另找一把合适的锄头即可。铁匠也没有现成的解决方案,否则他直接卖一把自己已经打造好的锄头即可。因此,即使到县城大铁匠铺可能会有现成且更好的解决方案,但在农夫和铁匠的这个小环境中,铁匠做的事情也是设计,是微创新。事实上,有重大意义的设计创新能得到法律的保护,微创新也同样被保护着。我国专利法规定可以申请三种类型的专利,包括发明、实用新型和外观设计。其中,"实用新型"是指"对产品的形状、构造所提出的、实用的新技术方案",即各种微创新。有些国家甚至直接将其归入发明专利中,予以同等级别的保护。保护微创新,有利于鼓励成本低、研制周期短的小创造,更快地适应经济发展的需要。

在社会和科技的进步中,能为大众所知的成就只是沧海一粟,全世界每天都在发生无数微小到普通人觉得不值一提的微创新。例如,一个技术员设计并改变了生产线上两个工具的摆放位置,方便工人取用,这就是一个微小却很有意义的创新。正是设计思维,让这些微创新逐渐积累,直到触发真正的产业变革。国际知识产权组织的数据显示,仅2018年,华为公司就提交了5405件国际专利申请,而那一年,中国总共提交了154万件申请,几乎占全球申请的一半。如果说2018年全球范围内提交的专利申请是一座可见的冰山,那么无数"设计师"在他们的劳动作品中实现的微创新就是海面下的冰山主体。

(三)跨学科思维是常态

几乎所有的设计都是跨学科的。即使看起来单纯是为了美的设计,也往往需要用到多个学科的知识。以运动鞋设计为例:一款普通的运动鞋,设计中既需要"理科"素养——如利用新材料、合理的结构实现鞋子的运动保护功能,也需要人文素养——设计鞋的线条、外形以体现美感和个性品位。运动鞋的设计也可以反映社会责任感,如实现物资再利用等。其实,商业领域的设计几乎不可能只涉及一个专业领域。即使一幅广告画,看起来只是单纯的美术作品,但画面上的每一个符号背后都深藏着对目标人群的消费心理的理解,是大量市场调查的结果。

高度科技化、全球化的时代对人才的跨学科思维能力和综合素养提出了越来越高的要求,因此我们应该让学生在进入社会之前提前了解打破学科界限、进行创新思考的重要性,并且帮助他们掌握这些能力、具备这样的素养。

1. 跨学科教育的萌芽

靠应试教育是难以培养出这个时代所需要的创新人才的。如果学生把自己孤立在一些学科知识与观念之中,他们虽然能非常熟练地按照"学过"的套路解题、考试,但在面对真实世界时往往不知所措。这种现象如此普遍,以至于学校的作用在社会上被庸俗化了。甚至有一种观点认为,学校里学到的知识原本的用处就是考试、拿文凭,而真正的知识要等到了工作后再重新培训。在这种意识的支配下,学生的精力主要用在背书、刷题、练答题速度、找答题窍门等应试技能上。一旦毕业,这些技能就失去作用,正好印证了原来"知识无用"的错觉,使这种观点更有市场。只会考试的人显然不是学校教育的成功者,应试教育不仅是对家庭和国家资源的浪费,更是对学生青春的浪费。

在真实世界里,知识和技能是不分学科的。首先需要转变的是教育工作者的观念。如果教师一开始就能明确地以解决实际问题为目的引导学生,学生就会把更多时间用在融合知识、提升综合能力和灵活解决问题的思维训练上。随着年龄的增长,生活阅历变得越来越丰富,走出校门的学生会逐渐发现在校期间所学知识的作用和意义。这就是近年来跨学科学习被教育专家推崇的原因。跨学科教育在本质上和素质教育、创新教育的理念是一脉相承的。

2. 学科教育的优势与缺憾

这里必须着重声明,我们反对应试教育、强调灵活地跨学科运用知识,并不是全盘否定现有的学科教育体系。目前世界上绝大多数现代化国家的教育体系都是按学科划分课程的,如语文、科学、数学、历史、地理、音乐、美术等。这种教育体系能使学生系统化、高效率地掌握人类最成熟的、已经经受了时间考验的主要知识体系。这些知识体系是人类在几十年至几千年的时间里由无数智者、先贤合力形成的智慧精华。每个学科都是人类智慧的一座高峰,教师就像一群登山教练,告诉学生每一座高峰有什么特点,有哪些大路和小径,指导他们该如何攀爬。

然而,这样的分学科教育体系也存在一个缺憾,即不同学科的知识、概念、原理、技能、方法等,看起来各自独立。在长期的学科本位思想影响下,有很多人会逐渐在思想上以学科为界划分"我的世界"和"外面的世界"。一旦发现自己走出了自己学科的"山头",他们会不自觉地做出反应:这个领域我不懂。对他们来说,接触自己舒适圈外的世界,仿佛进入了一个陌生、神秘甚至恐怖的未知领域。这种不够开放的态度会导致学科知识明明储存于同一个大脑中,却"鸡犬之声相闻,老死不相往来"。

3. 真实世界的知识不分学科

其实,任何知识在本质上都是跨学科的。在真实的生活里,没有什么学科山头,只有花鸟鱼虫、山川河流、穿衣吃饭。在生活中,知识彼此融合,原理相互印证,方法互为因果。即使从朴素的生活经验出发,读者也能理解这一观念。但是如果深究细节,很多人恐怕仍然难以相信知识是相通的。下面我们具体举例,看看知识到底是怎样联系到一起的。

在初中阶段,化学、物理、数学、生物、语文五个学科所教知识基本上是相互独立的。但是到高中时,学生会发现,化学反应的本质是分子、原子、离子这些粒子之间的分离和结合,而促使它们分离、结合的原因是能量。能量、分子、原子、离子(以及其他更小的基本粒子)都是物理学的概念。这时学生会发现,化学和物理原来是一家。进入大学后,理工科学生在物理课上会学到分子、原子的宏观运动规律可以用概率统计方法描述和计算,微观运动规律可以用薛定谔方程描述和计算,电场和磁场的相互作用可以用麦克斯韦方程组描述和计算——所有物理现象都可以用数学方法描述,数学、化学、物理原来也是一家。学生在大学阶段还会接触到更多交叉学科,例如,化学加生物学形成了生物化学,它揭示了人体内各种生理活动的化学机制;细胞生物学加生物化学逐渐发展出脑科学、认知神经科学……这些交叉学科最终揭示了大脑的奥秘,原来记忆、视觉、听觉以及情感、情绪、语言、文字等现象也是器官、细胞和生物化学反应的结果,背后还是分子、原子、离子等在起作用。至此,我们恍然大悟地发现,原来语文、生物与化学、物理、数学相连接。实际上,音乐、美术、体育等也是这个越来越大的家庭中的成员。当代迅猛发展的人工智能技术就是数学、科学(物理、化学、生物、神经学等)、信息技术和语言、文字、音乐、美术的完美结合。人工智能技术的井喷不是一夜之间发生的,而是人类终于把无数知识和技术融为一体后产生的飞跃。

作为引导学生的教练,每个教师既有义务帮助学生登上学科知识的高峰,也有必要为学生在一个个学科知识的高峰之间架起桥梁,让他们意识到知识、技能、原理之间并无壁垒,帮助他们形成从多个学科角度思考同一问题的习惯,掌握把知识融会贯通的技巧。这就是"跨学科"教育的目的(见插页图1-2)。

当然,对于K-8阶段学生的跨学科教育,我们要注意:"跨度"不能太大,以免超出学生的理解范围;"跨度"也不能太小,否则学生意识不到对学科领域的跨越。为了同时满足这两个要求,跨学科的教学设计不应追求知识、技能的专业性,而应以解决问题中的实际需要为线索,引导学生灵活地在已经学过但属于不同学科的知识与技能中"穿行"。当学生发现它们竟然可以联合在一起使用时,他们就能意识到不同学科知识背后的内在联系。

(四)强调高阶思维能力

思维是分层次的,有一些思维直接来自感官信号,是局部、具体、零散的,属于低层次的智力行为,另外一些则是在这些低层次的智力行为基础上进行综合而形成的,是全局、抽象、整合的,属于高层次的智力行为。当然,"高""低"都是相对而言的,只是为了研究和分类的方便而进行的笼统划分,并不存在一个明确的界限。

1. 思维的层次

学习中涉及的思维模式也有"低层次"或"高层次"之分。著名教育学家和心理学家布鲁姆(Benjamin Samuel Bloom)和克拉斯沃尔(David R. Krathwohl)在他们合著的《教育目标分类学》中,把认知分为六个层次。在2001年的修订版中,这六个层次被定义为:记忆、理解、应用、分析、评价、创造。

记忆、识别还有模仿等通常被认为属于复杂程度和抽象程度较低的思维,因为它们基本都是对信息的"粗加工"。记忆是把信息储存起来,例如背诵一段课文。识别是把新获得的信息与已经记忆的信息进行对照,辨别二者是否一致,例如判断一个字是否写错了。模仿相对复杂,首先要按先后顺序记忆一系列的行为,然后在环境触发下重复这一组动作,例如依据学会的解题步骤做练习题。理解的认知复杂程度显然更高,因为理解的本质是发现信息之间的联系。聪明的孩子三岁就可以背诵唐诗,但要把诗中字、词的意思联系起来理解(而不是记住家长告诉他/她的解释),则要等到认了更多字,知道更多人名、地名、典故,并把这些信息联系起来才行;而要感受其中韵律之美,透过作者的文字看到隐含的情感,则需要联系有关历史、文学、人情世故等信息。可见"理解"是建立在记忆基础之上,并把记忆联系起来才能形成的认知。

沿着认知层次拾级而上,分析、评价、创造则更复杂。进行分析时,大脑需要综合处理多个信息,进行区分、重新组织和归类,例如:鲁迅的《〈呐喊〉自序》中有一段话:"我有四年多,曾经常常——几乎是每天,出入于质铺和药店里,年纪可是忘却了,总之是药店的柜台正和我一样高,质铺的是比我高一倍。我从一倍高的柜台外送上衣服或首饰去,在侮蔑里接了钱,再到一样高的柜台上给我久病的父亲去买药。"一个小学生即可背诵这段话,并理解其字面的意思,但却难以自发地(而不是被老师告知)分析出这段话中弥漫的屈辱、挣扎和心灵伤疤被重新揭开时的隐痛。要分析出这些字里行间的情绪,需要联系作者当时所处的境遇,加入自己的生活体验,在脑中生成画面才能做到。

"评价"的难度更大,因为大脑需要首先建立一个实施评价的"标准",才能对分析后获得的信息做出判断。还是以鲁迅的这段文字为例,他写得太啰唆还是恰到好处?表达的情感是消极的还是积极的?读者要做出判断,就取决于评价标准是什么,而建立评价标准则需要在多种相对低阶的思维活动的基础上进行综合。

"创造"的思维难度显然是最大的,因为大脑中并不存在现成的记忆和应用技能来处理信息(否则就不叫"创造"了)。在前面提到的技术员改变流水线工具摆放位置的例子中,看似微不足道的一个改变,不仅需要这个技术员全面理解操作工人的工作流程,还需要评价不同摆放位置对工作效率的影响,甚至需要其有足够的自信去做决定,这显然属于高阶思维能力。

2. 设计思维与高阶思维

当我们理解了思维的层次,就不难理解设计思维属于高阶思维了。首先,只有记忆和识别的思维能力是无法进行设计活动的;其次,在设计过程中需要大量用到移情、分析、判断、评价等高度综合的思维;最后,找到新的解决方案——即使是"微创新"——也是创造层级的思维活动,明确属于高阶思维活动。

高阶思维是近年来国内与国际教育界的研究热点,因为越来越多的人认识到"高阶思维"能力是适应未来社会的必备能力。国际上最著名的学生能力测评PISA、TIMSS、PIRLS等都非常关注对学生高阶思维能力的评价。在我国中小学课程标准中也频繁出现高阶思维的概念。

目前"高阶思维能力"尚属新兴主题,和"设计思维"一样并没有一个普遍认可的定义。到底哪些思维属于高阶思维、哪些不属于,也缺乏坚实的脑神经科学研究成果作为依据。我们综合不同学术流派的不同观点,并参考了不同学术研究机构实际使用的定义,大体认为"高阶思维能力"应包括以下几种思维:

- 创造
- 批判性思维
- 评价
- 问题解决
- 分析
- 解构
- 决策
- 综合

(五)有相对一致的流程

想照顾好子女的爸爸妈妈和提供定制家宴服务的米其林厨师在生活环境、文化背景等各方面也许有着天壤之别,然而他们在筹划一顿晚餐时却都会经历大致相同的思维过程:了解大家喜欢吃什么→根据可以买到的食材设计晚餐的菜单→根据设计的菜单精心烹饪→预尝菜肴的口味→上菜并询问大家对味道的感受。事实上,不仅给家人做饭的"大厨"和米其林厨师在做饭时有基本相同的设计流程,其他所有行业的设计师都会有一套基本相同的流程,虽然在形式和内容上可能有天壤之别。

再回到以前面提到的铁匠为农夫改造锄头为例:铁匠的创新必然从询问农夫的需求开始,然后筹划如何改造锄头并按腹稿(以前的铁匠多半不会像工程师一样画出图纸)实施自己的设计,最后一定会让农夫试用一下,问问是否"趁手"。

这反映了设计思维流程化的特征。设计的流程是在千百年的实践中,被反复证明行之有效的做事顺序,它保证了设计的最终结果能满足预期的目的。

概括地说,设计需要经过发现、构想、原型、测试、迭代等环节来寻找最终解决方案。著名认知工程学家诺曼(Donald Arthur Norman)把设计思维经历的过程概括为"定义问题""提出并制订解决方案""评估结果"三个环节。斯坦福大学设计思维学院提出的设计思维模型被接受的程度最广,包括移情、定义、设想、原型和测试五个环节。根据后者的模型,"移情"是指学习者通过观察用户行为并通过参与其中来获取用户体验;"定义"指移情之后学习者结合自己的体验提出用户可能的所有需求;"设想"指通过头脑风暴等多种途径提出多样化的解决方案;"原型"指利用一些粗略的工具制作出解决方案的原型,并通过讲故事的形式,将设计的思想展示出来;"测试"指在获取反馈后修改和完善原型。这五个环节是一个不断迭代的过程,同时又是动态的、非线性的循环过程(图1-1)。

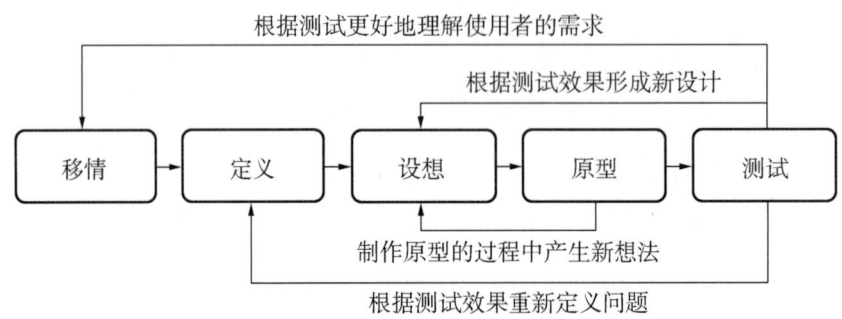

图1-1 d.school 的设计思维"五阶段"模型

此外,IDEO公司构建了一个设计思维的模型,其中包括发现、解释、构思、实验和测评五个环节。华东师范大学开放教育学院也研发了一套设计思维的模型,包含发现问题、集思广益、设计方案、快速原型、评估修订以及迭代发展六个阶段。

第 三 节

中小学开展设计思维教育的意义

一、人类社会总体发展趋势的需要

第一次工业革命后,人类开始加速发展。尽管所有人都承认这一事实,但绝大多数人都不会真正意识到增长速度到底有多快。我们选取了世界人口总数(图1-2)、人均寿命(图1-3)、人口识字/文盲率(图1-4)和超级计算机最高运算速度(图1-5)四个指标的数据

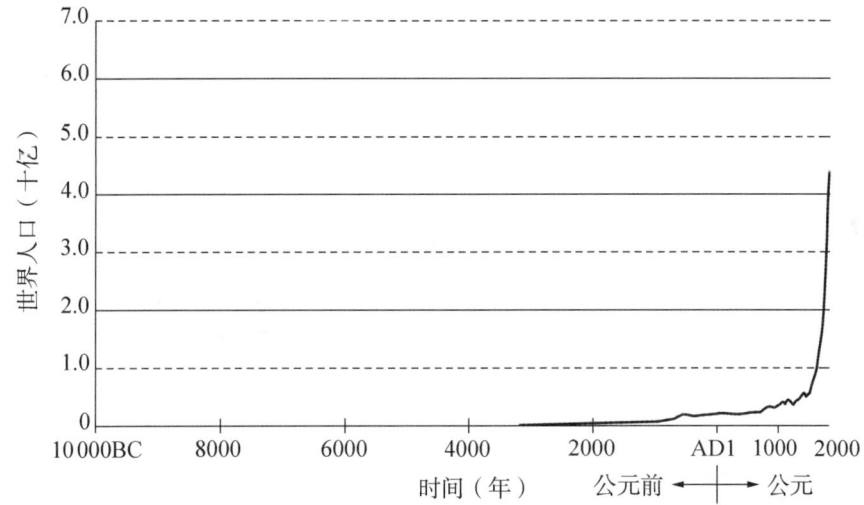

图1-2　在过去一万年里,人口都没有明显增长,直到工业革命后才开始爆炸式增长

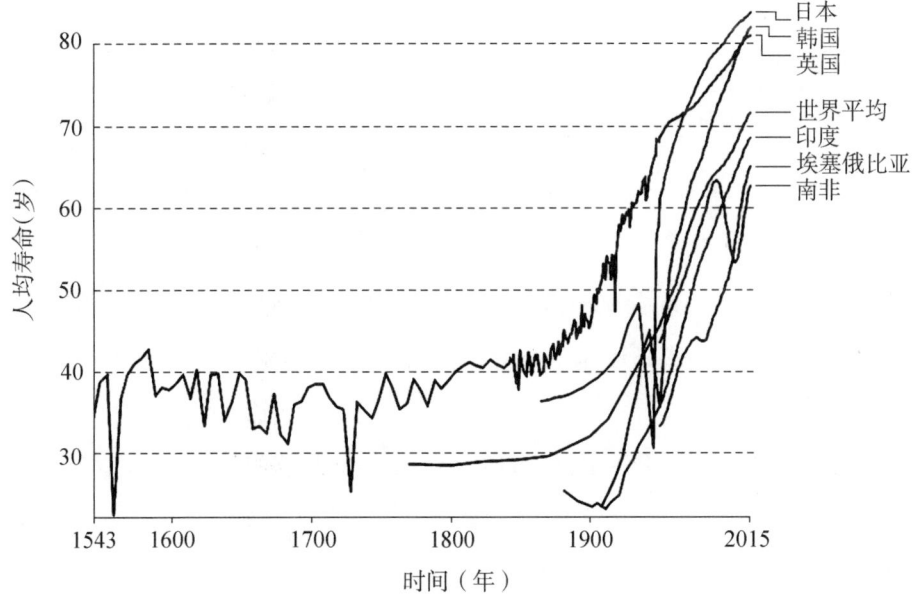

图1-3　除少部分发达国家外,世界人均寿命直到20世纪初才突破30岁,二战后迅速增长

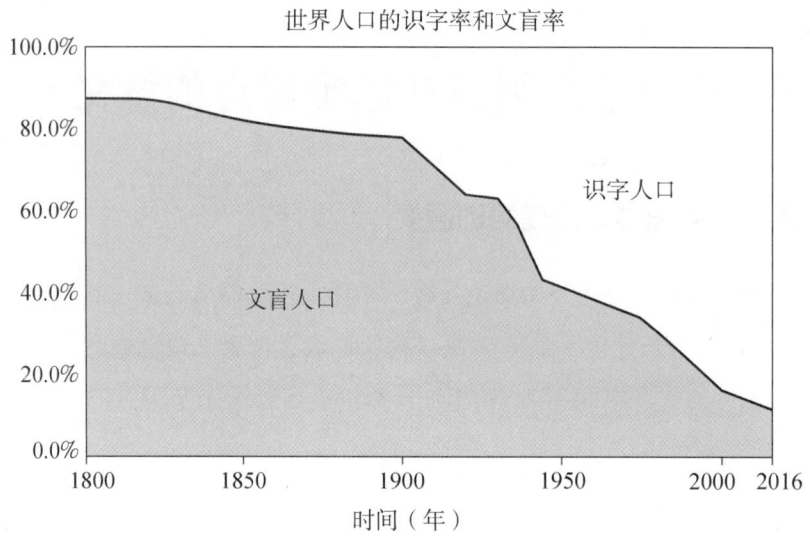

图1-4 人类进入20世纪后文盲人口迅速下降[数据来源：Our World in Data，整理自联合国教科文组织和经济合作与发展组织(2019年)]

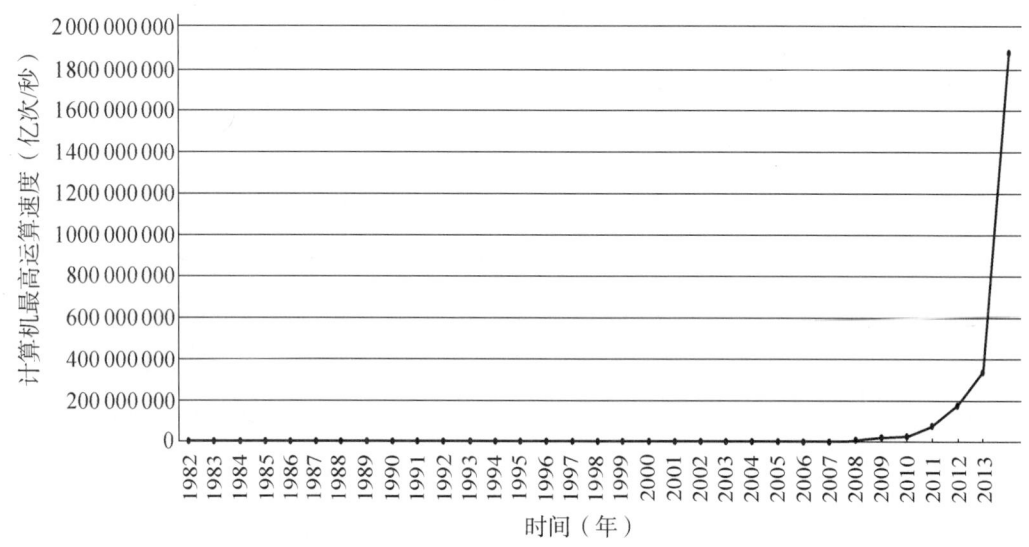

图1-5 计算机的最高运算速度在2010年后爆炸式提升

以证明这一趋势。其中，人均寿命能体现出经济、医疗卫生等状况，识字/文盲率代表了教育的发展，超级计算机的最高运算速度代表了科技的进步水平，而人口总数则是人类社会发展的一个总体指标。

这四组数据都在最近10年至100年间呈现出飞速甚至爆炸式增长的特征，体现了人类在经济、文化、生活质量等方面的巨大进步，但另一方面，特别是从人口爆炸式增长曲线来看，也预示着各方面的危机正在临近——气候变化、环境破坏、物种灭绝等，任何一项失控都可能导致全球灾难。人类的能力越来越强,已经可以在某种程度上影响自然;但我们的能力却又不幸地没有大到真正可以控制自然的程度。人类需要更加小心且有智慧地做决定,平衡各方,节制贪婪的欲望,创新是唯一的途径。

二、落实"立德树人",满足国家发展的需要

2014年,教育部印发了《关于全面深化课程改革落实立德树人根本任务的意见》,提出新措施:加强相关学科课标教材纵向衔接和横向配合,推动跨学段整体育人、跨学科综合育人。2016年9月《中国学生发展核心素养》发布;2017年9月教育部发布《中小学综合实践活动课程指导纲要》,提到综合实践活动方式包括"设计制作"。2019年7月,在《关于深化教育教学改革全面提高义务教育质量的意见》中也提到了"探索基于学科的课程综合化教学,开展研究型、项目化、合作式学习。精准分析学情,重视差异化教学和个别化指导。各地要定期开展聚焦课堂教学质量的主题活动,注重培育、遴选和推广优秀教学模式、教学案例"。

目前,"培养学生的综合素养"已经越来越受学校和教师的重视,作为载体的课程和活动的需求急剧上升。当前,在我国基础教育课程内容中,小学、初中学段还比较缺乏综合性的技术设计内容,无法与高中衔接。现有的按学科划分的教学体系很难有效地胜任综合素质培养的目标。我们应该探索更体系化、结构化的教学,全面地培养学生适应未来发展趋势和激烈竞争环境的素质。

"跨学科"的教学方法更适合培养综合素养。人类无所不在的"设计"活动正适于锻炼"跨学科""以解决问题为导向"的思维模式。"设计思维"培养是一种让中小学生发展综合思维能力的学习模式。目前,教育界对"设计思维"的教学与评价尚未建立系统的标准和约束,制订"设计思维"教学标准,可以为广大教师和学生提供教与学的依据,规范教与学的模式,并且帮助教师和学生更好地理解设计思维的本质,真正掌握这种思维方法。

- 在知识层面:培养学生在真实应用场景下的自学能力,即有能力和愿望对自己感兴趣的知识领域或主题自主进行扩展和追踪。
- 在理解与应用层面:培养学生在真实应用场景下的跨学科分析能力,即有能力对自己感兴趣的事件或现象从多个学科角度做出理性分析,并运用证据,通过交流、表达、辩论与论证,确立自己的观点。
- 在方法层面:培养学生在真实场景下的探究能力,即能发现问题、定义问题,运用证据和思维模型,对问题进行解释、推理、论证。

- 在态度和行为层面：培养学生形成稳定的价值观，使他们在态度上有追求，在行动上有操守，有所为有所不为。
- 在精神层面：培养学生实证、求真、实干的品格，即基于搜集到的信息和逻辑进行推理，基于事实做判断，面对问题时以解决问题为目标采取行动，不畏惧失败，善于分享，善于合作。
- 在文化层面：继承创新、自信、宽容、有担当的中华文化精华，能兼容并蓄，对别人取得的成绩由衷地表达钦佩，也能诚心向所有人学习。

三、学生自身未来生存与发展的需求

在中小学开展设计思维教育也有利于增强他们走进社会后适应社会发展的能力。二次大战后人类在经济、科技、医疗卫生等诸多领域呈现加速发展的状态，社会日新月异地进步。然而，对于广大中小学生以及比他们更年轻的人来说，他们在走进社会后将面临多重竞争。

（一）竞争来自全球各个角落

全球一体化让昔日属于欧美国家相关行业的工作机会转移到了中国，也让"中国制造"享誉全球。制造业的竞争力来自实力：能比竞争对手用更低的成本，在更短的时间内，做出质量更好的产品。这里涉及的绝大部分是生产、管理中的具体问题，因此，能解决实际问题的人才会成为最重要的人才。近年来，欧美国家在高端制造业方面不断增加投入，竞争优势越来越明显。而东南亚国家也在迅速崛起，占据了越来越多的低端制造业市场份额。一些产业不可避免地流出中国，也将有另一些产业流入中国，和这些产业相关的工作机会也会随之流动。互联网技术还会加速这种流动，未来的中国劳动者面临的竞争将来自全球各地，来自不同肤色、不同文化和信仰的同龄人。高科技企业的竞争力来自创新能力，同时也来自实现想法的过程中解决问题的能力。我们要保持制造业的竞争优势，就必须让我们的孩子在工作能力、生产效率和创新能力上保持优势。

（二）竞争来自越来越智能的机器

根据麦肯锡国际研究院的报告，由于自动化水平的提高，到2030年，全球将有7 500万到37 500万劳动者可能会失去现有的工作。近年来，人工智能技术的蓬勃发展，动摇了人类最引以为傲的智力优势。即使是最乐观的专家和学者也不否认，人工智能将对就业市

场带来巨大冲击。剑桥大学分析了300多个职业的行业数据后预测,超过90%的电话推销员、打字员、会计、保险业务员、银行职员、政府职员、人事专员、客户服务等职位会被人工智能替代,甚至超过70%的厨师、50%的工程师和摄影师都会被人工智能替代。可见,在人工智能时代没有多少职业是可以高枕无忧的。

人工智能时代,人的优势不在运算分析,而在于利用人工智能的优势进行再创新的能力。据报道,已经有养殖企业利用人工智能管理牲畜(如牛或猪),通过识别牲畜的面部特征、表情和行为,分析它们的进食和健康状况,甚至监视是否有牲畜间的"霸凌"行为,目的是保证每头动物都健康、迅速地生长。利用人工智能的技术和人类智力与创造力优势设计新的生产方式,甚至创造新的需求,这才是人工智能时代人与机器的正确相处方式。

(三) 竞争来自快速更新的新知识、新技能

美国著名的未来学家、建筑师及发明家福乐(Richard Buckminster Fuller)1982年在他的书《关键路径》[①]中提出过"知识翻番曲线"。他注意到人类拥有的知识总量第一次翻番大约是在16世纪;第二次翻番用了大约250年;当人类进入20世纪时,知识总量再次翻一番;二次大战结束时,人类知识每25年翻一番;到了20世纪80年代,知识则每12到13个月就会翻一番(图1-6)。

知识爆炸促进了科技、经济、商业的进步,"老"知识被加速淘汰。对于教育工作者来

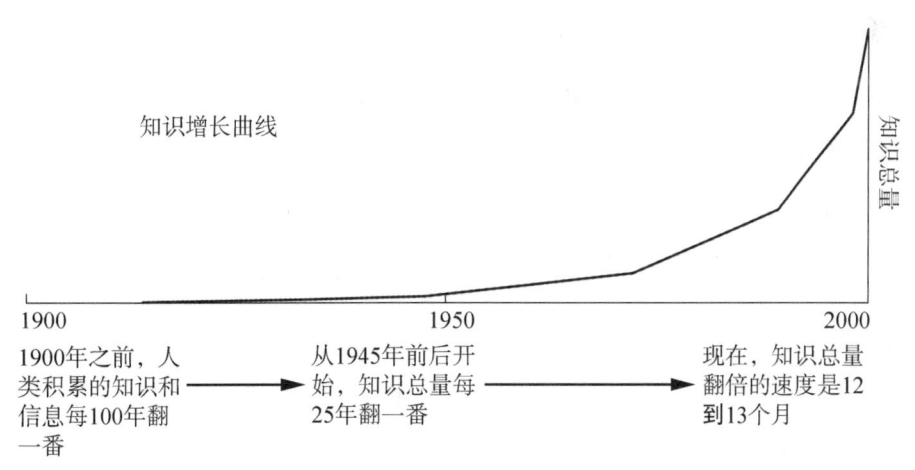

图1-6 人类知识总量翻一番的时间越来越短,呈现爆炸式趋势

---

① Fuller B R. Critical Path[M]. New York: St Martin's Press,1981.

说，这是一大挑战。如果把教育当成一个投资项目，其最大特点就是"投资时间漫长"。学生从进小学到大学毕业之前，社会、学校和学生自己一直在对大脑进行"投资"。在知识更新相当缓慢的年代，我们大致可以认为所有"装入"学生大脑的知识都是有效的。然而，当人类知识总量发展到以年为单位更新之时，学校应该教给学生什么样的知识技能才能保证他们十几年之后、走出校门进入社会时仍然是有效的？

科举时代，老师备受尊重，"一日为师终身为父"，这是因为前辈传授的知识是后辈治学、为官、修身齐家的指路明灯。然而在科技的推动下，社会发展一日千里，老一辈的知识和经验已经越来越不能指导后辈去解决问题了。以前的家长对孩子一放学就跑出去玩火冒三丈，而今天的家长则对孩子不出门、天天窝在房间里玩电脑忧心忡忡。当代困扰全世界的"青少年肥胖""网络安全"等问题在50年前的中国根本不存在。

知识爆炸和数字化、网络化还对教师造成了另外一种冲击：我们不可否认，教师能够教的几乎所有知识都可以在网络上找到，那么教师的价值在哪里？新的网络搜索方式不断更新，从文字到图片、视频、实时更新的资讯、网络直播……新一代人获取知识的方式比老一辈更多，那么孩子为什么还要听教师讲课呢？

现在，无论是在中国还是欧美发达国家，教师和学生的关系都在逐渐变化，这与教师在学生成长中所起作用逐渐变小也有某种联系。面对这些变化，教育的方向应该由"教授知识"改为培养"终身学习"的意识和随时随地获取知识、快速理解知识、灵活运用知识的能力。作为教师，我们有必要严肃对待来自以上三个方面的竞争势态，认真思考：什么样的教育才是真正面向未来的教育。

设计思维教育有利于我们面对以上提到的挑战，满足学生成长的需求。如前文所述，设计思维"解决实际问题""创新"和"训练高阶思维"的特点符合未来社会的要求。

第二章 服务K-8创新和学科教育

随着设计思维教育理念在中国的传播,有不少教育研究机构对"在中小学开展设计思维教育"这一课题进行了深入的研究,也有不少学校逐渐尝试开设了设计思维课程。过去五六年来,我们在全国各地K-8阶段中小学广泛开展了设计思维教育的实践。这些尝试已取得了一些成果,也发现了一些问题。

在失败教训和成功经验的基础上,我们总结了一整套切实可行的课程实施原则和策略,这让我们坚信,在不改变学校现有教学管理体系的情况下,通过实施设计思维课程,不仅能够达到普及学生创新教育的目的,还可以从基础思维能力层面广泛提升学生的学习能力。

本章我们将从比较设计思维教育和学科教育方式的异同入手,结合相关理论和实践,提出K-8设计思维教育的核心素养和思维能力培养的教学目标。

第一节

K-8设计思维课程的定义

为了让讨论的对象更加明确,我们有必要先对K-8阶段的设计思维课程进行定义。另外,我们既应该避免定义过于抽象而难以理解,又应避免过于具象而失去灵活性,我们采取了概括性描述的形式,从教育目标、课程结构和教育理念三个方面说明K-8设计思维课程应有的样子。

一、设计思维课程目标

设计思维围绕"解决实际问题"展开课程,通过培养学生设计中的"系统思想""表现力""创新技巧"三大核心素养,从基础思维能力层面提高学生跨学科综合运用知识解决实际问题的能力和适用于所有学科学习的基础思维能力。

二、设计思维课程结构

设计思维课程围绕生活中常见的设计任务组织教学。原则上不拘形式、不限内容,但包括一些共同的环节,如:站在使用者角度,了解需求并定义问题;通过分析,理解问题和情境,明确制约条件与可利用的资源;运用学科知识和解决问题的方法形成方案;通过制作原型、(反复)测试原型以及与其他人沟通交流,对设计进行评估、优化。

一个典型的K-8阶段的设计思维系列课程包括低级(3—4年级)、中级(5—6年级)、高级(7—8年级)三个阶段,每个阶段设置30小时左右的课程,由4—15个大小不等、主题不同的设计任务构成。低年级课程的任务简单、课时少,但设计主题数量多,为"任务式学习";年级越高,设计任务越复杂,课时多但设计主题少,多为"项目式学习"。

三、设计思维课程理念

学生在设计思维课程中以"做中学"的方式,在尽量接近真实的场景中学习,避免刻意记忆知识点,避免进行以熟练掌握操作技能为目的的练习;学生将在教材和教师的引导下,反复地经历创新和解决实际问题的全部心理和行为过程。在这个过程中,他们将逐渐理解抽象概念,领会思维方法,形成更高层次的认知,促进知识、方法、思想、精神、文化五个方面的均衡发展。

设计思维课程不设置固定的主题,而是鼓励教师尽量广泛地涉及生活和社会的不同领域,帮助学生融合学科知识和生活经验。设计思维课程避免固定的"解题套路",避免学生形成思维定式,促进学生不断去锻炼、提升自己的基础思维能力。基础思维能力不仅能够提高解决实际问题的能力,对所有学科教育的学习同样有所裨益,提升学习的基础思维能力也能够全面提升学生的学科学习效率和水平。

设计思维课程不是以培养制作小能手、竞赛高手或设计师、美工师以及任何具体领域的专业人士为目的的课程。虽然其紧紧围绕具体的设计任务来安排课程、组织教学,但是"设计"只是手段,"思维"才是设计思维课程的目的。

第 二 节

设计思维课程与学科课程的异同

为了更好地理解设计思维课程与学科教学在各个方面的异同,我们从几个具体方面对二者进行比较。

一、教学目标和学习方法的异同

传统学科课程和设计思维课程都传授知识与技能,前者以学习知识为主要目标,后者以解决实际问题为主要目标。

设计思维课程的教学目标决定了它并不强调对知识的学习,而是把知识嵌入解决问题的过程。"解决实际问题"是设计思维最突出的特征。在设计思维课堂上，所有学习、讨论和活动都围绕解决实际问题而展开，教学效果也据此进行评价，明显与传统教学模式有区别。在一般的学校教学中，无论是语文、数学、道德与法治还是科学、历史、物理，教学的目的都是帮助学生建立该学科的知识体系，即学习知识与技能、过程与方法、情感态度与价值观。然而设计思维课程中没有固定的知识领域，也不强调具体的知识技能的学习目标。教师对具体某一领域的知识的讲授，仅发生在解决问题的过程中——当他们发现学生现有知识、经验不够用时才进行补充教学。学生对知识的掌握程度也不要求全面、系统，甚至不要求100%精准，而是以足够解决一个遇到的具体问题为准。这种"实用主义"的学习方法在学科教学中当然是不正确的，但符合真实世界中成年人解决绝大多数实际问题时的行为习惯。试想，我们谁是全面掌握了手机操作系统的全部知识后才开始使用手机上网、聊天、自拍、购物的？爱迪生拥有一千多项发明专利，但他显然无法精通所有发明涉及的科技领域的知识、技能。

我们还要澄清三点：第一，学科教育帮助学生建立完整的、系统化的学科知识体系，这并不是"过时"的教育理念，而是非常正确和必要的——人类几千年来积累的知识精华不是任何一个学生可以从解决几个问题的过程中探究、感悟出来的，采用现有的授课模式来传授这些知识是最有效率的；第二，把知识嵌入需要解决的实际问题中，这种"嵌入式"学习也并非设计思维教学所独有的——所有以"解决实际问题"为目标的教育方式，例如项目式学习类课程、创客、STEM等理论上都具有"嵌入式"学习的特征；第三，"解决实际问题"也是几乎所有义务教育阶段学科课程的课标所规定的教学目标之一，因此不能说学科教育没有"解决实际问题"的特征。

二、学生思维模式的异同

正是由于教学目标的"小"改变，设计思维课程（以及其他以解决实际问题为导向的课程）在激活的中小学生行为模式和大脑思维模式上，与传统学科教学模式有较明显的区别。下表列出了以解决实际问题为目标时，学生的主要思维活动和表现出来的行为特征。

表2-1 设计思维(以及其他以解决实际问题为导向的课程)中小学生的思维与行为模式

解决实际问题的过程	学生主要思维活动	对应的行为、表现
理解问题背景	移情、观察、分类、联想	好奇、求知、观察
定义问题	批判性思维、解构、分析、理解、归纳、抽象、总结	思考、表达、分享、坚持己见、妥协、折中
提出设计创意	学习、想象、探索、理性与感性混合、自我否定、创造性决策[①]、权衡利弊	搜集信息、可视化(用草图、图表表达)、验证、说服别人或被别人说服、展现个性和独立见解、创新
计划	逻辑思维、关注事物间在时间、空间上的关系和因果、关联性	严谨、有条理、有依据地工作
实施行动	把思想物化[②]为实物	动手、实践、团队合作、妥协、折中、目的明确的行为、关心效率多于注重完美
评价与完善提高	批判性思维、逻辑论证	更关注问题解决程度,更愿意接受批评以完善结果而不是自我辩护维护"颜面"

解决实际问题时学生的思维与学科课程中学生思维既相同又不同,下面我们把二者的相同点和不同点进行归纳整理和分析。

(一) 相同点

1. 基础思维模式相同

如果让一个在中小学从事数学教学的教师对表2-1进行分析,他/她会发现表中列出的学生在解决实际问题时的主要思维活动方式与他/她在学科教学上所期望的学生思维活动方式是基本相同的。这个观察结论和该教师所教学科无关,无论是数学老师、语文老师还是其他学科老师,都会得出相同的结论。

2. 思维训练结果相同

我们在K-8阶段的设计思维课程的定义中已经明确指出,设计思维课程的重点在"思维"而不在"设计"本身,这和中小学教育总目标是完全一致的,二者视角不同,体系不同,但殊途同归。例如设计思维和几乎所有学科教育都注意学生"物化"能力的培养,即把思

---

① 创造性决策:定义见第六章
② 物化:定义见第六章

想(创意、计划)转化为看得见、感受得到的"物"(见第六章)。这里的"物"可以是实物,如文章、调查报告、视频、照片,也可以是数学模型、计算机程序、物理实验设计、活动、音乐、舞蹈等作品。在这个过程中,学生会经历最为丰富、多样的思维—感知—行动之间的联动。

(二) 不同点

1. 场景和组合方式不同

设计思维教育与学科教育,二者整体上运用相同的思维方式,但由于组织教学的方式不同而造成适用范围不同。例如,在学科教育中,一般不会独立出现"计划"和"实施行动"的学习单元,但进行计划和实施行动所必需的过程——关注事物间在时间空间上的关系和因果关联性、团队合作、组织协调、交流表达等行为,会以多种形式分散在不同阶段的学习和实践活动环节中,也会在课外活动、跨学科综合实践活动中出现。与学科教育相比,计划、实施行动则是设计思维教学中的必备环节,因此以上同样的思维活动和行为总是整合在一起出现的。

2. 运用思维的边界不同

尽管学科课程和设计思维课程都鼓励"灵活的思考"(自我否定、创造性决策、权衡利弊、折中妥协等),但"灵活"的边界不同。

学科教育中所需要的思考一般以本学科知识领域为边界,而解决实际问题的思考则以个人的全部认知(学习、知识、技能和经验)和资源为边界。例如,一个不会做饭的人怎样解决肚子饿的问题?可以自己上网查资料学着自己做(通过学习掌握新技能解决),可以点外卖、去餐馆(动用财务资源解决),还可以到朋友家"蹭"饭(动用人际关系资源解决),甚至可以以"肠胃不适"为由决定不吃这顿饭(从另一个角度重新定义问题解决)。可见,解决实际问题时的"灵活"是一个更为复杂的决策过程,包括评估得失收益,权衡利弊,迅速从一个知识技能领域转化到另一个知识技能领域的能力。孙悟空在保护唐僧去西天取经的一路上,有时靠武力,有时靠走观音菩萨和太上老君的关系,有时靠使"诡计",最后为了得到真经,还不得不用紫金钵向两个罗汉"疏通"。这些事情,猪八戒、沙和尚都无法做到,只有神通广大(知识技能丰富、智商情商都高)又善于不走寻常路的孙悟空才能做到。

插页图2-1展示的是初中设计思维课堂上学生设计的太阳能照明系统。其特别之处在于:这是以援助津巴布韦贫困地区为项目背景而设计的作品。除了房间里的电路设计,外观可见的每一处细节都有讲究:茅草房是根据当地传统民居的图片设计的;太阳能电池板朝北安装,以对应南半球的日照特征;屋后的梯子是为了能够定期清扫太阳能电池板上落的灰尘——信息来自上网能查到的报道,非洲太阳能电池板的推广中,遇到了灰尘影响电池板光电转化效率的问题。在这么一个看起来并不高科技的模型设计中,学生必须综合运用电学、光学、地理、工程计算、信息技术、劳技等多种知识和技能才能完成。

3. 思维训练的侧重点、强调程度不同

尽管学科课程和设计思维课程都在应用大致相同的一套思维方式,但是设计思维课程和学科课程分别强调不同的思维能力。

设计思维非常强调移情思维("移情"的定义和详细讨论见第六章)。在进行设计活动的理解问题背景阶段,学生必须跳出自己的主观视角,"移情"到其他人的视角;在解决较复杂的问题时,甚至要移情到很多不同角色的视角,感受所有相关人员的需求。移情能促进学生的求知欲和好奇心,只有平时积极观察生活中形形色色的人和事,才能有效地理解他人的行为和想法。可以说,在设计思维课程中移情是必需的思维能力。在学科教育中,有些学科如语文、历史、道德与法治等非常需要移情思维,但另外一些学科如数学、物理、化学等,则以客观视角为主、主观视角为辅(而且基本都是在进行解决实际问题的实践活动时使用)。

另外,与学科教学相比,设计思维更强调"定义问题"。在现实生活中,问题是人们根据自己的目的和需要定义出来的(详见第六章)。因此,学生在确定到底要解决什么问题时必须去除混杂的"噪声"、假象和枝节,找到最关键的因素,才能把问题定义清楚。这类似于侦探破案、医生诊断病情、技工寻找汽车故障或企业家挽救濒临破产的企业:既需要知识和经验,又不能拘泥于知识和经验;既需要独立思考,又不能固执己见;既要广泛交流听取意见建议,又不能人云亦云没有主见。这就是爱因斯坦所说的"把问题清楚地表达出来比找到解决问题的方案更关键(The formulation of a problem is often far more essential than its solution)"。因为,解决问题可能有成熟的流程或技术,但是定义问题却没有定规,需要经历复杂的思维过程(详细论述见第三章)。

学科学习中的大部分问题是教材、教师或者试卷出题人为了帮助学生更好地掌握知识而精心设计的,因此一般已经进行了人为的"提纯",剥离了无关信息。学生只需要把注意力放在应用特定学科知识来回答问题上,绝大多数情况下无须花精力去定义问题。

此外,学科教育也有自己的侧重点。例如,一般对知识点的记忆、对概念的辨析、对各知识点之间的关系(知识体系结构)的理解、对专项技能的运用等要求远高于设计思维。事实上,如果采取设计思维教育中知识"够用就好"的态度,学科教学很难成功,无法为学生打下坚实的基础,在未来进入大学后也无法建构专业、严谨的知识体系。

总之,学科课程和设计思维课程教学目的不同、表现形式不同,但底层逻辑和最终落实到人的教育目的是相同的。学科教育侧重在学生头脑中构建一系列(看似)相互独立的知识体系,设计思维侧重引导学生综合运用知识体系来解决实际问题(图2-1)。

在中小学教育阶段,构建知识体系是主要目的,解决实际问题是辅助目的;到大学、研究生及工作阶段,解决实际问题成为主要目的,知识体系成为解决实际问题的坚实基础。

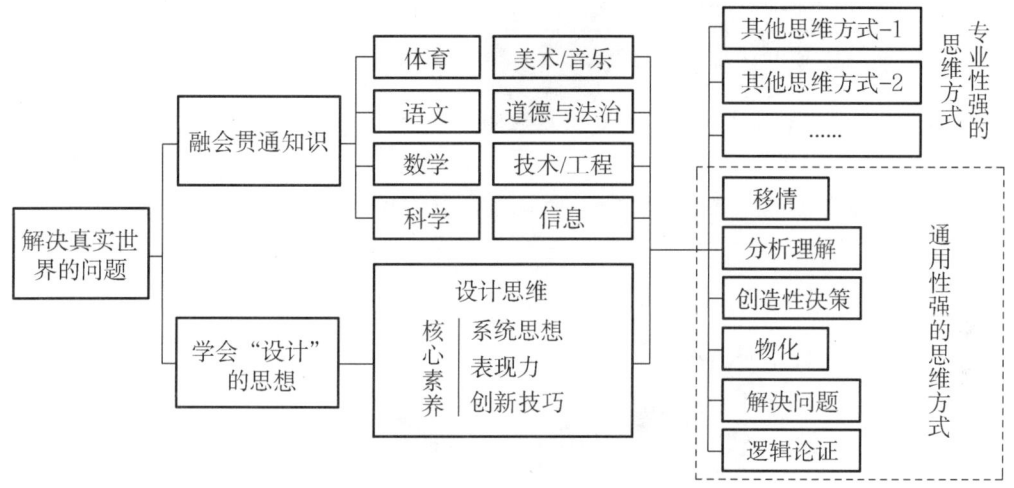

图2-1　从思维方法看设计思维课程和学科课程之间关系

第三节

从人脑认知原理看设计思维课程的作用

本章第一节中提到,即尽管学习的学科不同(语文、数学、物理等),甚至学习的目的不同(以掌握知识为目的或以解决问题为目的),学习中用到的思维都大致相同。本节将对这一现象进行更深入的解释,这也是我们后续构建设计思维教学目标的理论基础。

一、从获取感官信号到形成认知

无论是何种学科的知识,都是以文字(视觉)、语言(听觉)或相对较少的其他方式(触觉、味觉、平衡感等)进入人的大脑的(图2-2)。在我们每个人的大脑中,约有860亿个脑神经细胞(或称神经元)(图2-3),而每个神经元与大于7000个神经细胞相连,形成了一个无比复杂

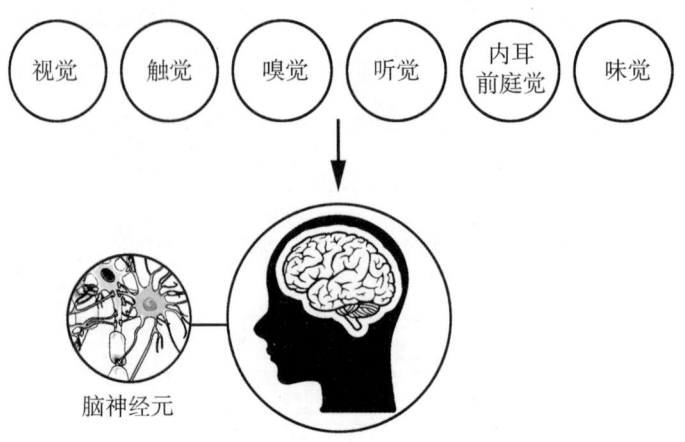

图2-2 信息被各种感觉器官收集进入大脑,被神经元处理成"知识"

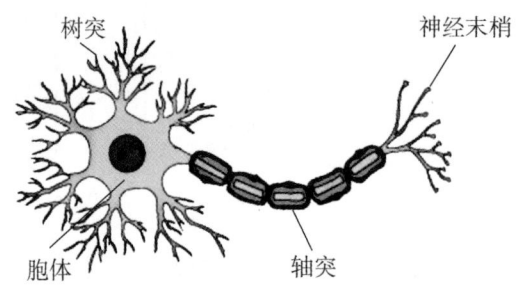

图2-3 一个脑神经元

的神经网络。我们所有的认知和智力活动都发生在这个神经网络中(见插页图2-2)。

所谓"认知"是指"通过思想、体验或感知而获得知识,产生理解的心理行为和过程[①]",比较简单的解释是:"了解、认识客观事物而获得知识[②]"。因此,认知可以是有意识的,也可以是无意识的。婴儿识别妈妈的脸是认知,幼儿学习语言、模仿大人行为、学会避开障碍、发现火苗很烫等都是认知。通过认知过程,我们的大脑可以使用现有知识来建构新知识。认知从我们出生起就无时无刻不在我们大脑中发生,直到生命消亡。而我们通常意义上的学习——通过读书、听讲、做题等进行的学习只是认知中的一部分。

要注意区分的是,认知和智力行为并非发生在神经细胞内部,而是发生在无数个神经网络节点的共同作用下。每个神经细胞的功能都非常简单,只做两件事:输入信号和输出信号。神经细胞首先从和它的树突端连接的所有"同伴"神经细胞接收信号,如果接收到

[①]《新牛津英汉双解大字典》
[②]《现代汉语规范词典》

的信号足够强(超过某个特定的"阈电位"),它便会输出一个信号,通过轴突终末传递给其他"同伴"。单个神经细胞发出的信号输出无"强""弱"之分,只有"有""无"之别,就像电灯的开关一样,这和计算机的工作原理有相似之处。因此,脑神经细胞本身的工作并无神奇之处,但由于脑神经细胞总数庞大,神经网络的联结数量更巨大、复杂且存在不断的生长、消亡等变化,神奇而伟大的智力现象就产生了。

脑神经系统的这种结构和工作原理说明,脑神经细胞之间具有较强的可替代性,一部分神经细胞受到损伤,可以用其他神经细胞代替。有一家科技公司最近开发了一种视觉障碍人士用的墨镜,可以帮助他们获得一定的视觉感知。这种墨镜在鼻架处有一个摄像头,用以获取视频信号,信号通过导线传递到佩戴者的舌头上,通过味觉神经把视觉信息传递到大脑中,能激活视觉神经区域的大脑皮层活动,进而产生视觉感知。另一项技术成果则是利用听觉系统帮助视觉障碍人士感知物体外形的:视障人士在胸前佩戴超声波发射与接收器,通过耳机接收超声波的回波。实验者不仅能感知障碍物,甚至能感知前方实验人员是蹲下还是张开双臂站立。

事实上,最近一次人工智能技术的突破也得益于我们对大脑工作原理的了解。人工神经网络技术就是通过模拟大脑神经网络结构而开发出来。最有名的例子就是由于击败人类围棋手而名声大振的人工智能下棋软件Alpha-Go。这个下棋软件后来继续升级为Alpha Zero,将算法从围棋延伸到日本将棋与国际象棋上,并只通过自我学习2—9个小时就战胜了之前被认为世界最强的国际象棋和日本将棋软件。

以上这些有趣案例间接地说明大脑神经网络对于低层次的认知(如五官感知的各种信息)会采用类似或相通的方式处理。我们知道,越高级的认知模式,其综合性、通用性越强。认知活动层次越高,所需要的能力和采用的思维方法越相近。

二、个体的认知差异是怎样形成的

既然所有信息在大脑中都是一视同仁地处理的,为什么同样的课程,不同人产生的认知结果不同?有的人学得好,有的人学得差,"每个读者心中都有一个哈姆雷特"——这些现象和大脑中概念、信息之间的联结紧密程度有关。我们抛开复杂的脑神经科学原理,可以通过一个极为简化的例子来进行说明。

小明是个小"学霸",他每天认真上课、做作业,周末参加数学兴趣班。在小明的学习环境中,下面一些概念经常同时被听到、看到或用到,如:"加减乘除""数字""自然数""整数""分数""小数""百分数""鸡兔同笼问题""火车相遇问题"、数学兴趣班、奥数题、数学竞赛等。因此在他的大脑中,包含这些概念的脑神经细胞之间有着丰富紧密的联系。每当提到"数学",上面这些概念和记忆就会涌现出来。另一方面,小明学习时从来不会涉及白菜、西红柿、黄瓜这些瓜果蔬菜,因此在小明的大脑中,包含蔬菜信息的神经细胞和包含"数学"概念的神经细胞之间没有太多的联结(但并非完全没有)。对于小明来说,蔬菜和算术是泾渭分明的两个领域。

另外一个学生小乔,她在上学之余,会帮助家人在集市上卖菜。小乔能够在称出黄瓜斤两后随口就算出价钱,在顾客讨价还价时能迅速判断给多少折扣自己不吃亏,她还要统筹运输费、摊位费、打折"清仓"等。在她的大脑中,加减乘除除了和"四则运算""数字""自然数""整数""小数"有联系,也和白菜、西红柿、黄瓜有联系;和家庭开支、人际交往有联系,还和集市的人声鼎沸、形形色色的顾客等生活场景的记忆有联系。因此,对于小乔来说,数学、蔬菜、生活都是密切相关的领域。

如果我们评估小明和小乔二人的数学认知,会发现小明脑中的数学"专业"而"单纯",而小乔脑中的数学则较为浅显,但与其他认知有着广泛的联通,深深扎根于生活中。

我们通过小明和小乔的例子不仅可以解释为什么我们会无师自通地把知识分成不同的领域,也可以说明,教科书上相同的概念到了我们每个人的头脑中其实会以完全不同的形态存在。这种差别导致了我们对知识的应用能力的差异。

我们对一个概念的认识、理解和运用在很大程度上取决于这个概念和其他哪些概念、记忆、技能相联系。小明和小乔头脑中"数学"分别连接了不同的概念领域,因此他们的外在行为表现也就不同。但是一般而言,大脑中一个概念与其他概念的联系越广泛、深入,我们对这个概念的认识越清晰、理解越深刻、运用越灵活。

另外,大脑天生只对"有意义"的事情感兴趣,这和亿万年的生物进化历程有关。如果我们要小明和小乔评估数学对他们的重要程度,小乔给出的分数一定比小明高,因为对于小乔,数学和自己的生活、一家的生计息息相关。小乔也更有动力提升心算水平,因为如果她能又快又准确地完成交易,就能腾出更多的时间来争取下一单生意。限于篇幅我们不再展开论述学习的目的性和学习的动力之间的密切关系。读者可以分析自己在从事某项非常感兴趣的活动时的心理:为什么感兴趣?这一活动带来的是快乐还是痛苦?在这个过程中,是否对相关知识更敏感、学习得更快?从中体会"兴趣是最好的老师"这句话的道理。

三、从大脑认知原理解释设计思维的教育理念

以上我们非常粗浅地分析了学习、认知过程背后的脑神经网络和认知心理学原理。这些能帮助我们理解设计思维教育的一些基本理念和优势。

为什么设计思维总是以"解决实际问题"为目标？因为解决实际问题让大脑找到进行一系列思维活动和学习活动的意义。它比单纯地为学习而学习更能使大脑兴奋，从而提升学习效率。

为什么设计思维强调跨学科综合运用知识？因为跨学科运用知识可以从学生思维的最底层——大脑的认知机制层，帮助学生打通不同领域的认知壁垒。当认知融会贯通了，知识的运用效率就提升了。

为什么在设计思维课堂上进行的思维训练同样可以帮助学生提升学科学习水平？因为学科的差异在一定程度上、甚至有时是很大程度上，只有最浅层认知（记忆、识别、信息提取）上的差异。想要去理解、运用、分析、评价这些浅层知识，要运用的思维方法却是相同的。就像乐感强的人学任何乐器都有优势；身体素质好的运动员练不同的项目都能出成绩；有好的发动机，汽车的外形可以千变万化；计算机的应用软件千万种，芯片的运转速度是关键……同样，强化思维方式的训练可以提升所有学科的学习表现。

为什么特别强调设计思维对学科学习的基础思维训练作用，难道其他学科没有同样的思维训练作用吗？的确，在任何一个学科学习过程中，提升的基础思维能力（而不是简单地记忆、重复地模仿能力）都有利于提升其他学科（包括设计思维）的学习水平。然而，设计思维课程相对于学科课程有一个明显优势，即设计思维课程以思维训练为教学目标，而学科学习毕竟是以系统化地掌握运用学科知识为主要教学目标。因此后者不能像前者一样把主要精力放在训练思维能力上。

第四节

K-8阶段设计思维课程教学目标

基于第一章对设计思维教育总体的理解和本章前三节的理论分析，我们提出了K-8阶段设计思维课程的教学目标。

一、总目标：同时培养解决实际问题的能力和创新能力

学以致用、解决实际问题和培养学生的创新能力是我国教育工作者几十年来都一直努力想通过学校教育、教学改革达到的两个目标。

翻开我国义务教育阶段和高中阶段各科课程标准，"运用本学科知识解决实际问题"几乎在所有学科的教学目标中都占有一席之地。近十年来，国家也一直在大力提倡和推动包括创新能力在内的素质教育。大量以创新和解决实际问题为导向的课程，如创客、机器人、科学技术实践（STEM/STEAM）等内容，已经陆续进入学校，并在实践中取得了一定的成果。但是，对于最基础的问题，校长和老师们都仍然普遍存在困惑。在和一线教师的接触中，会经常听到这样的提问："做什么样的事才算创新？""什么问题算是'实际问题'？"图2-4是我们对某地区56所小学和初中校长、教导主任进行的访谈和调查数据，从某种程度上体现了一线教育工作者对实施创新教育的困惑。我们将被访者的回答整理归类后进行统计，发现他们最大的困惑是：对于"什么是创新教育"不够明确，不知该如何开展创新教育。图中"缺乏理论指导""需提升教师和校长对创新的认识""需要给教师和校长更多的培训"等都属于这一类问题，累加起来大约占问题总数的60%。

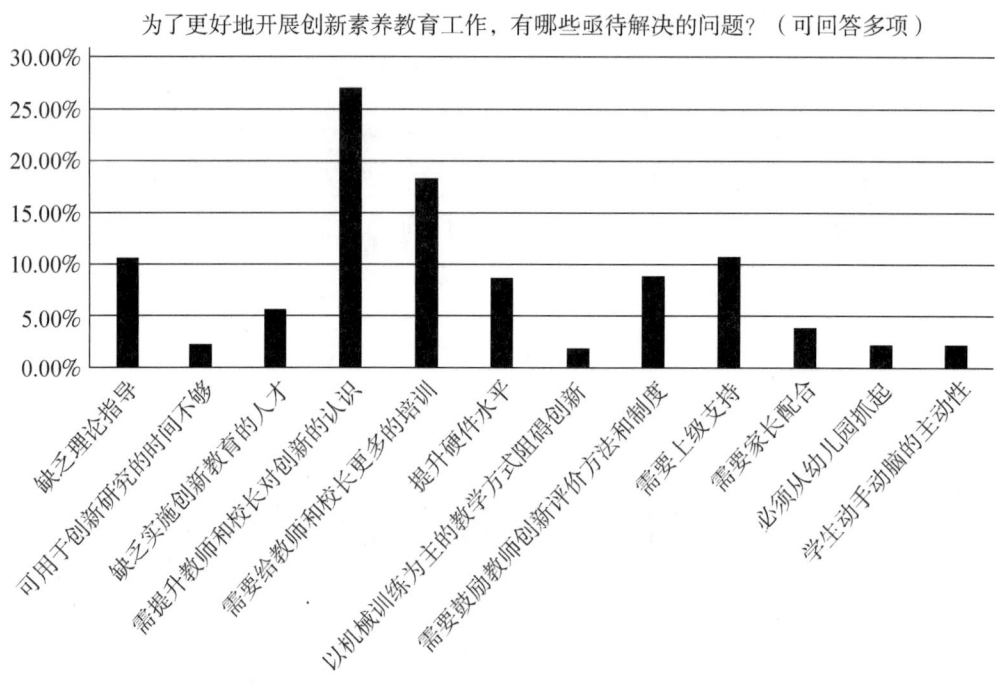

图2-4　一线中小学校长对创新教育的困惑和实际需要

事实上,设计思维课程能同时满足"解决实际问题"和"创新能力培养"。从设计的定义(见第一章)我们知道,设计活动永远是以解决实际问题为目标的,而解决实际问题又总是和创新密不可分,这是设计的两个主要特征。

理解了这个原理,在中小学阶段培养学生创新和解决实际问题就变得不那么难了。插页图2-3展示的就是一堂同时包含创新和解决实际问题的设计思维课。为了让学生理解不同的餐具设计是和不同的饮食文化、食物烹饪方式相适应的,教师设计了一个食物与餐具随机配对的游戏。学生们通过键盘启动程序,如果比萨饼配上了筷子、面条配上了汤匙,就没法享受美食了。这个游戏能让学生感性地体会"站在使用者的需求角度思考"这一解决实际问题的原则。更巧妙的是,这个游戏其实是同一位教师在其信息技术课上布置给另一群学生的一个任务:为上设计思维课的同学设计一个游戏,随机配对餐具和食物,让他们体会餐具不合适就没法享受美食的道理。信息技术课为设计思维课提供工具,而设计思维课为信息技术课提供真实问题。这种一举两得的做法正是建立在深刻理解"通过解决实际问题而培养创新能力"的教育理念基础上的。

插页图2-4是由四名小学教师设计的设计思维项目式学习课程"拯救流浪狗"。其背景是一个生活中的常见问题:总有一些宠物狗被主人抛弃,变成了流浪狗。这是真实存在、经常发生的事情。对于爱狗养狗的人士来说,每每看到这样的事例都会十分无奈。有办法解决吗?可以集资买狗粮,可以给流浪狗造小窝,但是都无法解决流浪狗源源不断地产生的问题。在这个项目中,老师搜集了很多关于流浪狗问题的阅读材料,引导学生通过提取阅读材料中的有用信息,全面分析问题。学生最终认识到,要从源头解决抛弃宠物狗的问题才能有效减少流浪狗。确定问题后,学生们在教师的引导下在自家小区内做调查,统计抛弃宠物狗的种种实际原因,大家找到了诸如搬家离开本地、不愿打疫苗、生的小狗太多等原因。然后学生们根据主要的几种弃狗原因设计海报,用感性的语言和图画劝说养狗人善待自己的狗,做负责任的饲主。整个项目不需要高科技设备,不引导学生做异想天开的幻想,没有虚情假意的抒情,全部活动始于真实的"爱",落实到细致的具体工作,中间包含着社会责任、理性思维、感性思维、信息意识等多方面素养。创新则体现在与不同人打交道、完成社会调查、宣传文案创作和广告画创意等具体任务中。每个创新微小而实在,虽然都不难做到,却是学生很少去体验的挑战。

完成以上两个设计思维教学设计的教师既没有受过专业的餐具设计训练,不是广告设计师,也没有学习过高深的创新教育理论,她们仅仅凭借学科素养、生活经验和公民意识,就能够设计出集"解决实际问题能力"和"培养创新能力"于一体的课程,充分说明了在一线教学中同时解决这两个问题是可能的。

基于这一观点,再看图2-4中一线校长和教师的困惑,通过设计思维课程培训,大部分问题都能得到一定程度的解决。

二、分目标一:培养设计思维的三大核心素养

我们确定了以设计思维为解决实际问题和创新教育的实施路径,接下来的问题是:设计思维课程的目标和框架应该是怎样的?综合我们在第一章和本章前面各小节的论述,我们认为在中小学开展设计思维课程教学既要实现解决实际问题和创新教育的目标,又要服务于K-8学校教学的全局,教育目标和框架应该满足如下要求。

第一,能够真正提升学生的创新意识、创新思维和创新能力。

第二,能够形成具有很强通用性、普适性的方法论,帮助学生在遇到生活中各种具体问题时,较快找到创新性地解决问题的线索。

第三,能够整合学生各学科知识体系,帮助学生跨学科综合运用知识、技能和生活经验。学生进行创新、设计所需知识、技能从哪里来呢?显然主要来源于学生在校学习的学科知识。

综合考虑以上要求,我们提出了设计思维课程需要培养的三大核心素养:①设计中的系统思想;②设计中的表现力;③设计中的创新技巧。我们将在第三、四、五章中进行详细论述,此处仅简要加以介绍。

(一)设计中的系统思想

"系统"是一个在学术界被广泛使用的概念,无论自然科学或社会科学,简单到一个原子、一粒沙或一张椅子,复杂到人的大脑、太阳系、生态系统,或者抽象到社会、哲学思想体系等,都可以称为"系统"。很多科学领域都从自己学科的角度研究系统。在1968年,生物学家贝塔朗菲(Ludwig Von Bertalanffy)出版了经典系统论专著《一般系统论——基础、发展和应用》,总结了一般系统论的概念、方法和应用。

系统论和控制论、信息论并称"三论",是出现于20世纪中期的新兴边缘科学,对当代科学技术和思维、研究方式的发展起到了巨大的推动作用。很多高新科技领域的发展和创新都以"三论"作为理论基础,指导行业的发展。

可以认为,系统是科学家对自然界和人类社会万事万物的一种抽象。当剔除每个具体事物(无论是存在于人头脑中的,还是存在于现实世界的)的个性化特征后,它们都仍然

存在一些共性。例如,它们都是由更小的一些事物(要素)组成的[①],这些要素存在一定的固定结构,而固定的结构会产生固定的性质(在本书中称为功能[②]),每个系统都是有机联系在一起的一个整体。

把"系统思想"作为设计思维的核心素养,是因为它的方法论有着极广的适用性,可以用于观察、分析、理解生活中遇到的大量问题[③],帮助学生找到解决问题的线索;另一方面,系统思想的基本观点在生活中可以找到的例证比比皆是,很容易被普通人所理解、接受,因此入门容易。

(二)设计中的表现力

如果说"系统思想"代表了解决实际问题、进行创新设计时所必需的理性思考,那么"表现力"就是解决问题和创新中不可或缺的感性能力。

在日常生活中,很多问题是通过表达来解决的:说服别人接受自己的观点和建议、表达不同的情感色彩都需要语言、肢体动作的表现力;制作一件日用品、设计一件产品、出门搭配衣服妆容,体现了造型、线条、颜色等方面的表现力;画漫画人物或设计公共场所指引标识,需要线条、图案的表现力。还有电影、音乐、戏剧、舞蹈、书法、篆刻等都是强烈表现力的载体,甚至建筑物、园林、服装、家具等都有各自的表达功能和表达"语言"。

人类发展出如此形式丰富的沟通、表达方式,是为了在恰当的场合、使用恰当的形式传达设计者想要表达的信息,最终都是为了解决某一个实际问题。我们无法像教才艺一样让学生一一掌握它们,但是我们可以教会学生掌握不同表达方式的内核:如何通过观察和分类,从现象中归纳出有普遍意义的规律,从联想和象征意义的角度理解不同的表达,听懂无声但多姿多彩的"语言"。

(三)设计中的创新技巧

创新除了依靠人内在的理性和感性思维能力,还需要大量外部信息作为素材以启发创新。所谓"外部信息"是指那些不存在于我们有效记忆中的信息。在进行设计或创新活

[①] 物理学发展到今天,物理学家也没有找到确信再也不可细分的"基本"粒子。因此至少在人类现在的认知范围内,任何事物都可以细分为一些更小的要素。

[②] "性质"一词所指范围更广,但对于本书所涉及的领域来说过于抽象。因此我们用更具体的"功能"一词替换,以适应设计领域的习惯,也便于论述并让学生和老师理解。

[③] 其实,系统思想可以用来观察、分析、理解生活中遇到的所有问题,只是需要用到更抽象的理论和研究方法,其复杂程度可能超出本书需要的范围。

动时,最常见的"外部信息"就是文献资料、专利、科学论文以及市场上的同类型技术、产品等。原则上外部信息对于所有人都是平等的。特别是在大数据和互联网时代,我们所有人和无穷大的信息资源之间只有一个搜索引擎的距离,各种展览、论坛等线下渠道也丰富到远超普通人能关注的范围。那么有效利用外部信息的技巧就变得和个体思维能力同样重要了。

创新是一个"不走寻常路"的过程,因此创新的技巧必然是因人而异、因地制宜、随机应变的。但是如果对所有这些技巧进行高度概括的归纳总结,我们会发现,绝大部分人的创新都会用到以下三种方法中的一种或多种。

第一种是运用科学知识和技术方法。科学技术是解决人类难题的终极手段。近现代越是划时代的突破越是依靠科学技术的进步。牛顿发现万有引力定律,并非被苹果砸中脑袋而突发奇想,而是基于前人大量天文观测数据和众多科学家的研究猜想。爱因斯坦提出光速不变原理是基于前人对光的实测数据,提出广义相对论则用到了黎曼几何学的研究成果。可见即使是科学伟人,他们也是依靠前人已经取得的科技成就而创新思想和理论的。

第二种技巧是从生活和文化艺术中找灵感。曹雪芹的《红楼梦》取材于他早年的生活经验,并且借鉴了《金瓶梅》的艺术表现手法;杨丽萍的孔雀舞是从傣族传统舞蹈动作中创新而来;达·芬奇通过临摹人体肌肉和骨骼,从生活中为艺术创造收集素材(见插页图2-5)。

第三种技巧是顺着前人的思路进行延伸改良或者跳出前人的思维框架另辟蹊径。这是我们普通人也可以尝试的创新思路。比如,小华做了一只蝴蝶风筝,小林觉得很美,就试着做一只老鹰造型的,我看到大家都做动物风筝,就做个神话主题的孙悟空风筝——这样不断延续的小创新也很有价值。在技术研发、工程实践中,也会采用类似的方法。

这三类创新的技巧基本能涵盖我们最常见到的创新"战术"。虽然我们仍然可以对此分类进行更深入、更结构化的分类,但无论是中小学教育的实际需要还是真实世界的创新实践,更细致的分类似乎并不能进一步增加学习创新的效率,因此我们还是用这种简要分类进行进一步论述。

(四)三大核心素养之间的关系

为了简单明了地说明三大核心素养之间的关系,我们可用大众更容易理解的"理性"一词概括"系统思想",用"感性"一词概括设计思维中的"表现力",而"创新技巧"是个人感性和理性思维与生活经验、知识和其他能力的综合反映。

设计思维中的系统思想,通过逻辑、结构化的思维帮助个体(学生)有效地观察事物,理解事物内部要素之间,事物与外部环境之间的关系(学习),帮助学生快速理解、掌握该事物,有效定义问题,找到解决方案(解决问题)。

表现力实际上是充满感性色彩的,它通过帮助学生有意识地观察和发现事物有代表性的特征,快速、有效地抓住事物关键性特点(学习),更充分地表达自己或打动别人(解决问题)。

此外,在我们的生活环境中,离不开科学、技术、工程、文化、艺术等领域的交叉影响(图2-5),它们都在为创新提供信息、启发、辅助,我们可以把它们都作为创新的外部资源。"延伸现有的想法"和"另辟蹊径"是创新的两种探索路径,前者是借鉴从外部资源中获得的想法来解决目前面临的问题,后者指寻找新的想法来解决问题。

理性思维和感性思维发生在个体(学生)的大脑中,属于人的认知思维过程。外部资源存在于个体大脑之外。我们将在后文继续阐释这三大核心素养的具体内容。

图 2-5 三大核心素养之间的关系

三、分目标二:提升学习的六大基础思维能力

设计思维的教育理念认为,学习的底层认知机制是相同或类似的。如果我们从基础的思维能力开始进行训练,以解决实际问题为目标的教育和以掌握人类最精华的知识体系为目标的教育不仅不冲突,而且是相辅相成的。也就是说,我们可以同时提升学生解决实际问题的创新能力和各个学科的学习能力,从而提升学生的总体素质。

在长期实践中,我们总结了设计思维活动中频繁出现的思维和行为,与学科教学中观察到的思维和行为进行比较,找出其共通之处,经过整合、重组,提炼出了"学习的六大基础思维能力"。

- 移情
- 物化
- 分析理解
- 问题解决
- 创造性决策
- 逻辑论证

学习的六大基础思维能力具有以下特点:①除个别学科外,目前中小学教育的所有学科的学习过程都会涉及这些思维过程;②教师可以通过学生的课堂表现、作业、日常行为,较容易地观察到其能力水平;③与现有国家课程标准、指导纲要的要求高度吻合,因此和学生的学科核心素养、学业水平要求相一致;④可以通过设计思维课程的教学进行强化训练。

其实这六个基础思维过程都包含了多种高阶思维过程,如归纳、分析、综合、批判、创新等。每一种高阶思维其实又是多种更简单的思维的组合,如记忆、感知(视觉、听觉、触觉等)、机械重复、简单比较等。从教育研究和教学实践的层面,对这些思维模式进行无限细分不仅意义不大,而且让绝大多数一线教育工作者难以理解和应用。因此,我们从提升教育实效的角度,划分出这六个最容易在课堂上观察到并能进行集中训练的思维模块。

我们将在第六章中对学习的六大基础思维能力的概念、在各学科中应用的实际案例等进行详细讲解。

四、学科教育、设计思维教育以及学习的六大基础思维能力之间的关系

我们可以用树林和土地做比喻,形象地反映设计思维三大核心素养、学习的六大基础思维能力以及学科课程的关系(图2-6)。

最下层的泥土代表最基本、简单的智力活动和认知,如感知(视觉、听觉、触觉、嗅觉、平衡、方向等),识别(如通过视觉识别符号、文字、图形、颜色、动作,通过听觉识别语言、音乐、声音等),记忆(如字词句、故事、画面、音乐、体验、数学运算规则、科学原理、规章制度等),想象(通常被认为是记忆的重新组合、延伸),模仿等。没有它们,不仅更高阶的思维无法建构出来,甚至连人的基本智力活动都无法完成。这就像泥土之于整个树林,没有泥土就没有整片树林。

上层的泥土代表六大基础思维能力。使用这些思维能力需要大量底层思维的支撑,因此被称为高阶思维。它们是我们融合不同学科知识、技能,形成跨学科思维能力,在复

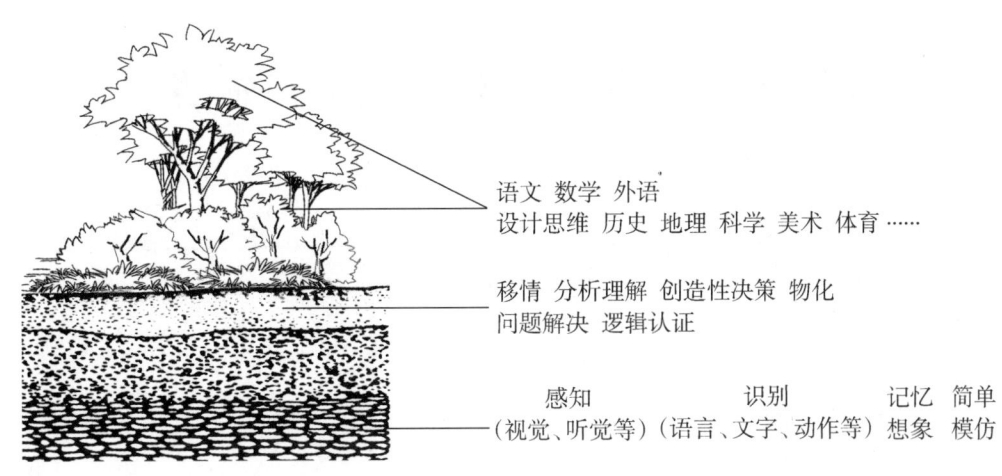

图2-6 K-8阶段学科课程、设计思维课程和学习的六大基础思维能力的关系

杂情境中提取关键信息,找到解决问题的线索。这些线索的组合一方面可以构建设计思维的思想体系,通过创新来解决生活中的实际问题;另一方面可以构建语文的思想体系,形成语言表达能力、文化的鉴赏传承能力和创新能力[1];也可以构建数理化的思想体系,以形成科学的思维、数学的思维和理性的社会责任感和主流价值观[2];还可以构建音乐、美术的思想体系,以形成感知他人情感、表达自身情感、创造性地运用感性表达方式来解决实际问题的能力[3]。基础思维能力就像这片树林土地表层的营养土,没有它,草地和树林不可能生长茂盛。

乔木与灌木代表目前中小学实施的国家课程、地方课程、校本课程以及设计思维课程。它们都生长自同一片土地,汲取着同样的养分,但每一棵树有自己的独特之处。无论是文科、理科还是音乐、美术、体育等科目,都是来自人类从生活与自然中萃取的思想精华。

生长于树木间、遍布大地的小草代表我们从生活中获得的经验和知识,单独看每一株小草都无足轻重,结合在一起则孕育着巨大的生命力。它们无处不在,把泥土和一棵棵树木都连接在一起,让我们跳出单一的学科视角看到完整的世界。

---

[1] 语文学科的核心素养
[2] 数理化的核心素养
[3] 音乐、美术、艺术的核心素养

第 五 节

教学设计案例——拯救机场口渴者

虽然"系统"和"系统思想"是非常抽象的概念,但却可以用随处可见的生活案例讲得深入浅出。"拯救机场口渴者"重点展示如何帮助学生理解和运用系统思想。限于篇幅,案例略去了课程后面的作品制作、展示和评价环节。相关环节的展示见第七章教学案例。

一、教学基本信息

课题:拯救机场口渴者

学科:设计思维

年级:五、六年级

涉及领域:技术与工程、权衡、系统的目的性和环境适应性(系统思想)

教材:自行研发

二、教学背景分析

(一)教学内容分析

本课创设的设计场景是乘客在机场需要喝水,学生通过思考这种场景下的旅客、机场管理者、清洁工等不同人的需求,理解这一设计需要解决的问题,为机场设计一款用于免费饮水的水杯,解决旅客在机场口渴的问题。

本课的目的是在实践中引导学生通过观察机场水杯的设计,巩固系统的要素、结构、功能、环境等概念,重点理解和掌握系统中的权衡思想。

"权衡"是设计思维的核心素养之一"系统思想"中对系统的整体性思想的应用。人们常会遇到相互矛盾的需求,有时会陷入无法做决定的困境。因此,引导学生进行权衡,可以帮助他们找到可靠的依据以平衡利弊,做出取舍。权衡有定性、定量等多种方法,本课通过引导学生用画表格、打分的方式对不同解决方案进行定量分析,从中选择出最佳方案,使学生掌握定量评价(打分)进行权衡的方法。

本课先设定了一个需要用权衡思想解决问题的生活场景,然后引导学生通过换位思考理解与该场景相关的所有人物的需要(移情);通过大量具体案例分析判断,认识到候机厅使用的几款纸质杯子已经是经过设计师们多方优化之后的选择（分析理解）；再通过有目的地选取杯子，并从材质、形状、大小、图案花纹、附属配件等方面（创造性决策、物化）撰写探究报告（物化、问题解决）而达到掌握并灵活运用系统思想中的权衡思想的目的。最后通过在全班分享自己的作品，讲解自己的设计意图，进行自评互评，训练学生有理有据地表达、评价（逻辑论证）。

（二）学生情况分析

本教学设计以五、六年级学生为目标。这个年龄段的学生大多处于抽象思维快速发育的时期，因此教学中应多用学生熟悉的实际例子，深入细致地进行分析，把学生在生活中积累的隐性感受用语言、设计、物化（七、八年级）等方式表达出来，达到隐性知识显性化的目的。

本教学设计也可以向上延伸到七、八年级使用。此时可以适当加深对各相关群体之间博弈的思考，例如：旅客喝水的便利与降低成本的需要之间，如何通过改变设计取得平衡；如果改换场景，飞机上乘客喝水的杯子应该怎样设计；等等。

本教学设计也可以向下延伸到三、四年级。此时应该增加具体案例。减少抽象思维部分，帮助学生从不同角度自主形成具有一定抽象特征的认知。

三、教学准备

相关图片、PPT、活动任务单、纸张。

四、教学目标

1. 理解为了同时满足不同人的需要，设计需要权衡利弊，找出"两全其美"的折中方案。

2. 理解设计要和环境相匹配，要考虑喝水杯的使用场景和不同人群的需要。

3. 理解在涉及工程类设计的问题中，成本是重要的考虑因素。

五、教学难点

能通过自主探究，完成任选一种杯子的探究报告，从材质、形状、大小、图案花纹、附属配件等方面体现权衡思想。

六、教学流程示意图(可选)

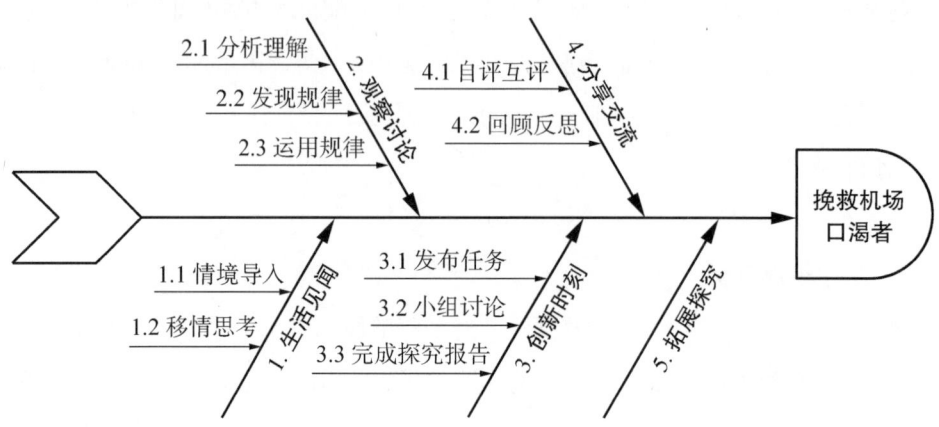

七、学习活动设计(第1课时)

教师活动	设计意图和期望的学生活动
环节一:生活见闻 (一)情境导入 小美跟爸爸妈妈去旅行,一路上又说又笑,不断吃零食,但到了机场安检时,随身携带的饮料被拦截下来不允许带入候机厅。原来为了飞机安全,民航规定在乘坐飞机时,旅客随身携带的液态物品每件容积不得超过100毫升。进入候机厅,小美口干舌燥,环顾四周,哪里有水喝呢? 如果你是一个机场设计师,你会怎样帮助旅客解决在候机厅喝水的问题? • 教师出示机场旅客场景的照片,展现旅客不能随身携带饮料、喝水不方便的情况。 (二)移情思考 • 问题1 教师:解决乘客口渴的问题有4种常用方法,请同学们站在小美的立场思考,举手回答每个方案的优缺点。(见附表1)	• 场景中,民航关于液体的限制规定与乘客在机场候机厅口渴是两个相互矛盾的要求,因此出现了需要解决的问题。 • 出示照片为没到过机场的学生建立实景感觉,使学生代入所处环境中,此为课程设计的"支架"。 • 课堂讨论,教师引导学生进行移情思考:把自己分别代入旅客、机场管理者、清洁工等身份中,感受机场的饮水环境以及各角色关心的问题。由于学生个体差异巨大,教师可根据学生现场表现进行引导,必要时给出恰当提示。 • 让学生看到解决方法有很多种,但从乘客角度看,有免费冷热水和杯子的方案最好。

(续表)

教师活动	设计意图和期望的学生活动
教师:同学们已经站在小美的立场列举出了4个方案的优缺点,综合这些优缺点,我们发现从服务旅客的角度看,解决候机厅喝水问题的最好方案是什么? • 教师:只有乘客与杯子产生联系吗?是否还有其他人也与机场的杯子有关系呢? • 问题2 教师:乘客、机场管理者、机场清洁工对杯子最关心的问题分别是什么?请连线。(见附图1)	• 进行移情思考,探究与机场杯子相关的其他人群的想法,比如机场管理者、机场清洁工等。 • 学生简单回答,过渡到问题2,让学生分别选择三类人所关心的方面。 • 引导学生认识到:从更大的视角来看,机场乘客用来喝水的杯子不仅仅与乘客有关,机场管理者、机场清洁工也是利益相关者,他们都有各自的需求。 ①机场管理者的需求是便于运输、存放,成本低,可重复使用; ②使用者的需求是轻便、一次性使用、确保卫生; ③机场清洁工的需求是不易破碎,方便打扫。
环节二:观察讨论 (一)分析理解 教师:这些是在机场饮水处的三种常见纸杯。这种千篇一律的设计好像很没创意。为什么一定要用纸杯呢?难道我们不能用其他材质或式样的杯子吗?(出示纸杯图片)  • 问题1 教师:材质、形状、大小、颜色、成本、图案都属于杯子的要素。如果杯子是在机场里提供给乘客使用,哪些特征不是主要考虑的要素? 教师:我们不用过度关注机场杯子的颜色和图案,但必须考虑杯子的材质、形状、大小、成本等要素。让我们尝试改变杯子的这几个要素,看看是否能为机场设计出更好的饮水杯。首先,我们看看能否改变杯子的材质。	• 通过看图片、回答问题、课堂讨论等形式对学生进行分析理解训练,引导学生观察案例,发现不同现象之间的内在关系,最后总结出共性、规律。 列举机场常用3种杯子的目的是让学生对机场目前使用的各种杯子形成统一认识。 • 学生:材质、形状、大小、成本是主要考虑的因素,颜色和图案不是主要考虑的因素。 • 此题通过让学生确定设计杯子时的主要考虑因素,来引导学生发散思维,引出后面依次改变这些要素时,杯子是否还与机场的使用环境相适应。 • 在学生卡壳时,教师主要通过提示、点名提问、对学生的回答进行评价等方式进行引导。

(续表)

教师活动	设计意图和期望的学生活动
• 问题2 教师：请同学们通过打分，判断在纸杯、玻璃杯、不锈钢杯和塑料杯中，哪种最符合旅客、机场管理者和机场清洁工的要求。(见附表2) 教师：通过打分进行定量评价之后，我们发现，纸杯的得分最高。因此，从材质的角度看，纸杯是最优的解决方案。 • 问题3 教师：接下来，我们看看能否改变杯子的另一个要素——形状。什么形状最符合人们的要求？(见附图2、附表3) 教师：通过权衡我们发现，纸袋形的得分最高，圆台及圆锥的得分次之。所以，从形状的角度看，纸袋形是最优的解决方案。 • 问题4 教师：如果从清洁工的角度考虑，哪种纸杯在垃圾桶中占用的空间更少？(见附图3) • 小结 教师：显然，纸袋形纸杯在垃圾桶中占据的空间更少。 (二)发现规律 • 教师：探究了改变不同要素的几个案例，同学们对前面所学的内容总结出哪些规律呢？请举手回答。 • 总结 引导学生回顾前述探究过程，从以下三个方面归纳所学到的思维方法。 ①设计机场的杯子时不仅要考虑旅客的方便和卫生，还要考虑管理难度、清洁工作量、仓库存放及运输等很多问题。 ②不同材质、形状、大小各有优缺点，不存在十全十美的方案。设计师要权衡利弊，综合评价，选择总体最佳的方案。 ③我们可以通过对每种设计方案进行综合评价的方式权衡利弊，例如，给每个设计打分就是一种综合评价的方法。	• 引导学生改变材质这个要素，探究不同材质的杯子各自具备的优势，并引入定量评价(打分)的方法进行权衡。符合条件的得1分，不符合条件的得0分，得分最高的就是最符合要求的材质。 • 分析理解训练：学生对四种杯子进行打分，统计每种杯子的得分情况，自主探究得出结论：纸杯是最优解决方案。(见附表2) • 问题3 引导学生继续改变形状这个要素，并通过定量评价(画表格打分)的方法进行权衡。 • 分析理解训练：学生对五种杯子进行打分，统计每种杯子的得分情况，自主探究得出结论：纸袋形是最优解决方案。(见附表3) • 出示得分较高的几种杯子在垃圾桶中堆放的照片，此图意在为学生搭支架，帮助学生更清晰地认识到纸袋形纸杯占据的空间更少。 • 此段通过讨论，引导学生总结归纳以上案例中思维方式的共性。 • 学生以自发举手回答的方式，对前面的内容进行小结，教师对学生的回答进行提炼或补充。 • 总结 此处归纳总结从前面所有具体案例分析中学到的思维方法，助推学生完成隐性知识显性化，是引导学生由具象思维向抽象思维提升的关键环节。

(续表)

教师活动	设计意图和期望的学生活动
(三)运用规律 •问题1 教师:出示不同款式的杯子图片,列出人们对机场饮水杯的需求表格,引导学生思考并回答问题。哪款杯子好?(见附图4,附表4) •小结 教师:通过权衡我们发现,大小适中的杯子得分最高。从大小的角度看,大小适中的杯子是最优的解决方案。 •问题2 教师出示圆锥体纸杯的设计图,引导学生思考并回答:怎样在同样一张纸上尽可能多地做出纸杯。(见附图5) •小结 教师:同学们说的方案都很好,尤其是纸袋形纸杯的设计方案,可以在一张纸上做出4个纸杯,最节省材料。 (四)总结 教师:经过一系列的思考与实践,我们发现在机场候机厅使用的几款纸质杯子已经是经过设计师们多方优化之后的选择了,它充分考虑了所有与杯子相关的人和事——旅客、机场管理、清洁卫生等方面的实际需要。	• 运用总结出的思想方法分析杯子的其他设计问题,实现由抽象思维再回到具象思维。 • 分析理解训练:学生对五种杯子进行打分、统计每种杯子的得分情况,自主探究得出结论:大小适中的杯子是最优解决方案。(见附表4) • 创造性决策、物化:学生思考问题,将自己的答案画在纸上,展示交流。 • 学生认识到候机厅使用的几款纸质杯子是经过设计师们多方优化之后的选择。
环节三:创新时刻 (一)发布任务 教师:出示一组生活中不同场合使用的杯子,让同学们以小组为单位,选择其中一种,研究设计细节,从材质、形状、大小、图案花纹、附属配件等方面分析设计师为什么这样设计。 (二)小组讨论 学生讨论,教师巡视各小组,指点学生运用所学方法进行分析。 (后续汇报研究结果、自评互评等环节略。)	• 创造性决策:提出一个值得探究的实际问题,引导学生把在环节一、二学到的方法运用到解决问题的实践中。 • 在分析具体案例的设计意图时,学生会再次经受"移情""分析理解""创造性决策""逻辑论证"等思维训练。

附表1　表格与参考答案

解决方案	小美的看法	
	优点	缺点
开商店,出售水和饮料	有不同口味的饮料	比较贵
提供开水,乘客自带杯子	有热水	自带杯子不方便
设置直饮水点	有冷水	喝不到热水
提供免费冷热水和杯子	满足所有需求	无

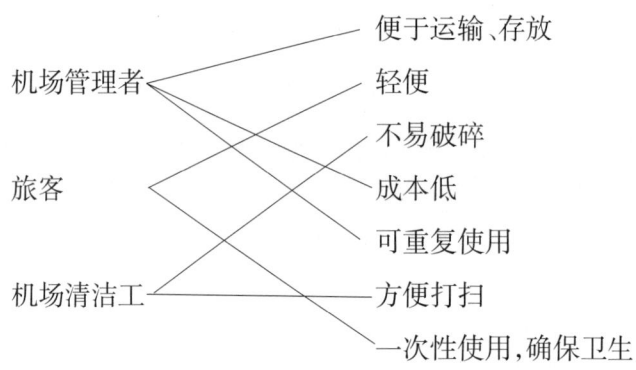

附图1　机场中不同角色对杯子的关注点

附表2　表格与参考答案

相关人员	需求	纸杯	玻璃杯	不锈钢杯	塑料杯
旅客	轻便	1			1
	一次性使用,确保卫生	1			
机场清洁工	不易破碎	1		1	1
	方便打扫	1			
机场管理者	成本低	1			
	便于运输、存放	1			
	可重复使用		1	1	1
	得分	6	1	2	3

结论：_____

 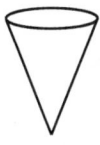  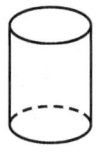 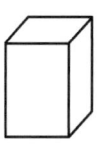

圆台形　　　圆锥体　　　纸袋形　　　圆柱体　　　长方体

附图2　什么形状的杯子最符合人们要求

附表3　表格与参考答案

相关人员	需求	圆台形	圆锥体	纸袋形	圆柱体	长方体
旅客	使用方便	1	1	0	1	1
机场清洁工	方便清洁,容易收集	0	0	1	0	0
机场管理者	便于仓储	0	0	1	0	0
	装入饮水机,占用空间小	1	1	1	0	0
	便于运输	1	1	1	0	0
	得分	3	3	4	1	1

结论：_____

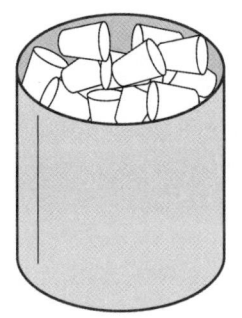 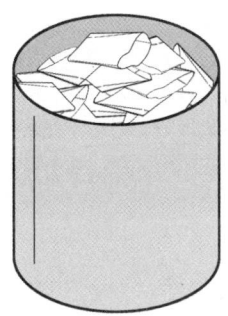

附图3　两种纸杯在垃圾桶中占用空间

粗杯子　　细杯子　　高杯子　　矮杯子　　大小适中的杯子

附图4　不同款式的水杯

附表4 表格与参考答案

	粗杯子	细杯子	高杯子	矮杯子	适中的杯子
容易抓握	0	1	0	0	1
不浪费水	0	1	0	1	1
不必多次接水	1	0	1	0	1
收垃圾时占用空间少	0	1	0	1	1
得分	1	3	1	2	4

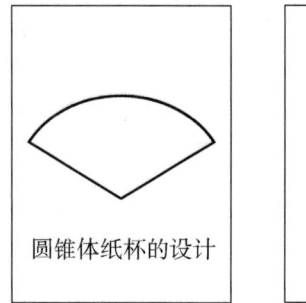

附图5 圆锥体纸杯设计图

第三章 设计思维核心素养之一:系统思想

>>> 尽管一个设计作品最先打动我们心灵的是美感,但实际上绝大多数设计工作是极为理性的。我们可以把所有这些理性的思维活动用"系统思想"进行归纳,本章详细介绍系统思想的基本概念和基本应用,并加入实例以方便读者理解。本章涉及科学、技术与工程以及历史、艺术等领域,帮助读者从更广阔的视角理解系统思想的普适性。

第一节

创新与设计思维的关系(之一)

一、引子:创新靠"灵光一闪"吗

很多关于"灵光一闪"的创造发明故事流传甚广。比如鲁班受草叶启发发明锯子,苏东坡发明"东坡肉",还有爱迪生用蜡烛和镜子为妈妈的手术照明等。其实很多这种故事都是以讹传讹。"爱迪生救妈妈"的故事就有很大的漏洞。阑尾手术是19世纪80年代才逐渐被人认识和接受的,爱迪生出生于1847年,十岁时是1857年,那时不可能有阑尾炎手术。而无影灯要到20世纪20年代才由法国人发明。苏东坡、鲁班的故事就更无据可考了。这些故事能流传起来,完全是因为它们的戏剧性,但却会让我们走进创新教育的误区:创新可以靠碰运气或者靠脑瓜子转得快。事实上,在每个真正实用的发明创造背后,都有着艰辛的劳动。杜甫说"读书破万卷,下笔如有神",可见灵感背后要付出多少努力。

让学生从小产生创新可以靠运气或机灵的想法是有巨大危害的,它否认了创新背后的艰辛努力和大量的积累,否认了学习、实践和科学思维方法的重要性,让人觉得"我没灵感所以创新不了"。这种想法更让创新教育无处下手,最后只能靠引进一堆看起来高大上的高科技"玩具",代替深入、细致、扎实的教育工作。

创新不靠灵光一闪,那靠什么呢?

二、创新靠系统化的思维与探索

我们的历史上出现了众多具有伟大创新成就的科学家、发明家,为什么不总结他们的方法写成关于创新的"武功秘籍"传授给学生,而要绕一个大圈子去培养创新能力呢?这就要回到我们在第一章中提到的那个有关创新教育的"困境":创新的意思就是"不走寻常路"。无论多么复杂的思维活动,只要能找到按部就班的流程式解决方案,就不再是创新了,因此本质上创新就不存在"武功秘籍"。计算机能解决的很多问题都远远超出了人类智力的水平,但由于计算机是按照人类编写的程序按部就班地解决问题,所以一般我们都不认为计算机是在做创新的工作,真正创新的是人工智能背后的程序员。

因此,人类知道怎样一步一步地培养会计师、精算师、律师、工程师、技术员,但是不知道怎样培养出"创新师"。尽管如此,全世界的教育界对"怎样创新"还是有一些大方向的共识。美国国家科学研究委员发布的"K-12科学教育框架"(A framework for K-12 Science Education)(下称K-12框架)对创新教育有几段值得借鉴的论述。

- 创新设计有相对固定的步骤

工程和科学中都存在不止一种创新。正如科学研究有多种方法,工程设计也有多种方法。概括而言,人们对怎样进行工程设计存在共识。和科学研究一样,工程设计既是系统化的,又是反复迭代的。

工程设计的反复迭代体现在每一个新版本都需要在已经取得的经验基础上进行测试、调整;而系统化则体现在设计中必须经过一系列典型步骤。步骤之一是识别问题,并用一组要求和限制条件定义问题。另外一个重要步骤是产生解决问题的想法。工程师为了拓展思路,经常通过小组讨论来获得若干备选解决方案。还有一个典型步骤是建立物理或数学模型,设计出原型再进行实验验证。实验能为设计师提供其他任何方法都无法替代的宝贵数据。有了这些数据,工程师们可以分析不同方案能在多大程度上满足条件,并评估如何对设计方案进行改进。

- 用设计解决问题是工程技术与科学应用的核心环节

创新过程的开始阶段可能相对开放,可以以个人或集体的方式(例如头脑风暴)产生新的想法,但设计方案需要满足什么要求、有什么制约条件则应尽快定义清楚。

设计师们可以通过草图和表格形式交换意见、想法,并逐渐把这些想法演变为较正规的模型。建立和使用绘图的、物理的或数学的模型,是把设计变成最终产品(如机器、建筑或任何其他工作系统)的关键一环。由于不同工程领域关注不同类型的系统(如机械、电气、生物技术等),工程师必须是相关领域要素的专家。但无论是

> 什么领域,所有的工程师都使用模型帮助他们在设计中进行开发和分享交流。
>
> • 课程实施、授课、教学设计和评价
>
> 不应孤立地教授科学与工程,而不提其背后丰富的人文故事。这些故事包含了研究创新时遇到的困难、这些困难后来是如何解决的以及当今科学与工程仍然必须面对的问题。如果忘记了这些历史,则会断绝科学和工程技术的人文根源,低估科学与工程中人类智慧和创造力的贡献,其结果是降低了学生对(学习)科学和工程的兴趣。

在K-12框架下,美国教育界众多教育机构和研究单位共同开发了"美国下一代科学标准"(NGSS),相当于美国的科学课程标准。NGSS围绕学科核心观点(Disciplinary Core Idea)构建了"科学与工程应用""跨学科概念""(学生)预期表现"等几个互相紧密联系的模块。科学领域的各种经典物理模型就分布在这些模块中进行教学。从这些论述中,我们可以看到K-12框架对培养学生创新思维的教育路径与设计思维的主要观点基本一致,即创新来自和科学、技术、工程实践相通的系统化思维和探究过程。其中既包括"迭代""交流讨论""画草图"等实际操作过程,又包括建立数学和物理模型这种观察、分析、理解事物规律的系统化思维过程。

从培养系统思想开始培养创新能力的策略,更像训练运动员的身体素质、核心肌肉群和基本技术动作。竞技场上对手的反应不可预知,教练员没有"必胜"的套路可教,但是获胜的基本原则却是相同的:用科学的方法刻苦训练,使自己比对手"更快、更高、更强"。系统思想就是创新时的一套基本原则:教师不知道学生在未来的哪一天和千里之外的什么地方会遇到什么实际问题,因此无法事先教会他们应对的招数。但是教师可以把无数科学家总结出来的观察、分析、解决任何问题的思维方法教给学生,让他们因地制宜,随机应变地寻找解决方案。在开始下一小节之前,我们还需要澄清两个可能的误解。

第一,在K-8阶段,我们最多只能帮助学生建立系统思想的萌芽,而无法使学生真正建立完整的系统思想认知体系。建立系统思想认知体系需要长期而系统的科学和数学训练。培养学生系统思维的萌芽是我国基础教育存在的缺口,K-8阶段设计思维教育的重要价值是填补这个缺口。

第二,我们强调从系统思想角度培养创新能力,但并不否认创新是有一些"窍门"的。事实上,"创新技巧"也是设计思维核心素养之一(详见第五章)。兵无常势,水无常形,创新可以从任何思维方法中生长出来。只有培养学生全面、均衡的思维能力,才能在面对实际问题时,让产生创新的可能性最大化。

第二节

用系统思想观察、分析、理解事物

"系统"是一个在学术界和工程技术界被广泛使用的概念,也被社会公共管理甚至商业营销所借用。所以有时我们会遇到一些非常抽象的系统,如人的知识系统、文化卫生教育系统、生态系统等;有时会遇到非常具体的系统,如房屋的排水系统、身体的呼吸系统等;甚至一只旅游背包,改良了一些细节设计、使之更符合人体工程学原理,也会推出一个"背负系统"的营销概念做产品宣传。那么到底什么是系统呢?其实,简单到一个原子、一粒沙或一张椅子,复杂到人的大脑、太阳系、生态环境,或者抽象到社会、哲学思想体系等,都可以被称为"系统"。当人们要全面研究一个事物的内部组成、结构和关系、内外部互动关系时,常常会自觉或不自觉地使用"系统"的思维方法。

一、核心概念的定义

系统指的是由相互联系、相互作用的多个要素组成的、具有一定结构和功能的有机整体。我们也可以换一种方式描述系统:多个要素通过特定的组合形成特定的结构,而这些结构能产生特定的功能。要素、结构、功能有机地结合在一起形成了系统。上面提到的知识系统、消化系统甚至一个旅行包的"背负系统"都符合系统的定义,因此它们都可以称为系统。(图3-1)

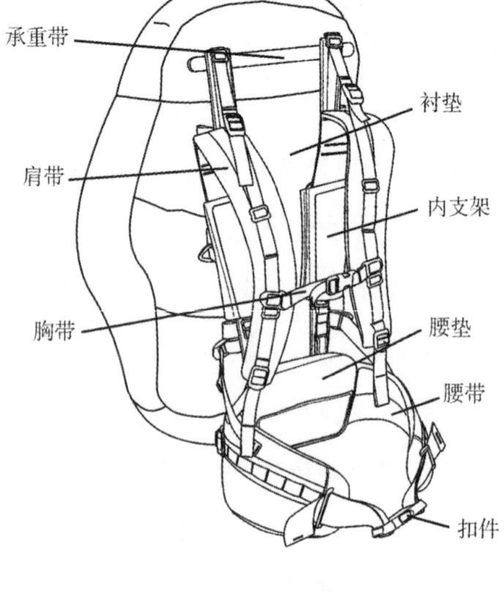

图3-1 系统是一个抽象概念,但并不难理解,任何日用品都可以被看成一个系统,如登山包的"背负系统"也符合系统的定义

一张板凳是一个系统,因为它存在要素——木板;存在结构——几块木板组合成凳子腿的结构,起支撑作用,另外几块组合成凳面的结构,实现坐的功能。木板这种要素经过不同的组合形成几个结构,分别产生了支撑和坐的功能,一起形成了"凳子"这个系统。木板、钉子是要素,若干木板和钉子组合起来形成下部支撑结构和上部凳面结构,便形成了一个"凳子系统",适用于公园或操场环境。

一枚鸡蛋也是一个系统,外层卵壳膜、卵壳、内层卵壳膜这几样要素构成了蛋壳结构,起保护作用,里面还有卵黄、系带、卵白等多种要素与结构,它们共同构成了鸡蛋这个系统(图3-2)。太阳、八大行星以及各个行星的卫星及其他小天体一起构成一个系统——太阳系(solar system)。

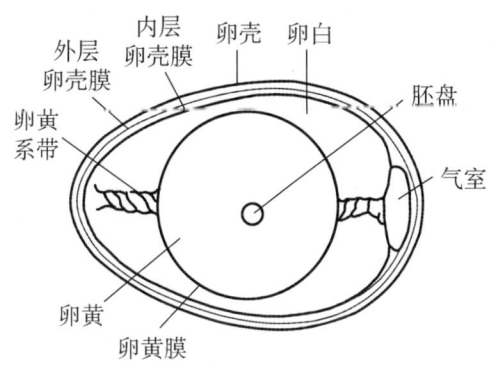

图3-2 鸡蛋是一个非常复杂的系统

不仅实物可以是系统,思想也可以是系统。科学是一个大的思想体系,普通人的记忆、生活经验和价值观,则构成了我们每一个人平凡普通但同样独一无二的思想体系。

系统并不是什么高深的东西,而是生活中各种事物、现象的高度抽象和概括。为了适应中小学生尚在发展过程中的认知能力,我们在K-8阶段设计思维课程略去系统思想中抽象、理论的部分,也略去系统模型的数学描述,仅聚焦于教师和学生基于生活经验即可理解的几条观察分析事物间关系、优化改进系统的基本思想方法。因此,我们可以把"系统"的定义简化为"任何一个设计制作出来的作品"或者"日常生活中我们看到的事物或物品"。这样的定义虽然大大降低了"系统"概念的普适性,但有利于学生把抽象的系统思想方法运用到实际设计过程中,用对具体事物和任务的分析物化为支架,发展他们的抽象思维能力。

在设计思维课程体系中,我们以如下方式定义系统中的基本概念。

• 要素

是组成系统的基本元素。一个系统可以有一种或多种要素，在材质、形状、特性等所有方面都相同的才能成为同一种要素，否则为不同的要素。

- 结构

是由多个要素形成的固定组合。结构是连接要素和系统的中间层，要素改变则结构改变。一个系统由一个或多个结构构成。

- 功能

是由结构或系统产生的作用，包括系统内部的相互作用（对内的功能）和系统与外部的相互作用（对外的功能）。结构改变则功能改变。

- 系统

由超过一个要素组成的，有固定结构、功能和明确边界的整体。可以是有形的实体，也可以是无形的思想或社会组织形式。在本书主要论述的K-8设计思维课程体系中，为了降低教育的复杂度和学生的理解难度，我们把系统定义为"生活中看到的事物、物品和设计制作出来的作品[①]"。

- 环境

在系统的边界之外的所有事物统称为环境，对于一个设计而言，设计被使用的场合、使用者的需要和使用习惯，都属于"环境"。

我们以蜂巢为例，能形象地理解系统的"要素""结构""功能""环境"之间的关系（见插页图3-1a/b/c）。白蚁和蜜蜂一样是社会性昆虫，也有筑巢群居的习性，但由于白蚁与蜜蜂巢材不同，两者的巢穴结构就完全不同。再加上生活环境等其他因素，非洲白蚁的巢穴与蜜蜂的巢穴之间形成了巨大的差异（见插页图3-2）

另一个例子可以清楚地体现结构和功能的关系：人体有50 000多种不同功能的蛋白质，但都是由20种氨基酸（要素）排列成不同形式（结构）组成的，不同结构的蛋白质有着不同的功能（见插页图3-3）。至于功能与环境的关系，我们仍可以用白蚁来举例，在非洲南部生活的白蚁，为了在炎热的气候中保持巢内温度适当，而建造了高高的巢穴，便于通风、降温，蚁巢的结构决定了功能，且必须适应其生存环境。

"系统"的简化定义可以用于课堂教学中，但为了让读者更深入地理解系统和系统的性质，在下面的论述中，我们仍然沿用更普适的系统定义。

[①] 其实，在此定义中用"原型（prototype）"一词比"作品"更恰当。原型指尚处于构思、实验阶段，还没有完全定型的设计物——学生的大部分制作只达到"原型"阶段。但是"原型"一词过于专业化，为了便于教师和学生理解，我们直接用"作品"一词代替"原型"。

从更宽泛的角度来看，一个系统往往包含很多子系统，且同时又是更大系统的子系统。自然界最大的系统是整个宇宙；其中嵌套了无数星系，包括我们所在的银河系；每个星系里有无数颗恒星，包括我们所在的太阳。这样一直细分下去还有地球系统、海洋水系统……再细到由一个氧原子和两个氢原子构成的水分子，原子核、夸克等，每一层系统都可以被看成上面一层大系统的子系统或者要素。

从系统的观点观察、分析、理解事物就是系统论，或称为系统思想。系统论的创始人、生物学家贝塔朗菲（Ludwig Von Bertalanffy）在其系统论的经典著作《一般系统论》中指出："从一般的工业企业、军工厂到深奥、纯粹的科学研究的广泛领域里，系统思想都起着重要作用。"我国最杰出的科学家之一钱学森对系统论的发展有重要贡献，提出了系统论的三层次模型。

系统论认为，客观世界的事物之间普遍存在相互依存、相互制约的关系。因此系统论的思想方法既关注事物的整体，也关注事物的局部；既关注系统中每个要素的独特性质，也关注要素之间的联系和互动；既关注系统产生的功能，也关注系统功能与系统所处环境之间的相互作用。钱学森认为，系统论的思想方法有别于整体论的方法，也不同于还原论的方法，而是二者的辩证统一[①]。

在设计一个板凳时，我们关注木板的材质、形状是否适合做凳子，这是对要素的关注；我们要在四条凳子腿之间加横梁，这是关注要素之间的相互关系；我们要保证凳子腿长短相同、粗细一致，是关注凳子的支撑结构是否能产生我们想要的功能；最后我们还要给凳子刷漆，因为它需要防水、易清洗，这是关注系统（凳子）与环境的统一。北京市朝阳区实验小学贵阳分校的教师在设计思维课堂上，以设计桌子为题，引导学生理解系统与环境的关系（见插页图3-4）。

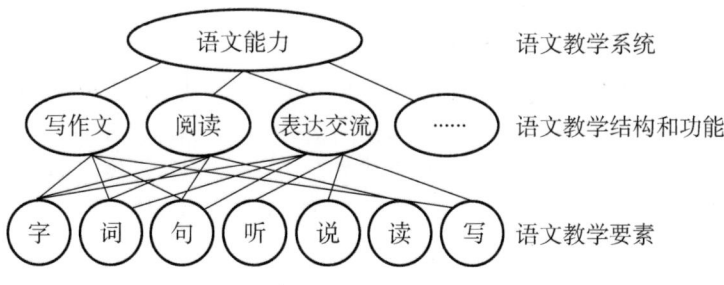

图3-3 中小学的语文教学自成一个体系，包含字、词、句等要素

[①] 整体论即从宏观、全局的角度进行研究，如中医从阴阳五行、天人合一的角度研究人体；还原论从微观角度，把事物拆分为更细的部分进行研究，如从分子、原子的相互作用研究化学反应，从每个人的行为动机研究经济现象等。

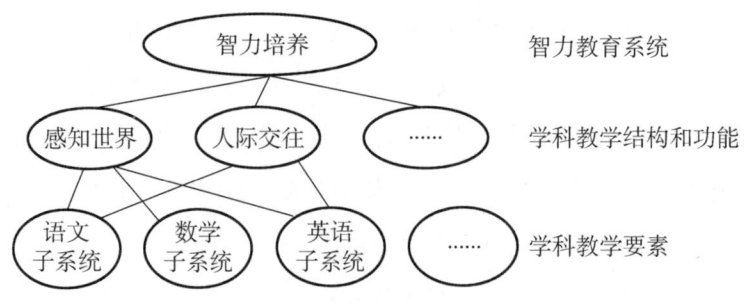

图3-4　语文教学是中小学智力教育系统中的一个要素

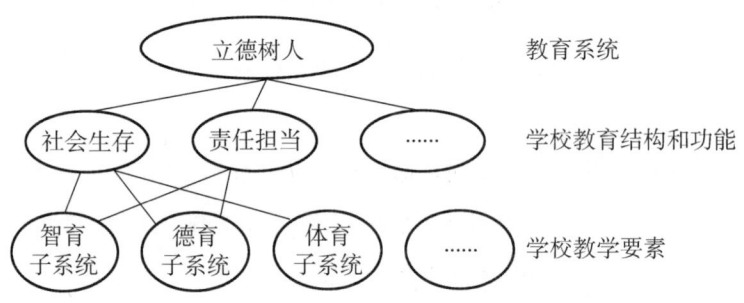

图3-5　智育是中小学德智体美劳整个教育系统中的一个要素

不仅自然界的事物符合系统的概念,人类社会中的现象也符合这一点。图3-3到图3-5展示的是从系统的观点概括的教育体系。每个学科(如语文)各自都是一个系统,有着各自特有的要素、结构和功能。而一些学科在一起又构成了智育教育系统的一个要素,或称为智育教育系统的子系统。而智育教育又是整个中小学教育系统里的一个要素,德、智、体、美、劳各要素一起构成了以"立德树人"为目标的整个教育系统。大系统套小系统,各个系统和子系统都在学校的大环境中生存、作用,各自发挥着多方面的功能,互相支持又相互制约。

二、概念之间的主要关系和性质

在设计思维课程框架下,我们强调系统中要素、结构、功能、环境之间的如下关系。

- 要素与要素的关系:相互依存、相互制约,形成一定的结构。
- 结构与功能的关系:结构决定系统的功能,改变结构则系统的功能也会改变。在一些情况下系统为了适应环境需要改变功能,此时会反过来影响结构发生改变[①]。

---

① 功能倒逼结构改变的情况更多发生在人类设计的系统中。在自然界,情况则更为复杂。例如,生物(系统)如果不适应环境的后果是死亡或整个物种灭绝。生物改变自身结构以适应环境,并非生物主动采取的行为,而是遗传变异导致的。

• 要素与系统的关系：要素通过形成结构影响系统的功能，系统反作用于要素以形成适应环境的功能。

• 系统与环境的关系：系统必须适应环境，也有可能影响环境。

在设计思维课程框架下，我们强调系统的如下性质。

• 目的性：系统的存在是为了以功能满足需求，如果功能不能满足需求，则必须通过改变结构或要素，直到产生新功能满足需求。

• 整体性：整体大于部分之和（更严谨的说法是：就功能而言，系统的整体大于其所有要素的简单叠加）。

• 环境适应性：系统必须适应环境。

• 动态发展性：系统可能随时间、空间变化而产生改变。（图3-6）

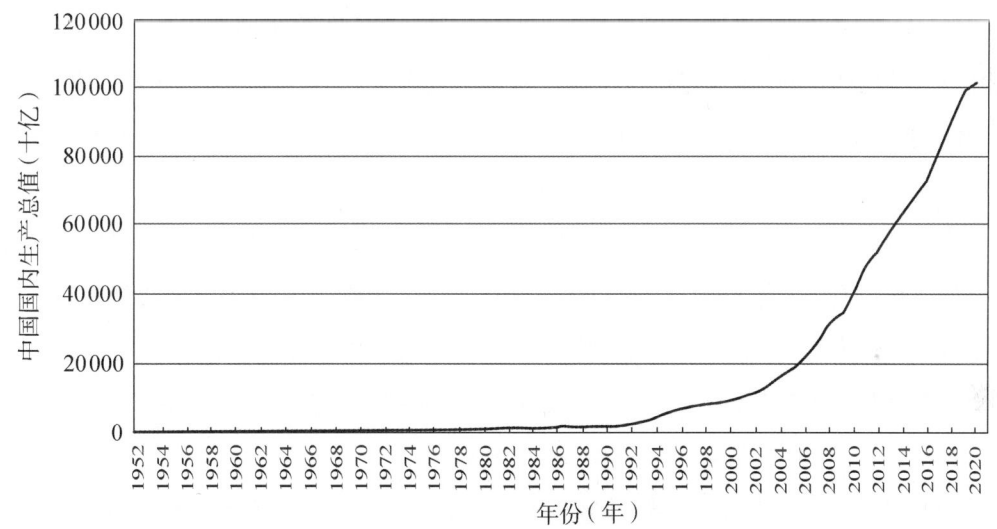

图3-6 系统的动态发展性：中国经济在过去的半个世纪中发生了巨大变化

应当注意，以上对系统中概念的定义以及各种关系和性质的描述，是对理论上高度抽象的"系统"的形象化处理，目的是方便K-8阶段的学生理解。系统中非常复杂、可以定量化描述的相互作用关系被粗略地简化了。真实的系统一般依据一定的定律或法则运行，例如自然界的系统都遵守牛顿定律、相对论或量子力学等定律，生物界的系统遵守"物竞天择，适者生存"的进化法则及其他规则，人类社会的系统遵守经济规律、法律、道德规范，等等。在设计思维课程的框架下，我们把系统对环境的适应简单地表达为一条规则，即设计师设计出来的系统（如一顶帽子）"必须"和使用帽子的环境相适应（例如在建筑工地使用,则帽子应有保护功能)。然而在现实生活中,并不天然存在这样一条设计师必须遵守的规则,却存在一条普适所有人的经济规律:如果帽子的设计不能满足用户的需要,用户不仅不会支付这个设计的报酬,而且还会告诉其他人不要与这个设计师合作。因此,设计师从自身各方面需要考察总会努力设计最符合工人需求和工地环境的安全帽[①]。在中小学课堂上,我们无法讲解过于抽象的原理,因此,一定的简化是合理和必要的。这就像我们在小学科学课上告诉孩子一个简单的规则:光是直线传播的;到了高中我们会知道光是一种波,会发生衍射;到了大学我们会知道光也遵守广义相对论原理,在引力场中传播时会发生弯曲——光并不是永远沿直线传播的。

三、详解"要素—结构—功能—环境"关系

(一)要素与要素的关系

任何一个系统都由两个或以上的要素组成。要素之间既相互独立又相互作用。要素的性质对结构和系统功能都会产生影响。系统思想要求人们在观察时不止看到事物的外表,还能把事物拆解成一系列既相互独立又相互依存的要素,在大脑中把系统拆成"零件",形成"解构"事物的能力。

当我们用系统的"要素与要素"思想观察一辆自行车时,我们要注意到它是由钢管、钢丝、钢片、橡胶管、链条、螺丝等一系列要素构成的。我们还要注意到这些要素有独立性,拆下来可以成为其他系统的要素,例如链条、钢管、螺丝都可以用在其他机器上。同时,它们也相互作用,例如链条负责把动力传送到后轮的轮轴,钢丝(辐条)负责连接轮轴和轮毂,也对轮毂起支撑作用等。

一栋房子的基本要素是水泥、钢筋、砖、管道、电线等,它们组合成一系列的结构:钢筋和水泥构成地基的结构,钢筋、水泥、砖(以及其他一些辅助材料)构成墙体结构,一组墙体加天花板组成房屋结构,一组房屋组成单元及楼层结构,一组楼层组成了整栋大楼……有时候我们把构成一个系统的比较复杂的结构叫"子系统",例如大楼的供电系统、供水系统、安全系统等。

系统不只存在于无生命的事物中。一个生物体,简单到一个只有一段DNA和一个外壳的病毒,复杂到人体,也都符合"要素—结构—功能—环境"的系统定义。我们把单个生物体作为要素,包括动、植物、微生物,再加上阳光、水和泥土等无机物构成的就是一个生

---

① 这个现象背后的经济规律被经济学之父亚当·斯密描述为"看不见的手"。

态系统。我们把人作为要素,一组人就构成了家庭、社会、企业、国家等系统。我们把整个地球作为一个要素,八大行星再加上无数的卫星、小行星、彗星等就构成了太阳系……这个视角可以无限扩大,整个宇宙也是一个系统。

(二) 功能与结构的关系

多个要素组合形成结构,而结构产生功能,功能也会影响结构,使之适应于功能。自行车的链条由很多个链条环节构成,形成了传动结构,很多根辐条组合起来形成车轮的支撑结构。一旦人对自行车的需求变了,我们就需要调整结构。例如,比赛用自行车的辐条、车轮、扶把的结构都发生了变化,因为赛车的后轮要承担更大的扭曲力,辐条的强度不够,因此要换成圆盘结构,而扶把要降低到靠近轮子,以减小空气阻力。同样被称为"自行车",但是由于其使用目的不同,山地自行车(见插页图3-5a)和载物自行车(见插页图3-5b)的要素、结构、功能就产生了巨大差别。

绝大多数的创新——无论是日常生活中的还是工业、商业领域的,都可以归结为改变现有系统的结构以解决新出现的问题。因此,能充分理解功能与结构的关系是学生发展创新思维能力的关键。多功能家具、服饰搭配也都是典型例子,读者可以自行分析。

(三) 系统与环境的关系

"物竞天择,适者生存"是达尔文对生物进化的解释,反映了生物必须与环境相适应,否则被环境淘汰的真理。并不是只有生物界的系统需要满足这一规则,其他系统也同样满足。不过从大的系统概念看,此处"环境"是指事物(系统)所处的场合、应用对象、使用范围,或者应该满足的需求,等等。

太阳系的八大行星都在大致相同的平面上做椭圆轨道运行。为什么它们中没有一颗的轨道面垂直于其他七颗行星的轨道面?为什么没有一颗逆着其他七颗行星的运行方向运行?这和太阳系形成初期的整体环境有关,那些"异类"都在太阳系演化过程中被环境"消灭"了。

同是自行车,赛车的材料、结构、功能与载重自行车有很大差别,因为赛车适应赛场的环境,不需要支撑架、刹车、车后座这些结构,而载重自行车则必须有,以满足日常生活环境和使用需要;同一个人,在家中、单位、典礼上的穿着和举止应该不同,因为这些环境对人的要求不同。这些都是系统适应环境的结果。在设计活动中,"系统适应环境"体现为站在使用者需要的角度思考问题。学生关注并重视系统与环境的关系,在日常生活中还可以有效促进学生行为得体、做事目标明确,并建立恰当的自我反思评价、完善改进的思维习惯。

四、系统思想主要应用原则

（一）系统的整体性

亚里士多德有个著名的命题:"整体大于部分之和",是古代朴素整体观最有价值的遗产,至今仍然是系统论的一条基本原则。更全面地说,应该是系统的整体不等于各部分的总和,既可以表现为整体大于部分之和,也可以等于部分之和,还可以小于部分之和,决定于部分之间相互作用的性质。当各部分以合理的结构形成整体时,整体就具有全新的功能,整体的功能就会大于各个部分功能之和。亚里士多德的论述是基于他自身的观察,从系统论的理论角度说,不能完全排除也存在"部分之和小于整体"的情况。当部分以不合理的结构形成整体时,整体就小于各个部分功能之和。例如,比赛用自行车的所有零部件由碳纤维制成,结构也尽量简化以减轻重量,合在一起就能把行驶速度提高到最大。但如果在比赛用自行车上改用载重自行车的轮子,不仅太重导致车速降低,还可能由于承受不了冲刺时的扭曲力而中途断裂。

（二）系统思想的应用:权衡

权衡的思想是系统的整体性思想的应用。当我们遇到互相矛盾的需要时,应该放弃系统的一部分次要功能以保证主要功能。现实中,我们有时会陷入无法做决定的困境,表面原因在不知取舍,根本原因是没有意识到必须找一个可靠的依据以权衡利弊。例如,奶茶很好喝,会给人带来愉悦的感觉,但热量、油脂都太高,容易引起心血管疾病。要不要喝奶茶,取决于我们怎样在眼前利益和长远利益之间进行权衡。

在社会活动、技术研发和工程实践中,由于涉及更多复杂的社会、经济、环境等重大利害关系,因此做决定前的权衡利弊尤为重要。大量咨询公司、研究院所、智囊机构、市场调查及人口普查等工作实际上都是在为决策者提供权衡利弊的依据。在商业企业管理中,权衡每天都在发生。做工程预算就是工程中最常用的定量权衡,用以比较不同设计思路。企业人事部门制订工资制度也是一种定量和定性混合的权衡:提高员工工资和福利待遇,有利于提升员工的工作积极性和队伍的稳定性,给企业带来更多的利润和发展潜力;另一方面,提高工资和福利待遇会增加企业的总体成本,降低企业在市场上的竞争力——管理者要在二者之间做出权衡。再如,研发新技术、新产品有利于企业保持市场长期竞争力,获得持续盈利的能力;扩大生产规模可以增加销售,甚至可以降低单位产品的成本,因此可以在短期内获得更多收益。那么是把有限的资金投入研发、提升长期盈利能力,还是投入扩大生产规模、提升短期盈利能力? 这也需要企业管理者做出取舍、权衡。更复杂、科学的权衡,需要用到统计数据、建立数学(或者物理、经济、生物等)模型进行非常理性的分析。

日常生活中的权衡要简单得多,可以简单地"拍脑袋"做决定(感性的说法是"听从自己内心的声音"),也可以根据过去的生活经验,或者向更有经验的人请教。对于中小学生,我们着眼于引导学生建立"权衡"的思想萌芽,接触一些感性、理性权衡中最基本的方法即可。能力强的教师可以引导学生结合自己的兴趣和擅长的技能,为学生设计一些较复杂的权衡训练。插页图3-6展示的是一个基于设计思维的项目式学习活动:要求信息技术兴趣班的同学为全校普及电脑知识,并举办一个电脑设备展览。怎样确定展览的规模和内容呢? 可以通过核算成本进行权衡。其成本核算的具体内容和细节对于成年人来说是幼稚可笑的,但是可以看出学生对设计展览活动进行了系统、全面地思考,不仅动用了自己有限的生活经验和专业知识,还收集了很多资料,字里行间萌发出系统思想的闪光。

(三) 系统思想的应用:优化

优化是科学研究、技术开发和工程项目系统化解决问题的常用思想方法。由于认识和能力的局限性,我们几乎不可能一次性把事情做到最好,这就必须通过测试—发现问题—解决验证—再测试—再发现问题……经过多次反复,改善系统。我们称此过程为"优化"。

从20世纪50年代开始,全球制造业进入黄金时代,企业为了取得竞争优势必须在产品和服务质量上下功夫。这时全面质量管理(total quality management)的思想应运而生。它是典型的以系统化、定量化为特征的现代化管理流派,和我们熟知的ISO 9000质量管理系统有密切关系。全面质量管理中有一个著名的PDCA循环工作流程,即计划(plan)—执行(do)—检查(check)—调整(act),鲜明地体现了"优化"的思想方法(图3-7)。

绵延几千年的人类技术创新的发展历史也是一个由无数个小优化循环组成的体系。1977年发射升空的"旅行者1号"太空探测器现在已经飞到了太阳系的边缘地带,它是离地球最远的人造物体,标志着人类对宇宙永无止境的探索精神。然而要追溯这一壮举的

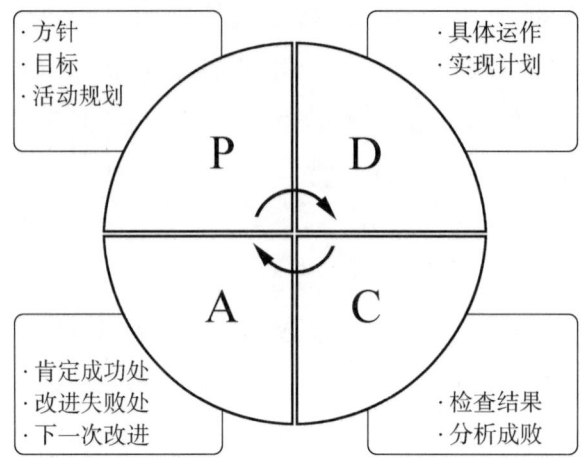

图3-7 PDCA模型是企业全面质量管理的优化模型,通过四个步骤的无限循环保证产品质量不断进步

技术源头,大概应该回到1000年前的中国宋朝,炼丹的道士第一次发现用一份硝石、两份硫磺和三份木炭混合会产生爆炸物的那一时刻吧。

其实生物体的演化(进化)过程,也是生物为了适应环境而不断优化自身生存竞争力的过程。和人类为了达到某一目的而有意进行的优化不同,生物的演化是由基因变异驱动的无意识、随机的过程。不过,狗、猫、家禽家畜以及各种农作物则是人类的优化思想和生物演化过程相结合的产物。由于人类的干预,动物的演化过程可以变得非常快。金鱼大约是在距今500年前的明朝被培育出来的,从彩色鲫鱼不断优选而来。

优化思想在生活中也常见。例如煮汤时为了保证口味咸淡适中,我们会先放一点点盐(尝试)尝一下(验证),然后再添加点盐或者水(再尝试)调整一下,直到味道正好为止。教师刚接手一个班做班主任,对这个班的孩子不熟悉,那么应该管得严厉些还是宽松些?最好的办法是先按自己的感觉做(尝试),然后观察学生的反应,接下来再根据管理的效果进行优化。在不经意间,教师也许已经用到了全面质量管理的PDCA循环工作流程。

第三节

重新审视设计思维五大特征

既然我们已经在头脑中初步建立了系统思想的基本概念和体系,那么就让我们运用这套思想体系来重新审视设计思维,理解其背后蕴含的更普遍的规律。下面我们以设计思维教育的五大特征为线索,逐一用系统的概念进行分析:

一、什么是"解决生活中的实际问题"

自然界不存在一种称为"问题"的物质或现象。"问题"是人的感知,本质是人的期望与人所处现状之间的差距,从系统思想的角度看,"问题"就是系统不适应环境的程度。例如,小明期望自己每天早上准时到校上早自习,但是现状却是经常迟到,这二者之间的差距就是小明要面对的问题。问题的大小取决于期望和现状差距的大小,即系统不适应环境的程度。小明偶尔迟到,只是被教师批评,这是小问题。小明天天迟到,影响了自己和全班的学习,这是系统严重不适应环境,是大问题。

从日用品的设计角度也可以举出很多例子:刘老师希望有足够的地方放试卷和作业本,但现实是办公桌满足不了这个需求,二者的差距就是问题。办公桌是系统,刘老师的需求和办公室的整体空间格局是环境。

理解了什么是普遍意义上的"问题",就不难给"解决问题"下定义:解决问题就是找到方法让系统重新适应环境。这个定义可以涵盖绝大多数我们日常生活中遇到的问题。事实上用系统的概念可以定义所有人类遇到或将要遇到的问题,只是需要对概念进行更抽象的扩展,这不属于本书的分析范围。

二、创新的本质是什么

从系统的角度来说,解决问题就是改变现有系统的结构,产生新的功能,从而使系统重新与环境相适应。当改变结构的方法(问题的解决方案)不同于常用方案时,我们就称之为"创新"。

仍以小明迟到为例。如果我们把小明当成一个系统来分析,每天从家到学校上课是这个系统的一个功能,实现这个功能的结构包括一系列要素,包括按时起床、吃早饭、(假定)步行上学等。继续分析这些要素,我们发现小明步行上学要花很多时间。那么让小明学会骑自行车,或者搭小美家的便车一起来学校,就解决了迟到的问题。这时我们改变的是小明这个系统中完成"上学"这个功能的结构,新结构改善了功能,问题就解决了。在这个问题解决的过程中,创新体现在给小明找自行车或找同学搭便车这些解决方案是否属于"新办法"。例如,如果以往我们对迟到的处理方法是批评、严厉批评、请家长、处分等[①],那么上面的方案显然能更好地解决问题,这就是一种创新。

全球气候变化问题可以在系统思想的概念体系下用完全相同的定义描述。改变人类这个系统中和排放温室气体相关的结构,使之产生既满足人类能源动力需要又减少温室气体排放的全新功能,就能解决这个问题。由于实现这个新功能对人类是巨大的挑战,因此解决问题的过程一定属于创新。

三、跨学科是常态

站在系统的角度看解决实际问题,就能很好地理解为什么解决问题的思路总是跨学科的。这是因为"问题"本质不是来自系统本身,而是来自环境(人的主观期望)与系统现状之间的差距。为了适应人的愿望(环境),系统往往只能被动改变。因为人的愿望(环境)是随时可能改变的,因此需要调整的系统结构和要素也是不可预知的。这就导致解决问题所要用到的知识、技能可能出现在任何领域。例如,在解决小明上学迟到的问题中,教小明骑自行车,需要有人有教别人骑车的技能;找小美爸爸妈妈协商、顺路捎带小明,需要人际沟通技能;二者属于完全不同的知识、技能领域。

因此,我们也能很好地理解为什么创新的本质是"不走寻常路"。小明一迟到就批评他一次,然后批评力度层层加码,对小明施加越来越大的心理压力,这种解决方案很容易想到,也有很成熟的"操作流程",很容易实施,但效果并不好。而教小明骑车,对于小明来说是个新的尝试,不仅可以解决迟到的问题,还让他学会了一项新的技能,增强了孩子的自信心,因此是一种创新。找小美家长协调搭顺风车,则不仅解决了小明迟到的问题,而且比骑车更安全、舒适,但是需要有高超的人际沟通技巧和对学生、家长情况的掌握,更是一种"不走寻常路"的做法,属于更大的创新。

---

① 此处仅为举例说明问题,不代表这是学校的通常做法。

四、强调高阶思维能力的必要性

问题的复杂性导致设计过程中思维的复杂性。为了找到系统不适应环境（问题）的根源（找到哪个结构需要改变），往往需要看清系统各要素、结构、功能之间相互依存、相互制约的复杂关系。这就需要在不同知识领域的概念之间来回"穿梭"。如果问题解决者对系统的认知仅仅停留在识别、记忆、模仿等低层次的水平，是无法融会贯通不同领域知识结构的。

以解决刘老师办公桌空间不够用的问题为例：最简单的解决方法是设计更宽更长的办公桌。然而在办公室环境中，所有办公桌的大小应该是相同的，否则会引起其他教师不满，或者导致办公室整体布局不协调。在否决了这一方案后，设计师还可以把办公桌设计成双层桌面，但是必须考虑桌面高度与刘老师身高、不同高度桌面提供的功能之间的配合等。可见办公桌这个系统中各个要素、结构都不是独立存在的，而是互相制约的。这些制约关系有些是物质、空间等有形的，有些则是审美、人际关系等无形的、高度抽象的。

五、无迹可寻的创新却有大致相同的流程

既然创新的本质是"不走寻常路"，为什么以创新为特征的设计思维又是"有相对一致的流程"呢？

创新的"不走寻常路"反映了解决问题过程的复杂性和多样性。然而，即使是如此复杂、看似天差地别的解决问题的过程，用系统的眼光进行观察，仍然是有迹可循的。这就是用抽象概念观察现象带来的巨大优势。就好像生物的世界具有无与伦比的多样性和复杂性一样，然而从进化论和基因遗传的角度观察，则可以看到清晰的发展脉络，分析生物的基因序列可以准确画出亲缘关系图。

如第一章中图1-1展示的斯坦福大学 d. school 设计思维"五阶段"模型，设计思维的第一步总是"移情"分析，其实质是分析目前系统提供的功能和使用者的期望之间到底存在哪些差距。第二步"定义问题"则是确定弥补期望与系统现状之间差距的方向和策略。第三步"形成创意想法"则是找到需要改变的系统结构，以产生必要的新功能。第四步"制作设计原型"是着手改变系统的结构，拿出一个测试版的新系统。第五步测试，则是验证新系统是否能弥补第一步中发现的、使用者的期望与老系统的功能之间的差距。如果答案是满意的，则设计成功，否则就要重新回到第一步，继续寻找问题。

我们用如此长的篇幅，从系统思想的角度分析设计思维的特点，是为了向读者展示用

"系统"来观察、分析问题的好处:由于"系统"是抽象、普适的,所以可以用来归纳总结任何具体案例中获得的知识和经验,应用于观察、分析未来出现的不确定案例,解决不确定的问题。这是教育工作者真正需要的工具。我们只能教孩子有限的知识,解决有限数量的问题,但我们真正的目标是帮助孩子在十年、二十年甚至四十年后仍然能从容面对未知,解决各种问题。

六、知识拓展:对系统更全面精确的描述方法

建立物理、数学模型的确是科学家公认的认识事物的最佳方法,因为模型帮助我们拨开迷雾,看到影响事物运行的各个因素及其相互作用规律。如最著名的公式 $E=mc^2$(爱因斯坦质能方程)就是描述物质与能量相互转换的数学物理模型。它告诉我们,物质和能量是可以相互转换的,1千克物质消失,即可得到大约 $9×10^{16}$ 焦耳的能量。

模型并不是什么高深莫测的东西,它其实是人们对事物规律的总结。在生活中,我们会接触到很多耳熟能详的模型。有的非常可靠,并且可以精确量化,如太阳系的物理模型告诉我们八大行星围绕太阳沿椭圆轨道运动,它们之间通过万有引力联系在一起。也有一些非常可靠,但是不太容易量化,如经济学供需关系模型——供大于求则价格下降,供不应求则价格上涨。还有的模型并不完全准确,但是可以广泛应用,如马斯洛需求金字塔模型(图3-8)告诉我们:人的需求分五个层级,满足了低层的需求就会有更高层的需求。

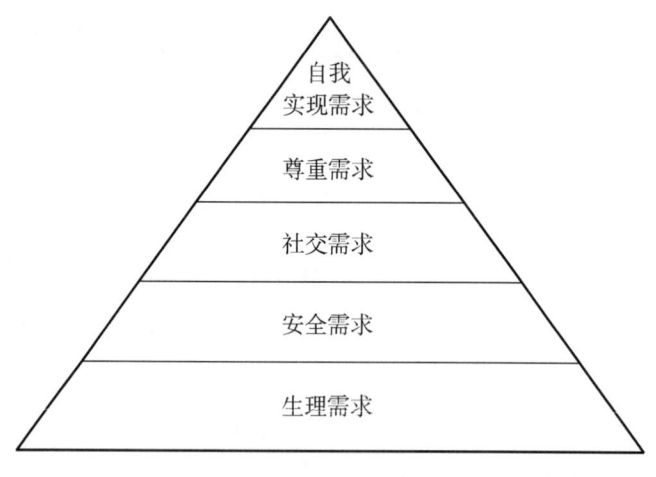

图3-8 马斯洛需求金字塔模型

模型也不是新兴事物,比如,中国古代用金木水火土"五行"解释自然世界的构成和相互作用关系,也可以看作一个模型。模型甚至可以是对一时社会潮流带有调侃意味的"总结",如"颜值即正义"。

模型的最大价值其实不是描述事物,而是帮助我们看清隐藏在大量事物背后的普遍规律,从而找到解决问题的方法。牛顿三大定律加万有引力定律是人类描述整个世界的一个物理模型,其全部内容可以写在手掌大小的纸片上,但就是这样几个简短的公式帮助人类看清了整个宏观世界的运动规律[1],让人类社会产生了飞跃式的进步。英国诗人蒲柏(Alexander Pope)说:"自然和自然的规律隐藏在茫茫黑夜之中,上帝说:让牛顿降生吧。于是一片光明。"这句诗不仅是对牛顿最崇高的赞美,也是对模型这种系统的、科学的思维方法巨大价值的最好诠释。

第四节

教学设计案例——刀叉棍

案例"刀叉棍"重点展示如何在课堂上用大量贴近生活的实例,深入浅出地向三、四年级学生讲解系统思想的基本概念。限于篇幅,本案例略去了课程后面的作品制作、展示和评价环节。相关环节的展示见第七章教学案例。

一、教学基本信息

课题:刀叉棍

学科:设计思维

年级:三、四年级

涉及领域:技术与工程/要素—结构—功能—环境的关系(系统思想)

教材:自行研发

---

[1] 准确地说是"除去量子力学和相对论起作用的领域之外的整个自然世界"。

二、教学背景分析

（一）教学内容分析

本课创设的设计场景是一家人外出野炊。学生通过思考这种场景下的使用者的需求（携带方便、清洁卫生）而理解设计需要解决的问题，通过设计、制作和修改完成恰当的餐具设计。

本课程的目的是引导学生通过观察现实生活中的常见物品，理解系统的要素、结构、功能、环境概念，形成对"系统"的感性认识。由于"系统"是一个高度抽象的概念，三、四年级的学生很难理解，因此本课采用"问题连续体"的思想进行课程设计：先提出问题，再引导学生观察大量实际案例，在观察的基础上进行归纳总结，形成抽象概念，最后把归纳总结得出的概念运用到设计中解决实际问题。这是人类进行科学探究、技术创新和工程应用的普适性方法。学生将在一次又一次设计活动中不断重复这个过程，逐渐形成对"系统"概念的深刻理解和熟练应用，而不是死记硬背枯燥抽象的理论概念。

本课先设定一个需要设计一套适合一家四口野炊的餐具的生活场景，引导学生通过换位思考，理解场景中人物的需要（移情）；通过对不同物品进行拆解，认识系统的"要素""结构""功能"等概念及关系（分析理解）；再通过绘制设计草图、制作设计原型（创造性决策、物化）等环节，设计出适合一家四口的、便捷卫生的野炊餐具（问题解决）。最后通过在全班分享自己的作品，讲解自己的设计意图进行自评互评，训练学生有理有据地表达、评价（逻辑论证）。

（二）学生情况分析

本教学设计的目标是三、四年级学生。这个年龄段的学生大多处于抽象思维开始发育的时期，因此教学中应多用学生熟悉的实际例子，深入细致地进行分析，把学生在生活中积累的隐性感受用语言、设计（物化行为）等方式表达出来，达到隐性知识显性化的作用。

本教学设计也可以向上延伸到五、六年级使用。此时可以适当减少具体案例，增加归纳总结等抽象思维的训练，例如"拆解"更多日用品，说出它们的要素、结构、功能。

本教学设计也可以向下延伸到幼儿园和一、二年级。此时应该增加具体案例，以增加学生对生活和自己情绪的感知为主，减少抽象思维部分，甚至完全去掉"发现规律"和"运用规律"部分。

三、教学准备

学生每4人分成一组,每组超轻黏土1套、铝丝骨架1包、黏工具1套、立体场景卡纸4张。

四、教学目标

1. 设计、制作出满足创设场景所需要的餐具原型。
2. 识别餐具和其他类似日用品的要素、结构、功能和环境。
3. 在解决实际问题的过程中接受学习的六大基础思维能力训练。

五、教学难点

能通过自主探究设计出满足"野炊"场景,具有便捷、卫生功能的餐具。

六、教学流程示意图(可选)

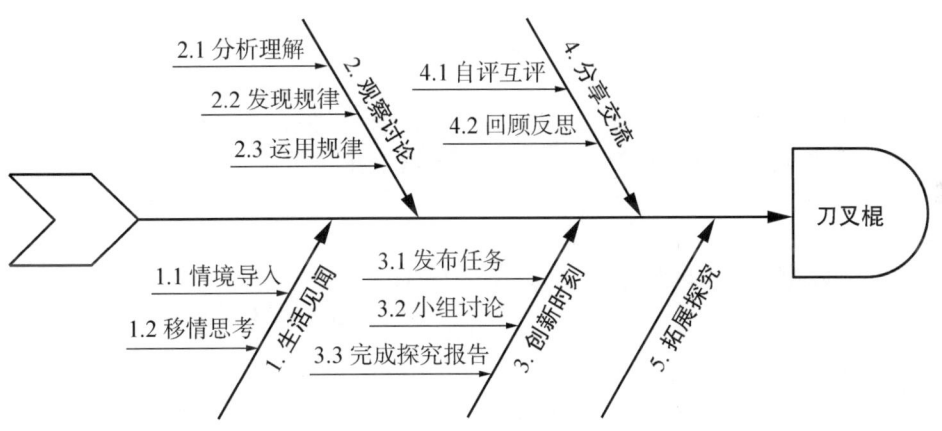

七、学习活动设计(第1课时)

教师活动	设计意图和期望的学生活动
环节一:生活见闻 (一)情境导入 • 讲述故事	

(续表)

教师活动	设计意图和期望的学生活动
周末,你和爸爸、妈妈、姐姐去山上野炊,一家人都在为这事兴奋地准备着。妈妈在准备要带的餐具。只听她在喃喃自语:"除了锅碗瓢盆,全家还需要每人一双筷子、一个勺、一把叉子,外加一个盛饭的大勺、一个盛汤的大勺……"爸爸说:"一人一双筷子就够了吧? 这么多餐具体积大、分量重,背着怎么爬山啊。"妈妈说:"用自己的餐具,健康第一。"你觉得爸爸妈妈说的都有道理,但要同时满足他们俩的需求可不太好办,你能设计一套适合一家四口野炊的餐具吗?	• 场景中爸爸和妈妈的对话有两重目的: ①暗示该应用环境下两个互相矛盾的需求,餐具数量必须少但功能必须多; ②反映设计的本质,必须站在应用场景下所有使用者的角度分析理解需求,解决全部问题。
• 出示野炊场景的照片 体现野炊的环境:①用水不如在厨房方便;②为了煮饭、炒菜、吃饭必须锅碗瓢盆齐备。	• 为了降低设计难度,仅要求设计"餐具",而不是野炊的全部炊具。
(二)移情思考	• 此段采用课堂讨论形式进行,引导学生进行移情思维的训练:把自己代入场景,体会不同的人会有怎样的思考。由于学生个体差异巨大,教师可根据学生现场表现进行引导,必要时给出提示。
• 问题1 当人们出去野炊时,选择餐具时比较关心哪些因素,哪些因素相对来说不怎么受到关注?	• 可给出体积、重量、餐具档次、满足吃喝需求等选项让学生选择。
• 问题2 爸爸和妈妈分别忽略了什么因素? 他们为什么忽略这些因素?	• 移情思维:可给出"只考虑妈妈需要""只考虑爸爸需要"和"都必须考虑"等选项。
• 问题3 作为餐具的设计师,你要考虑哪些因素?	
环节二:观察讨论 (一)分析理解 • 问题1 教师:为了设计出合适的餐具,我们必须对餐具有真实、全面的了解。为什么有这么多种类的餐具? 为什么中餐西餐的餐具不相同? 它们是怎么来的呢?	• 此段通过看图片、回答问题、课堂讨论等形式对学生进行分析理解训练,引导学生观察案例,发现不同现象之间的内在关系,最后总结出共性、规律。 • 分析理解训练:讲解餐具起源的目的是引导学生注意以下几个事实。 ①不同餐具的外形结构是使用者的餐饮习惯决定的。(引导学生理解:不同餐饮习惯导致不同的需求,为满足不同需求必须设计不同的功能。)

(续表)

教师活动	设计意图和期望的学生活动
出示大量图片,讲解不同餐具的起源。 • 问题2 教师:不同餐具的"出身""年纪"差别如此之大,估计它们除了都是金属或木材制作的,没有什么共同点了。真是这样吗?让我们把餐具"拆开",看能发现什么。 • 观察与分析1 引导学生观察餐刀。(见附图1) 教师:一把餐刀可以看成是由一根"棍子"和一个"刀片"组成的,产生的功能是切割食物。 • 观察与分析2 教师出示餐叉、汤匙的图片,引导学生用同样的方法进行"拆解"。(见附图2) • 观察与分析3 教师出示筷子的图片:我们再来一个脑筋急转弯,拆解筷子。(见附图3) • 小结 教师:原来不同的餐具看似是由相隔几千年、生活在完全不同的环境中的人发明的,但是具有相同的特征:都是由一根棍子加其他的要素组合而成的。 • 观察与分析4 是不是只有餐具才有这样的规律?让我们再看些别的物品。(见附图4) 教师:这些物品是不是也能拆分成更小的要素?它们有什么共同点和不同点?	②筷子、刀、叉、勺等餐具起源相差千年之久、万里之遥。(引出后面的探究:差异如此巨大的餐具,却都能用同样的方法进行拆解,说明要素—结构—功能之间的关系在不同系统间有普适性。) • 对"餐刀"案例的分析由教师进行,起示范作用。后面的案例逐渐放手,越来越多地由学生自主探究,训练如何通过观察进行分析理解。 • 在学生卡壳时,教师主要通过提示、点名提问、学生回答、对学生的回答进行评价、启发其他同学进一步思考等方式进行引导。 • 由学生思考自己得出结论比让学生知道并记住一些"正确"的结论更重要。 • 分析理解训练:学生认识到叉子原来是由一根"棍子"和几根锯齿组成的,功能是叉起食物;汤匙原来是一个"棍子"和一个"浅碗"组成的,功能是盛食物。 • 分析理解训练:学生认识到是两根棍子组成的,功能是夹起食物。 • 引导学生进行拆分,发现这些物品都是"棍子"和"刀片"的组合,但组合的形式不同,产生的功能就发生了变化。

(续表)

教师活动	设计意图和期望的学生活动
• 观察与分析5 教师:同学们还可以用同样的方法"拆解"别的什么日用品吗?(引导同学拆解其他日用品,例如不同形状的杯子、不同用途的铅笔、不同季节和场合的帽子……) (二)发现规律 • 小结 教师:通过上面这么多观察案例,我们可以归纳出它们的共性: ①生活中的物品都是由一组更简单的事物由固定的方式组合而成的; ②我们称这些更简单的事物为"要素",要素的固定组合方式为"结构"; ③功能总是由结构产生的; ④即使是同样的要素,如果结构改变了,其功能也会改变; ⑤生活物品的功能都是为了满足某个生活需要; 教师引导学生回顾案例,验证上面的总结是否适用于每个案例。 (步骤略) (二)运用规律 • 问题1 教师:在前面介绍筷子的起源时,我们提到韩国人和日本人的不同饮食习惯。哪位同学能用要素—结构—功能来解释,为什么韩国的筷子是扁的,而日本的筷子是尖头的吗?	• 分析理解训练:大部分学生可以用这种拆分方式对简单日用品进行"解构"。 ①发现这种拆解方法也适用于其他日常用品; ②发现即使是同样的东西(要素),如果组合方式不同(结构不同),也会产生不同的功能。 • 在大量观察的基础上进行归纳总结得出结论,即系统的要素—结构—功能的概念。 • 关于"环境"的概念,教师可以从案例中归纳出来,也可以不归纳而留到后续活动中,主要取决于学生的吸收、理解程度。"系统"的概念可以留到更后面归纳。 • 提出概念后必须立即回顾所有案例,逐一验证概念是否符合案例。目的有二:①加深学生对概念的认识;②"归纳"本身也是一个抽象概念,学生需要在反复的具体案例中逐渐理解"归纳"是什么意思,怎样进行"归纳"。 • 在总结归纳出规律、概念后,学生对这些概念仅停留在"识别""记忆"的低层级认知水平上,此时应趁热打铁,引导学生运用新知识对全新的案例进行描述、解释、推理,帮助学生完成对概念由"记忆"提升到"理解"的更高认知水平。 • 学生:老师曾经讲到,古时候韩国人吃饭时,习惯于把食物放到托盘中从厨房拿到外面吃,圆柱形筷子容易滚动,改成扁的就不容易滚动了,这是改变结构产生的新功能。 学生:老师曾经讲到,日本饮食中吃鱼很多,把筷子头设计得很尖可以直接用筷子分割鱼肉、挑鱼刺。这也是改变结构产生新功能。

(续表)

教师活动	设计意图和期望的学生活动
教师:回答得很好。韩国和日本筷子的例子说明,使用的环境变了,需求也就可能变化,因此就要改变结构以产生新的功能。 • 问题2 教师:下面这些餐具有些特别(见附图5、附图6),哪位同学能用要素—结构—功能来解释这套餐具和普通餐具的不同吗?	• 分析理解训练:①引导学生运用概念描述、解释新案例,提升认知水平;②引入"环境"的概念(但不必做详细解释);③逐渐把学生的注意力引回怎样解决本课的野炊问题。 • 分析理解训练:学生发现,相同点是这些餐具仍然是由棍子+叉子/棍子/浅碗构成的;不同点是这些餐具的棍子是可以拆卸的,目的是便于携带(附图5)或者更加卫生(附图6)。 提问目的与前面的问题1相同,另外,引出"可拆卸"的餐具设计概念,为学生设计"野炊餐具"提供启发。在学生习惯于亦步亦趋地模仿、缺乏创新的能力和"胆量"时,要为他们"搭支架",帮助学生跳出固有思维,尝试创新。
环节三:创新时刻 (一)发布任务 教师:现在我们对餐具的前世今生以及餐具的设计已经有了初步的了解,同学们有信心为全家出去野炊设计一套餐具吗? 现在按分好的小组开始讨论你们的设计吧。 …… (小组讨论、绘制设计草图、在第2课时制作设计原型、展示作品、自评互评等环节略。)	• 对应创造性决策、物化、问题解决、逻辑论证等能力训练。

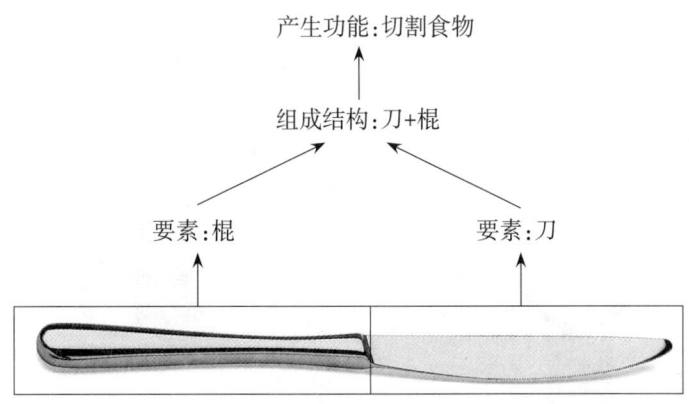

附图1 观察餐刀

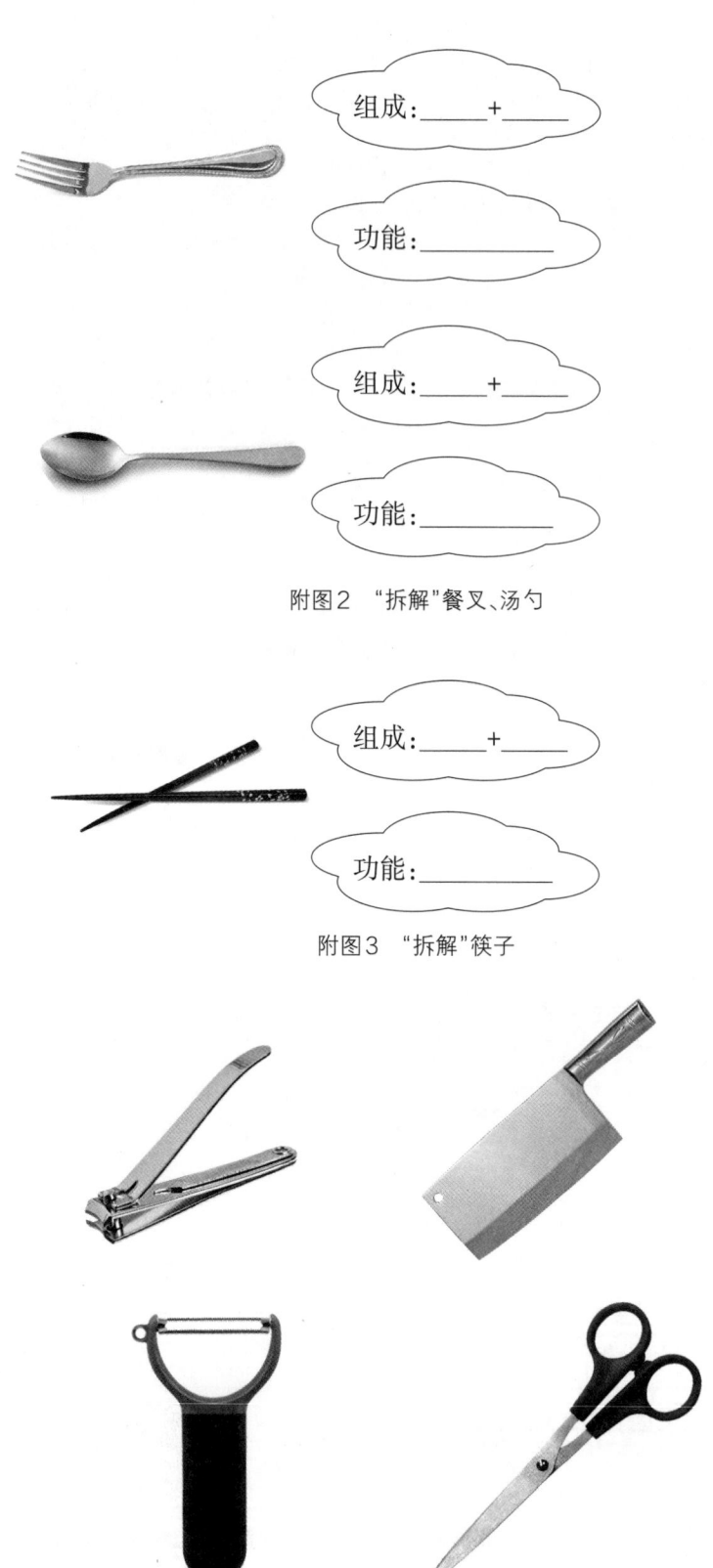

附图2 "拆解"餐叉、汤勺

附图3 "拆解"筷子

附图4 这些物品是否也能"拆解"

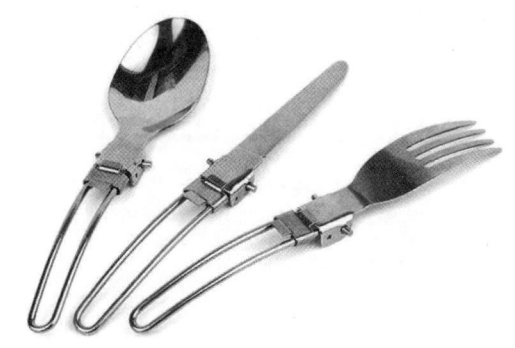

附图5　折叠餐具更便于携带

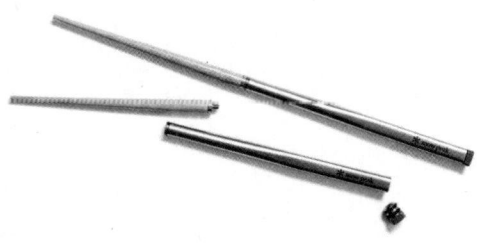

附图6　可替换筷子头,更加卫生

第四章 设计思维核心素养之二:表现力

本章我们探讨设计思维中感性的一面，即如何在设计中表达感觉、情绪、态度、价值观。创新不仅存在于科学技术与工程领域，同样也存在于商业、文化、艺术等领域。应该指出的是，感性和理性之间存在巨大的模糊地带，我们把思维方式明确地分为感性和理性，是为了思考、探讨问题时能模块化，降低复杂性，在实施教学时，模块化也有利于教师操作，让学生更容易理解。

第一节

创新与设计思维的关系（之二）

一、放飞了想象就能创新吗

我们经常会听到教师描述心目中的理想创新教育：给孩子们创造一个自由发挥的空间，让他们无拘无束地放飞思想。当他们听到设计思维课程中每次发布一项设计任务时，都要给出诸多约束条件，会感到不理解、不认同：难道孩子们受到的束缚还不够多吗？给这么多条条框框还怎么创新？

很可惜，现实中的创新就像戴着脚镣跳舞，不仅要受沉重的约束，而且要跳得优美。事实上，受到的约束越多，创新才越显出魅力。那么，为什么真实的创新必然受到约束呢？

其实，真实世界受自然规律的约束，人类社会受经济规律和道德法规的约束，不存在"自由空间"。不受约束的思想就像给鬼画像，谁也没见过鬼，所以谁都能"画得像"，因此没有价值；在真实世界里的创新则是给真人画像，同样的纸笔、同样的墨，真人模特坐在眼前，谁的绘画技艺高超就一目了然了。这里的笔墨就是约束条件，真人模特就是检验标准，观众挑剔的眼光就是判别创新价值的试金石。比如，教师在课堂上要求学生为野餐设计餐具，其中暗含要便携、易清洗的设计需求。孩子设计的叉子（餐具）很有想象力，制作也很漂亮，但暴露了其没有"设计满足需求"的"前概念"。教师要引导他们理解真实世界的创新是为了解决实际问题，用设计活动引导学生理解"约束不是想象力的敌人而是朋友"（见插页图4-1、插页图4-2的设计思维课堂实例）。

其实，如果缺乏长期艰苦的训练，即使让一个人完全不必顾忌可操作性而放飞思想，他/她的思想也不可能跑得远。人的想象力的边界是大脑中的全部记忆。所谓想象是把自己记忆中的所有元素打乱重组,从而产生现实中不存在的场景。想象中不会出现记忆中不存在的元素。这就是全世界所有民族的神话故事都像是他们现实生活的翻版的原因:神仙一般长着和本民族差不多的脸,穿着和本民族差不多的服装,说着本民族的语言。女娲不可能穿高跟鞋,雅典娜也不可能说东北话。因此,如果不考虑人的理性思维能力,人的见识——个体经验、记忆的总和,是人想象力的上限。人类无法想象自己没有见过的东西,除非依靠科学推理和数学计算,比如描述黑洞的样子。

此处需要稍微偏离主题补充几句。以科学和数学为代表的理性思维能让人类突破记忆力和个体经验的极限,产生更丰富的想象力。科学告诉人类自然和宇宙的普遍运行规律,让我们可推理过去、预测未来和未知之地发生的事。而数学提供了严密的逻辑推理工具,让我们能准确无偏差地根据科学原理从已知推导未知。很多重大科学发现都是先由科学家通过理论推导而"预言"现象,然后才通过实验观察证实的。如杨振宁、李政道从理论上"预言"了"弱相互作用下宇称不守恒"[①]现象,当时很多泰斗级的物理学家并不理解,因为这个理论违反了科学家的普遍直觉。然而吴健雄用实验观察证实了杨、李二人的"预言"的正确性——人类的理性战胜了直觉。早在18世纪,就有科学家根据牛顿万有引力定律推测可能存在一种质量大到连光都无法逃逸的天体,后来的科学家把这种只存在于理论和公式中的天体命名为黑洞。直到2019年4月,人类才首次用射电望远镜拍摄了黑洞照片(见插页图4-3)。真实的黑洞和通过物理模型计算出来的黑洞非常相似,证明了黑洞理论的正确,也证明了科学是人类放飞想象力和创新力的强大翅膀。

二、创新需要有表现力的感性思维

在解决实际问题的过程中,无论是设计还是创新,属于感性思维的想象力和属于理性思维的系统思想同样重要。这是由于设计和创新并不仅用于解决科学和技术工程问题,同样用于解决生活、文化、艺术、教育、商业和社会等非科技与工程领域的问题。非科技与工程领域与普通人相关性更高,感性思维的比重更大(见插页图4-4)。实际上,在非科技与工程领域解决问题的关键往往不是"物"而是"人",即用最有表现力的方法说服人、打动人、影响人。

所有商品都需要在激烈竞争中说服公众关注并接受自己的品牌(营销),产生消费(销售),这需要用最低的成本、在最短的时间内打动尽可能多的人。这是对广告作品表现力

[①] 简单来说,就是在微观世界里的粒子不遵循宏观世界里的"镜像对称"定律。这种粒子比原子还小一百万倍。

的巨大挑战,因此广告营销是所有商业行业中创新、创意最活跃的领域之一。文学也是一个崇尚创新的领域,其目的是用最有表现力的文字打动读者。"为人性僻耽佳句,语不惊人死不休",即使是杜甫,灵感也不是召之即来的,需要大量的积累。创作有表现力的作品从来不是一件容易的事。油画诞生于欧洲15世纪,由古典主义到文艺复兴,再经历一系列变革,发展出印象派等不同风格,为了创造出前无古人的艺术表现效果,几百年来,一代又一代画家的创新一直没有停止过——插页图4-5a、4-5b展示了两个不同时期的油画,请读者自行欣赏、比较作者对光影的体会与表现。普通人在平凡生活中的创新也无处不在——哪怕在《白毛女》中如杨白劳这样生活艰难的穷人,即使身无分文,过年也要为女儿找两根红头绳扎辫子,用一抹红色体现顽强的生命力和对生活的乐观态度。

生活中用感性的表现力解决问题的例子数不胜数。国外某大城市行人闯红灯的情况屡禁不止,城市缺乏警力和经费监督行人。这是一个典型的既没经费、还要完成艰巨任务的项目。怎么办?交警部门请创意设计公司利用现有的红绿灯,改造线路,然后邀请市民在一个临时搭建的摄影棚里跳舞,跳舞的画面直播到红灯上。等红灯的行人驻足欣赏,愉快地度过无聊的等待时间。调查发现,愿意等红灯的人增加了81%。在这个创意方案中,说服教育行人不要闯红灯的人是行人自己,政府无须投入昂贵的人力就解决了问题。

其实,即使是科技与工程领域的问题,"人"的因素也几乎和技术、知识等"物"的因素同等重要。把具有不同才能,不同目标的人才聚集到一起,找到足够的资金,赢得社会的支持,都是"人"的问题。很多大型科研攻关和工程问题带头人一般不是顶级科学家而是一流的管理人才。

设计的表现力是为解决实际问题用感性思维的方法进行的创新。在中小学的设计思维教育中,我们既不能让学生毫无约束地"放飞思想",也不能让约束成为孩子们创新的障碍。怎样才能做到呢?

第 二 节

多维度提升表现力

觉得应该让学生"放飞思想"的教师,主要担心约束妨碍学生的创新。这种担心也有一半的道理。教育心理学研究发现,过高的难度和过低的难度都会摧毁学生学习的意愿。只有在难度适中,学生认为有挑战性、努力一下可以达到目标的情况下,才能激发其学习积极性。这和跳高一样,如果把目标定为4米,即使给奥运冠军一笔重奖,他也没有尝试的意愿;而把目标定在1米,奥运冠军也不会有兴趣"玩"。因此,在培养学生的创新意识、创新思维和创新能力时,既要给完成挑战设置"障碍",又要帮助学生找到攀越障碍的阶梯,二者缺一不可。

什么是激发创新的最好阶梯呢?是人的见识、认知能力和想象力。认知(学习与运用知识)的能力越强,则掌握的知识、经验越多,见识越广,而见识越广则认知能力更强,二者互相促进。增长见识是增强想象力的终极方法。如果一个学生见多识广、对外界信息反应敏锐,就能在面对问题时形成比其他人更丰富的联想,从而找到更多创新的线索。

一、要靠学生自己"搭梯子",提升表现力

最容易想到的、提升学生见识的方法是参加补习班、兴趣班或者带孩子逛博物馆、周游世界各地的名山大川。可是这种方法成本太高,对于教师来说,无法越俎代庖地为学生提供这些条件。因此,更有操作性的方法是教会学生在日常生活中增长见识,让他们自己在漫长的学习、成长、工作、生活中,自发而持续地获取新知识,不断丰富自己的心灵。在课堂上攀登知识的高峰时,教师能帮助学生"搭支架",但在现实中攀登创新和解决实际问题的高峰,大部分"阶梯"需要学生自己搭建。

学生搭建"阶梯"的最有效方法是什么?并无科学的定论。人的智力水平、心理特质、兴趣爱好、个人追求、生活环境、教育背景都有可能影响其提升见识、认知能力和想象力的途径和效率。本书围绕设计思维探讨创新,因此,我们有意忽略那些特殊方法,而把重点放在普及教育模式下,在校教师可以帮助大多数学生提升设计表现力的通用方法上。

二、培养表现力的关键:观察与分类

为什么舒缓的音乐让我们感到放松?因为它的节奏和我们放松时的心跳节奏类似,这就是音乐的表现力。为什么大红色容易让我们联想到春节?因为和春节相关的很多事物、习俗都是红色的,这就是色彩的表现力。明明只是铅笔在平面纸上涂涂抹抹,为什么也可以让我们感觉到出现的是立体静物?因为它和我们在真实环境中看到的物体具有类似的明暗变化,这就是绘画的表现力(图4-1)。为什么装腔作势的表演不能打动你,而好演员的一个细节动作却让你记忆深刻?因为你从那个动作中找到了共鸣。

图4-1　虽然素描画仅仅用了浓淡不同的黑灰白,却能再现真实物体的阴影、反光等,带给人们具有立体感的视觉感受

找到A类现象的共同特征,用方法B呈现出来,让别人一看到B就联想到A类现象,这就是表现力。上面举的事例都符合这个原理。我们还可以举出其他领域更多、更复杂的例子,读者可以追问自己为什么被打动。在那些事例中,你都会发现,原来是这些作品中的某一个元素契合了你内心的某种感觉。因此,帮助学生增强表现力的最好方式是引导他们更细致、深入地观察生活,在日积月累中感受不同事物之间的共同特点,并学会在必要的时候用某种恰当的形式表达出来。

应当注意,某个事物具有的特点不是唯一的,每个特点都会有一些其他事物与之相同,因此表达的方式也不是唯一的。一个喜悦的人的特征包括:表情以笑为主,说话节奏加快,说话用词充满正能量,和别人互动的态度积极、合作意愿高。因此,当我们需要表达"喜悦"的情感时,可以用表情(表演)、节奏(音乐)、颜色(绘画)等手法,甚至什么手法都不需要,仅仅用超出平常的积极态度(人际互动方式)来表达。在这个例子中,"喜悦"在不同领域里被分到了不同的类别中:在表演中被分类到了"笑",在音乐中被分类到"较快的节奏",在绘画中被分类到"明亮""暖色"等。

这个例子帮助我们理解,为什么我们应该教会学生观察与分类的思维方法,而不是教学生具体每种表情代表什么意思、每种节奏具体表达哪种情绪、每个颜色具体代表几种感觉。因为生活中的情绪有很多,可以用于表达的方式也有无数种,我们无法穷尽这些分类,学生其实也没兴趣听我们念叨这些"没啥用"的分类。很遗憾的是,我们经常在课堂中看到这种强调简单记忆的教学方式。

在我们论述如何提高学生信息提取有效率之前,有必要简单介绍一下大脑形成认知的一种方式:"模式识别"。这是大脑一个非常重要的认知方式,在接收到来自环境的信息后,大脑会对信息进行处理,如果发现信息中包含以前曾经出现过的"模式",就激活记忆中的特定内容。比如我们听到一句熟悉的歌词,就会情不自禁地唱出下一句。所谓模式,是指任何按某种规律重复出现的信息。它可以是平面视觉的、色彩的(见插页图4-6),也可以是立体视觉的、带生物特征的(见插页图4-7),可以是听觉的(一段音乐)、味觉的(蛋糕的味道)或其他感觉的,还可以是抽象到数学层面的(图4-2)。

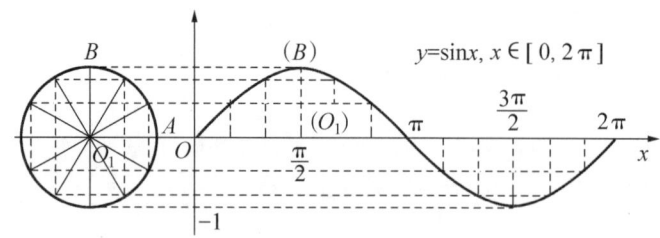

图4-2　自然界很多现象都呈现周期变化的模式,可以用正弦余弦函数表示

如果一组信息中包含了多种不相容的模式,就会引起"错觉"。图4-3既可看成花瓶又看成两个人,就是因为它既符合花瓶的模式又符合人侧脸轮廓的模式。

图4-3　有趣的视觉错觉图,反映人的大脑是通过识别模式来判断所看到的事物

为什么有的人听到一段音乐会非常感动,而另外一些人则无动于衷?为什么有的学生学数学一教就会,而另外一些学生一见数字就犯迷糊,但却能在其他课上大放异彩?读者可以回顾第二章的内容,特别是关于认知过程的个体差异部分的论述,就能大致理解为什么即使接收到的信息完全相同,不同的人识别出的模式也会有很大的差别。

理解了大脑模式识别的认知机制,我们就清楚了为什么提升观察能力对提升表现力如此重要：学生从生活经历（和其他渠道）真正感知到的外部世界越多元、越深入，能识别出的模式就越多，能从外部世界提取信息的效率就越高。

想要通过感性打动别人，首先自己必须具有丰富而敏锐的感知能力。只有学生自己能感受自然界、生活中各种现象传递的丰富信息，才能有意识或者下意识地发现现象背后的规律，即"模式"，进而恰当地表达出来、打动他人。怎样让学生注意到更多的现象，感受到更丰富的信息呢？我们一般会想当然地认为，上课是学生获取信息的主要渠道。这就是为什么我们总想给学生开设更多的课程、教授更多的知识和技能。其实，课堂只是学生获取书本知识的主要渠道，而非获得信息的主要渠道。在非睡眠的状态下，人的大脑任何时候都在接收感觉器官"呈报"给它的信息，这些才是大脑获取信息的主体。可惜的是，大脑并不能把这些信息全部消化吸收。一项研究估计，大脑能够处理感官信息的速度可以高达1MB比特每秒（$1×10^6$比特/秒），但大脑能够产生注意力、决策、感知、运动和语言等认知反应的处理速度只有2—60比特每秒。可以想见，大脑从感官获取的绝大多数信息没有被有效利用[①]。接收到的信息和我们在意识和智力层面能处理的信息之间的巨大差别表明，提高学生的观察能力的最好策略就是提升信息的利用率。哪怕只提高1%，在海量信息的基础上，也是巨大的进步。

"分类"是大脑模式识别功能在思维方法上的自然延伸，因为分类的本质是找到一组事物的相同点，是发现隐藏在杂乱现象背后的规律和秩序。分类训练不一定要刻板地用"请找出下列属于同一类的图形"的做习题的方式进行。"找共同点""找规律"或者在讲解某一设计技巧时把重点放在背后的原理上，都是更贴近真实环境的"分类"练习，对启发学生的心智更有帮助。插页图4-8、插页图4-9就是这样两个训练观察与分类的例子。

通过贴近生活，进行有实用价值的观察、分类练习，学生可以持续发现生活中看似无关的事物背后的联系。把原先属于"无效信息"中的一部分变成"有效信息"。当我们看不到一个事件、一条信息和世界其他部分的联系时，它们是孤立的、乏味的、无关紧要的。但当大脑识别出它与其他事件、信息相同的模式时，它们就变得意味深长、丰富有趣了。例如，看一份学生的试卷，普通人大概只能注意到总分数，而教师能看出学生哪个知识点不

[①] Tingting Wu, Dufford A J, Mackie M A, et al. The Capacity of Cognitive Control Estimated from a Perceptual Decision Making Task [J]. Scientific Reports, 2016(6).

两点说明：第一，感官接收到的信息要经过大脑的处理才能变为我们能在智力层面"意识到"的信息，因此，并不能说感官接收到的每秒一兆比特（1MB）的信息只有几十个比特被利用了；第二，没有被大脑意识到的信息并不一定被我们抛弃了，它们中的一部分（也有人认为可能是全部）会被大脑自动处理后进入潜意识，以另外一种形式影响我们的行为。

熟练;听一个人说话,我们只注意到此人所说的字面意思,而敏感的心理学家或许能意识到此人在掩盖的心理活动。在春节给长辈拜年的场合,有的孩子不懂礼貌但自己浑然不知,而旁边的大人却能注意到孩子某个不恰当的举止引起了长辈的不快,还注意到孩子家长的尴尬和整个聚会气氛的微妙变化。有的人一叶知秋,有的人麻木不仁;有的人细腻敏感,有的人大大咧咧。大自然公平地把事实摆在所有人面前,但只有有准备的大脑才能接收到有用的信息。

三、产生表现力的关键:联想与理解象征意义

回到上一小节开头,我们理解了舒缓音乐和放松的心情之间、大红色和春节之间、素描画和真实的立体静物之间分别具有相同的模式。但是为什么有了相同的模式就产生了表现力呢?这是因为大脑认知的另外一个机制:具有相同模式的信息之间可以激活记忆,产生联想和一系列生理、心理反应。比如有人提到了"梅子",这个语音的模式信号激活了对梅子这种实物的记忆,梅子实物的记忆中包含了酸味的模式,它又激活了你在品尝酸味时的体验,导致你的口腔开始分泌唾液。

如果联想到的模式非常抽象,我们往往称之为象征意义。例如,眼睛看到一捧白色、花瓣光洁的鲜花,鼻子闻到一种令人愉快的芳香,耳朵听到一个女孩欣喜地赞叹"好美的茉莉花",会引发你一系列的联想。茉莉花的白颜色模式触发了对其他具有同样模式的事物的记忆,如新娘婚纱的颜色、干净衬衣等;花瓣的光洁质感刺激了对玉的联想;花香激发了愉悦感;女孩子的赞美则激发了人们对民歌《好一朵美丽的茉莉花》的联想。这些信息混合在一起,形成了大脑对茉莉花更高层次的认知模式:高洁如玉,温婉细腻,清香宜人。茉莉花的白象征纯洁美好,香气象征温文尔雅的性格,而茉莉花的"气质"引发人们对温柔江南的联想。这就是尽管我们说不出理由,但仍然能理解张艺谋在2000年奥运会开幕式上让孩子清唱《好一朵美丽的茉莉花》的内在逻辑。

至此,我们能大致理出由观察到表现力的因果链条:看到一个事物和现象→发现模式→联想到相同模式的另外一个事物或现象→引发生理和心理的其他反应→感受到表现力。图4-4展示的案例是用问题连续体教学方法,帮助学生发现隐藏在广告画创意中的设计原理。插页图4-10、插页图4-11是两个以训练设计表现力为教学目标的设计思维课堂教学案例。

大部分人在看到一个事物时都会在下意识状态下产生联想,明白其背后的象征意义。因此,我们可以有意识地利用这种心理机制提升自己的表现力。如果能让学生理解这个机制并创设情境,让他们有机会在解决实际问题的过程中大量应用,就等于在他们的头脑中种下一颗能自我成长的思维能力的种子。在随后的岁月中,这颗种子会随着学生

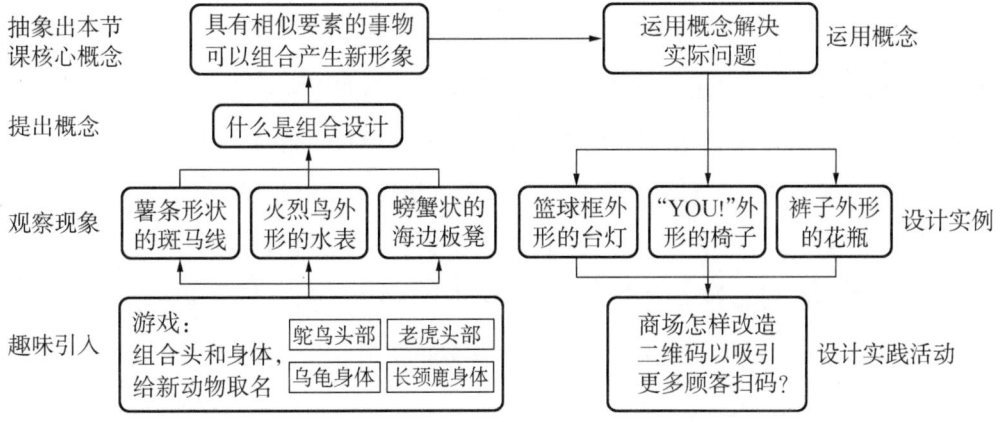

图4-4 设计思维课堂案例：教师基于问题连续体理论开发的课程，帮助学生归纳总结出"组合设计"的核心概念，并在设计中运用这一概念解决问题①

生活经验和知识的增加而生根发芽，不断长大，和学生的人格、气质相融合。相比之下，那些单纯以应试为目的，通过不断重复而习得的"才艺"往往只能停留在学生记忆的浅层，随着岁月的流逝而流失，最后变成那句被无数人或调侃或懊悔地重复着的话"我上学时学的东西都还给老师了"。

四、实践和检验表现力的手段：表达与分享

最后，我们还需要简要说一下"表达与分享"对提升表现力的重要性。首先，对于设计思维课程而言，评价是否完成了设计任务，是看学生是否拿出了看得见、摸得着的设计原型。学生的表现力实际水平如何、是否有所提升，需要依据设计原型进行评价。其次，在课堂讨论、小组活动等环节中，学生有大量表达与分享的机会：表达自己的思想，聆听教师与同学的思想，评价同学的创意，聆听同学对自己创意的评价。这既是学生提升自身表现力的时机，也是教师观察学生与表现力相关的知识储备、感性思维、创新思维的时机。因此，表达与分享对应表现力而言，既是手段也是目的。在设计思维课程框架下，我们把"表达与分享"放到和观察、分类、联想、理解象征意义同样重要的地位。

在我们结束关于提升表现力的支架的讨论前，还有以下几个值得注意的要点。

第一，激发学生观察生活的兴趣和提升他们的观察能力同样重要。如果我们对某些事物没兴趣，大脑会"自动屏蔽"已经接收到的信息：一对夫妇在逛街，丈夫注意到新款轿

---

① 本问题连续体教学结构图和案例由北京第二实验小学贵阳分校钟洋老师提供。

车和姚明的广告,而妻子注意到瑜珈班在招生、水果店在促销。他俩携手走在同一条街上,看到的却是两个不同的世界。因此,如果教师想引导学生观察生活,首先要做的是激发他们观察生活的兴趣。这一步的难度可能不亚于后面的课堂教学。

第二,只要教法得当,学生自发学习的效率远高于短时间高强度的"灌输"。据著名的科普杂志《科学美国人》报道,人的大脑记忆容量大约为2.5PB(约$2.6×10^6$GB),相当于一个人连续看电视300年以上并记住全部内容[①]。可见,人的大脑容量实际上是接近"无限"的,靠短时间"冲刺"灌输进大脑的知识在这样的记忆容量面前不值一提。而提升学生获取、处理信息的效率(思维能力),能让他们在未来的岁月中随时获取更丰富、多元的生活体验。一个真正丰富、敏锐、活跃的头脑才能产生真正有价值的创新(插页图4-12是学校用来开展以"设计"为主题的实践活动的空间,其设计布置用以提高学生对色彩和形状元素的感知能力)。

在一个认知丰富的人的眼里,世界不是孤立事物的简单堆叠,也不是一张没有厚度的白纸,而是生机勃勃的"生态系统",是道路交织的"繁忙都市",是能排满整个书架、每一页都密密麻麻记录着信息的百科全书。作为教育工作者,我们全部努力的意义,就是让学生感受这样精彩的世界。

五、设计思维的感性思维能力维度

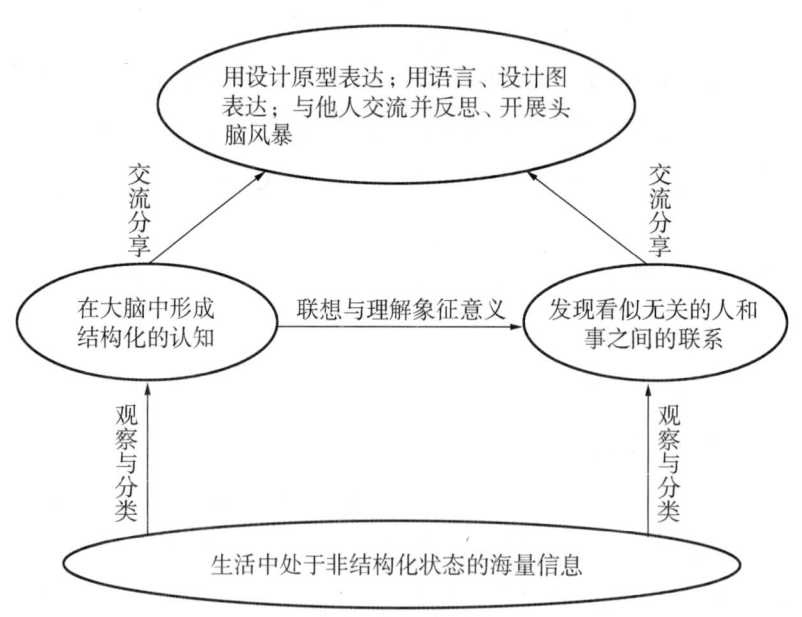

图4-5 观察与分类、联想与理解象征意义和交流分享之间的关系

[①] 引自美国西北大学心理学教授雷伯(Paul Reber)在2010年5月回答读者来信时提到的数据。

设计思维的感性思维能力可以分为以下几个维度(图4-5)。

首先是观察与分类:①提高学生对生活和外部世界的好奇心、求知欲,丰富他们的生活情趣;②提高学生观察生活细节、获取更多有效信息的能力;③提高分类、总结的能力,更有效地发现事物之间的相似、不同及关联性,从而发现更多隐藏在现象背后的规律。

其次是学会联想与理解象征意义:①通过观察与分类学习,获得更多关于事物相同点与不同点的认识,建立更丰富的联想,理解事物背后的隐喻和所代表的象征意义;②通过联想和对象征意义的理解,对所获信息产生更深入、广泛或更高层次的认识。

最后是学会表达与分享,通过表达与分享,从其他地方或其他人那里获取信息,验证自己对信息认识。

第 三 节

教学设计案例——揭秘色彩

本案例重点展示如何在课堂上落实"表现力"中的联想与理解象征意义,并且在完成设计任务的过程中,融入学习的六大基础思维能力训练。

一、教学基本信息

课题:揭秘色彩

学科:设计思维

年级:五、六年级

涉及领域:设计思维,设计中的表现力

教材:自行研发

二、教学背景分析

(一)教学内容分析

本课创设的设计场景是:画家张爷爷郁郁寡欢,身体越来越不好。医生说这种情况应该让病人心情开朗起来、找回生命的热情和活力。小美决定用摄影让张爷爷时常看到外面的大自然和邻里生活。学生要从小美的角度,思考这种场景下张爷爷的需求,拍摄出最能体现生命活力、有利于改善张爷爷身体状况的照片,完成设计。

本课着重讲解色彩带给人们的联想和象征意义。"联想和理解象征意义"是设计思维的核心素养之二"设计中的表现力"的维度之一。人对外界环境的感知中90%和视觉有关,而颜色就是视觉中的重要组成部分。引导学生认识颜色是怎样影响情绪的,可以帮助他们有意识地利用颜色表达自己的情感和思想。

本课先设定了一个需要用色彩解决问题的生活场景,然后引导学生通过换位思考理解场景中人物的需要(移情);通过大量具体案例观察生活中的颜色和自己情绪之间的关系,认识到每种颜色带给我们的联想和人们赋予颜色的象征意义(分析理解);再通过有目的地选取色彩、场景(创造性决策、物化)进行拍照(物化),达到帮助张爷爷重拾生活乐趣的目的(问题解决)。最后通过在全班分享自己的作品,讲解自己的设计意图进行自评互评,训练学生有理有据地表达、评价(逻辑论证)。

(二)学生情况分析

本教学设计的目标是五、六年级学生。这个年龄段的学生大多处于抽象思维能力逐渐增强的时期,因此在教学中,一方面应多用学生熟悉的实际例子,另一方面可以延伸拓展出对一些较抽象的概念,鼓励他们用联想、象征表达思想。

本教学设计如果要向下延伸到三、四年级甚至幼儿园,则可以适当增加具体案例,例如,看着照片谈自己的具体感受,以帮助学生感知生活和自身的情绪为主;适量减少归纳总结等抽象思维的训练,甚至完全去掉"发现规律"和"运用规律"部分。

三、教学准备

图片、课件。

四、教学目标

1. 理解色彩能够影响情绪,增强设计的表现力,能够用色彩进行情绪表达。
2. 学会对色彩进行观察、分类,产生欣赏色彩美感的兴趣。
3. 理解不同色彩带给人的联想和象征意义。
4. 能够从生活和摄影艺术作品中找到用色彩进行表达与分享情绪的灵感。

五、教学难点

利用色彩影响情绪的作用,拍摄一本具有生命活力和热情的相册,帮助张爷爷缓解病情、重温生活的美好。

六、教学流程示意图(可选)

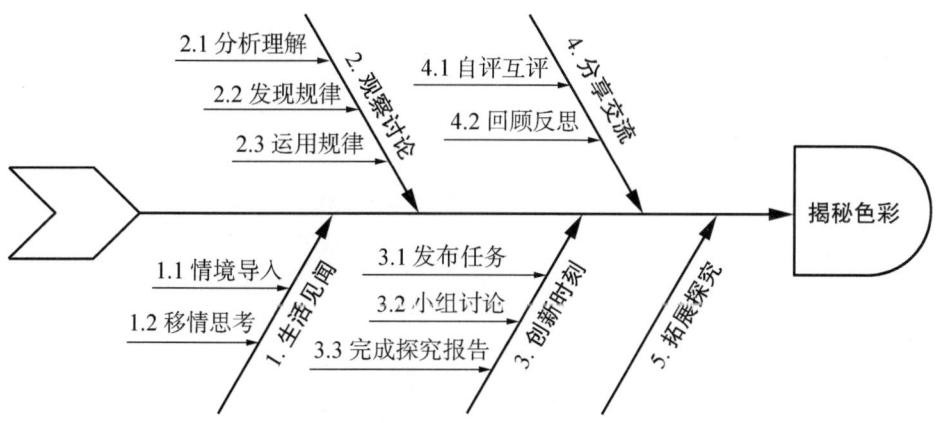

七、学习活动设计(第1课时)

教师活动	设计意图和期望的学生活动
环节一:生活见闻 (一)情境导入 在学校组织慰问社区老人的活动中,小美注意到邻居张爷爷非常需要照顾。张爷爷以前是位画家,后来由于疾病行动不便,不能再工作,只能待在家中。小美去请教做医生的姑姑怎么帮助张爷爷。姑姑告诉她,让他们心情开朗起来、找回生命的热情和活力,远比送吃的、用的作用要大。姑姑建议她经常去看望张爷爷,每次都带一些自己拍摄的、能反映当时当季的自然景象和邻里生活的照片,让老人家足不出户也能感受到四季的变化、生命的活力以及人间的温情。 小美决定联合同学一起来做此事。但是,小美还不太清楚,要拍什么样的照片对张爷爷最有效。	•张爷爷心情开朗病情才会好转,而他由于疾病,行动不便,只能待在家中,长期的孤独导致他郁郁寡欢、加重了病情,两者之间的矛盾就是需要解决的问题。让学生思考怎样才能帮助让张爷爷足不出户地感受到生命的活力,以改善身体状况,找出解决问题的办法。

(续表)

教师活动	设计意图和期望的学生活动
• 教师出示张爷爷的照片,体现出张爷爷的孤独和郁郁寡欢。 (二)移情思考 • 通过一系列问题,引导学生分别代入小美、张爷爷的身份中,感受张爷爷身体变差的原因,以及思考怎样才能帮助张爷爷。 • 问题1 导致张爷爷现在身体越来越不好的主要原因是什么? • 问题2 为什么医生建议小美经常去看望张爷爷? • 问题3 为什么医生建议拍些"当时当季"的自然景色和邻里生活的照片呢?	• 出示照片为没参与过慰问孤寡老人活动的学生建立实景感觉,使学生代入张爷爷所处的环境中。此为课程设计的"支架"。 • 此段采用课堂讨论的形式进行,引导学生进行移情思维训练:把自己代入小美、张爷爷的身份中。 • 移情思维:教师可根据学生的课堂表现进行适当引导,为理解有困难的学生提供一些具有指向性的线索。 • 提示:张爷爷以前是一位画家,让学生根据张爷爷的职业习惯和特点进行回答。
环节二:观察讨论 (一)观察案例 • 观察与分析1 教师:你以前去过有类似风景的地方吗? 和全班同学分享当时的情境和你的感受。(出示多张大自然的彩色照片。) • 观察与分析2 教师:大自然色彩丰富的美景让我们感到心情愉悦,如果抹去一部分色彩感受会有怎样的变化?(出示另外一批照片,抹去图中的一部分色彩。) 教师:如果你是张爷爷,彩色和黑白照片分别带给你什么感受? 小组讨论,不同的色彩会给人们带来什么样的情绪。(见插页图4-13,其他图略。) • 观察与分析3 教师:这些照片让你想到哪些形容词? 白色一般有哪些象征意义?(出示白色景物的照片,见插页图4-14a/b,其他图略。)	• 引导学生在生活中产生观察色彩、欣赏色彩美感的兴趣。 学生:我在公园或郊外春游时看到过类似的风景,优美的景色让我感到很轻松、愉快。 • 观察图片,回答问题,全班同学一起思考、讨论。通过比较同一张图片有色彩和没有色彩时的效果,认识到色彩能使我们产生更丰富的联想和感受。引导学生探究什么颜色能让人联想到生命的活力,拍摄什么样的照片有助于治愈低落情绪。实现由抽象思维回到具象思维的过程。在运用规律阶段,教师注意减少提示,引导学生学以致用。

(续表)

教师活动	设计意图和期望的学生活动
• 观察与分析4 教师:这些照片让你想到哪些形容词? 黑色一般有哪些象征意义?(出示黑色景物的照片,见插页图4-15a/b/c。) (二)发现规律 • 小结 让学生以自发举手的方式,对前面的内容进行小结,最后教师进行提炼、补充、小结。 ①色彩来源于大自然; ②色彩能给人们带来丰富的感受和情绪; ③不同的色彩让人产生不同的联想,也具有不同的象征意义。 (三)运用规律 • 观察与分析1 教师:用尽量多的词汇描述红色给你带来的感受和联想。你知道红色一般有哪些象征意义吗? 写出恰当的形容词。 (出示红色景物的照片,见插页图4-16a/b/c。) 教师:你写下的词汇能形容下面的所有场景吗? 如果不能,补充新的形容词。 • 观察与分析2 出示春节、结婚等场景照片。(图略) 教师:你写下的词汇能形容下面的所有场景吗? 如果不能,补充新的形容词。 • 观察与分析3 换成绿色主题,继续引导学生发现绿色带给人的感受和对张爷爷的帮助。(图略) • 观察与分析4 换成食物主题,继续引导学生形容自己看到这些照片时,想象尝到的味道、闻到的气息、心动的感觉和自己会怎么做、会发生什么故事等。	• 学生:热、兴奋、辣、热情、五星红旗、中国结、喜庆。 • 分析理解训练:观察图片,回答问题,思考色彩带给人的想象,理解颜色背后的象征意义。 • 分析理解训练:学生提到幸福、热闹等词汇,他们根据发现的规律以及教师的引导,逐渐领会什么颜色能让人联想到生命的活力,拍摄什么样的照片有助于治愈张爷爷的低落情绪。 • 分析理解训练:根据教师的引导及自主探究,理解不同色彩带给人的联想和象征意义。 • 学生继续观察各案例,并思考、讨论、回答问题。认识到不同色彩带给人的联想和象征意义,色彩能够影响情绪,增强设计的表现力,学会用色彩来表达、分享自己的情绪和感受。

(续表)

教师活动	设计意图和期望的学生活动
(四)总结 • 教师:观察分析了这么多案例,我们发现: ①颜色可以引发人们的联想,人们也赋予色彩广泛的象征意义; ②利用联想和象征的手法,可以让设计带给人们丰富的想象,表达情感,寄托精神; ③利用颜色的艺术表现力,可以解决很多与人的情绪和感受有关的问题。	
环节三:创新时刻 (一)设计任务发布 • 在校园、小区和公园里寻找最能代表当季的色彩,结合动物、植物和人的图案拍照,制作一本充满生活趣味、自然生机的小相册。帮助张爷爷重燃生活的希望。(见插页图4-17) • 活动规则及评价要求(略) (二)集思广益(略) …… (第2课时完成照片拍摄、相册制作,展示作品、自评互评等环节略。)	• 创造性决策、物化:引导学生从生活和摄影作品中找到用色彩表达情绪的灵感,尝试用色彩来表达、分享情绪和感受,增强设计的表现力。 • 物化、问题解决、逻辑论证。

第五章 设计思维核心素养之三:创新技巧

人的思维方式对创新性地解决实际问题固然是最重要的,但是我们也不能忽略技巧的重要性。和登山一样,在寻找问题解决方案的崎岖小路上,往往只要变换一下思路,尝试一下新途径,就能"柳暗花明又一村"。因此,有必要在教会学生严谨性的同时,提醒他们灵活性的重要。本章探讨如何把设计师和发明家们使用的技巧浓缩为几条简单、实用、便于操作的原则。

第一节

创新与设计思维的关系(之三)

一、引子：靠上"高科技"就能创新吗

随着信息化技术的普及，很多学校开始在创新教育中开设了人工智能、3D打印、机器人、无人机等课程。这些技术都是人类创新的最新成果，反映了丰富而深刻的创新思维。然而，我们也要注意，创新教育应避免过分沉迷于高科技。

技术起点太高，学生很难真正理解创新的心法，容易停留在"知其然，不知其所以然"的状态。如果不深入科技、工程设计的实际过程，学生很难理解创新的思想方法。这很像我们用手机的体验。一台智能手机集成了移动互联网、超大规模集成电路、导电触摸屏、全球卫星定位、人工智能、陀螺仪等高科技，就连研发手机的工程师也几乎没人能精通全部这些技术，更别提只会使用手机的普通人了。同样，各种高科技产品在设计思维和创新教育中，如果只停留在"使用"层面，很难推动学生的创意爆发，与其让他们"玩"高科技，不如用身边易得的材料，学习设计思维的方法论。

以高科技为主题的创新教育一般需要较大的投入，而且要配备具有较强专业背景的教师。购置专用设备，建立专业实验室，动辄需要几十万元甚至更高的投入。而这样一个实验室能覆盖的学生数量却十分有限。高大上的场地和设备，需要得到批准才能加入的"准入资格"，对普通学生和加入创新教育社团的学生来说，都会造成一种错觉：创新是一群特殊的人正襟危坐才可以做的事，或者认为"创新＝高科技"。而这正是我们需要尽力避免的。

从高科技入手进行创新教育要避开如下陷阱。

• 避免只停留在体验高科技功能的层次，误把体验前卫功能当成创新。如果只要花钱就能购买到的，最多是科技创新的成果，肯定不是个体创新的意识、思维或能力。

• 避免只能惠及少数学生的"高精尖"投资，把本应普及所有学生的创新教育变成精英教育。国家教育资源应该公平地让尽可能多的学生受益。

• 避免给学生造成"创新的门槛很高，我做不到"的错觉。要使中国成为制造大国、科技强国，创新应该是全民族都参与的行动。从设计的定义、设计思维的理念可以看出，创新存在于工作、生活的方方面面。它不与任何一项特定的技术或知识捆绑，但深度融合于我们日常学习、劳动和生活的每一件小事里。创新是一种意识和习惯（素质），而不是一个职业。

• 最后，避免认为只有从高科技中才能汲取创新的养分。工业革命之前，人类几千年文明传承下来的文化、艺术和思想曾一直是创新的动力，也仍然是人类创新取之不尽用之不竭的源泉。

二、有效借鉴前人智慧，寻找创新灵感

前文我们已经探讨了创新中可以使用的几个技巧。下面我们将详细阐述一下，在面对具体问题时，如何运用技巧快速找到创新之门。

（一）归纳前人的创新思维方式有助于找到灵感吗

关于创新技巧的研究和书籍很多。有相当多的研究者采取案例分析与归纳总结的方法，探索引发创新的有效技巧。案例收集的范围跨越广泛的时间和空间，既包括行业领域技术研发和工程实践中的突破性成就，也包括科学史、科学明星的探索故事。其中，主流研究者倾向于把这些案例中的经验按一定逻辑，抽象为有一定普适性思维方法，称为"××思维"，如发散思维、收敛思维、逆向思维等。这些研究的实用性和理论意义是显而易见的。但也存在如下几个缺点。

第一，不同研究者对"××思维"的理解不同，同一个概念的定义可能不同，不同概念间的边界也较模糊。站在教育工作者的角度看，这样的定义难以在教学时向学生讲授，也难以变成实践活动或课程在一线落地实施。

第二，这种分类方式有一定理论研究意义，但实用性不够。在真正遇到实际问题时，很少有人会从"我该使用哪种思维方法"的角度思考解决方案。不管研究者举出多少种实

例,都不能和我们日常遇到的实际问题的种类和复杂程度相比。

(二) 更适合中小学教育的创新技巧的特征

创新技巧要更适合中小学教学,我们认为应该满足以下几个要求。

第一,简单、清晰、易操作。对于设计思维教育和创新素养培养而言,学生易于理解,教师容易实施,其重要性在一定程度上甚至超过概念的学术理论深度。

第二,可延展性强。学生时代是一个人一生中思维能力和知识体系发展变化最快的时期。如果我们教的方法无法适配学生在未来要构建的知识、经验、技能,那么在学生走出校门、真正需要解决实际问题时,可能会发现这套方法中的一部分已经不再适用了。

第三,要有利于学生归纳总结其自身生活经验和学到的知识、技能,可以将它们用系统化、结构化的方式存储在大脑中。当遇到具体问题时,系统化、结构化存储的知识和经验,能够被快速提取出来用于形成解决方案[1],而零散存储的知识和经验则很难被快速提取。

(三) 再次回到思维的底层逻辑

为了找到这样的分类方法,我们需要从底层逻辑找解决方案。在开始下面的讨论之前,读者可能需要回顾一下前文提到的关于大脑认知机制的知识。

我们已经从前述章节了解了大脑存储信息的大致方式。神经细胞之间的联结形成了信息与信息的联结,形成了不同认知领域之间的联结。我们可以把这些复杂的联结描述成三种存储结构[2](图5-1)。

第一种结构类似于"散珠",即信息之间没有联系,彼此孤立。这样的信息由于缺乏相互联系的线索,很难被充分利用。我们头脑中这种类型的信息越多,对信息的利用效率就越低。这样的信息类似于一张你用手机拍的、被系统随机命名的照片。它和成千上万张类似的照片一起存放在硬盘中。半年之后,你很难再找回这张照片了,甚至会忘记它的存在。

第二种存储结构类似于"珠串"。一串珍珠项链是用一根细绳把很多零散的珍珠按照一定顺序联系在一起。要找任意一颗珠子都可以循着细绳进行搜索,最后一定能找到。我们的大脑也能够根据类似的线索找到所需要的信息。这就提高了信息提取、利用的效

---

[1] 大脑提取存储的知识、经验用于解决新问题的机制非常复杂,占用篇幅过大,此处略过。
[2] 为了便于读者理解,此处的论述结合了脑神经科学、认知心理学的一些理论,用易于理解的、形象的语言进行表述,并不完全科学、准确。

率。现在很多手机的操作系统有照片管理功能,你可以按照时间、地点、主题等关键字搜索照片,帮助你迅速找回丢失的记忆。这种存储结构显然优于"散珠",但是当信息量太大时,靠一个线索(或有限的几个线索)进行搜索,速度和精准度就不能满足要求了。试想在一个有几万部电影的影像资料库里,你如果要寻找一个记忆中山花烂漫的镜头,把所有电影都看一遍(以时间为线索搜索)显然是不行的。

第三种存储结构类似于金字塔,每一层知识都是对下一层知识共同特征、模式的概括。知识由下至上逐渐精炼、抽象。在这样的结构中,每一条信息和其他信息间有多种联系方式。另外,这种联系不仅是简单的"关键字"形式的,还有基于抽象模式归纳总结后形成的新认知。这就好比一个具有强大人工智能功能的照片管理软件。你不仅可以按照拍摄时间、地点和主题词搜索,还可以按照"我显得很帅""体现老同学亲密无间""我这十年变得越来越成熟"等方式进行搜索。这里的"帅""亲密无间""成熟"等都是抽象的概念,它们可以把无数看似无关的相片快速地联系起来。从中小学教育的角度来看,这样的结构中,所有的知识点不仅能以学科的一般概念为线索串联在一起,还可以从各科的核心概念、技能与方法、情感态度价值观等角度继续重组和归纳,甚至跨过学科边界,形成更宏观、统摄各个学科领域的跨学科概念。

散珠形知识结构:知识之间没有联系,难以被提取、应用

珠串形知识结构:知识之间有简单线索联系,相对较容易提取、应用,但效率不高

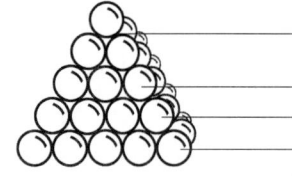
抽象、概括型概念,如生活态度、价值观等
跨学科的统摄型概念
各个学科的核心概念、方法
各个学科的一般概念、知识和技能、碎片化经验等

金字塔形知识结构,一层一层逐渐抽象,能从高层结构快速地提取底层结构中的知识

图5-1 在大脑里不同记忆结构中,信息与知识的读取、使用效率是不同的

(四)一些简单易懂的例子

语文课中的诗歌读起来朗朗上口,科学课的四季变化、单摆摆动,音乐课的节拍旋律,

美术课上的一些重复性构图,数学中的"周期",这些现象其实都是"节奏"这个概念在不同学科中的体现。其实"节奏"就是一个跨学科的概念。如果学生能认识并较深入地理解"节奏",他们就不难由诗歌欣赏迅速联想到音乐的美感,还可以从分析诗歌的韵律节奏出发,对不同诗歌作品进行比较。

"平衡"也是这样一个跨学科的概念。科学课的天平、重心、杠杆是讲平衡,低年级学生练字和高年级写作文要讲平衡,数学的等式、画画的构图和颜色搭配也是平衡,我们学习和生活的时间、精力分配也要讲平衡。在"拯救机场口渴者"的教学设计案例中,一个对"平衡"概念理解深刻的学生会意识到杯子的设计其实就是乘客、机场管理者、清洁工等多方面利益平衡的结果。因此能举一反三地把这样的思想方法迅速运用到解决其他和"平衡"相关的问题中,例如写一篇观点中立客观的调查报告,改善自己的人际关系,组织协调班级活动等。这其实就是学生立体知识结构带来的效果。

学生的知识体系越结构化、立体化,在遇到陌生问题时,就越能充分调动自己各学科的知识储备和看似无关的生活经验。其外在行为表现就是他们能跨学科地灵活运用知识,快速找到解决实际问题的方法。前两章介绍的系统思想和基于"模式"的表现力思维方法都具有同样的效果。而为了提供学生具有一定指导意义的创新技巧我们也可以寻找几条简单实用的统摄性概念。

第 二 节

适合于中小学创新教育的创新技巧划分方法

基于上节的思考,我们归纳了以下三条普适性强、简单易懂好操作的创新技巧。

一、运用科学技术

人类社会的几次飞跃式进步都和科技的突破紧密相关。人类社会从石器时代、青铜器时代、铁器时代到工业革命、信息时代,每当科学技术取得突破,发明的浪潮就随之而来。在古代,想要和远方的亲人通信只能靠人带信,最大的创新也只能是飞鸽传书或建立烽火台。然而到了电子信息时代,由于电子通信技术的突破,电报、电话、互联网、卫星等各种通信方式的创新就源源不断地出现了。在发明蒸汽机之前,人类能够方便利用的最大规模能量只有牛、马等畜力和不可控的风力、水力,人类无法对自然界进行大规模的改造。而蒸汽机发明后,困在煤炭里的能量巨兽以蒸汽的形式被释放出来,推动了火车、轮船、纺纱机,也举起了锻造钢铁的巨锤,第一次工业革命由此产生。现代社会的发展更是直接来自科技。没有半导体、大规模集成电路技术就没有计算机相关行业的蓬勃创新;没有计算机技术的突破就没有移动通信、互联网、大数据行业的蓬勃创新;没有移动通信、互联网和大数据领域的技术突破,就没有电商、社交媒体、互联网金融等领域的蓬勃创新。可见,直接应用科技工具可以让很多困扰人类几十年甚至上千年的问题迎刃而解。

科学技术是学生耳熟能详的概念,若要引导学生把自己的知识和生活经验用科学原理和技术类型进行概括和重组,基本可以覆盖涉及数学[①]、科学、地理、信息技术、物理、化学、生物的绝大部分知识以及语文、历史、道德与法治、美术、音乐的一小部分内容。科学技术本身的各领域概念也具有极强的结构性,因此用科学技术统摄学生的知识可以达到很高的体系化、结构化效果。

在中小学课堂教学中,我们无需强调最新的科技,只需引导学生综合运用课堂所学的科学知识、原理以及任何身边可获得的科技小工具,就可以进行创新。随着学生年龄的增长,他们会接触更多物理、化学、生物、地球与宇宙等方面的科学知识,接触更多的新科技,这些都可以在"科学与技术"这样的统摄性概念框架下找到适当的位置,变成学生知识结构中可以快速定位、迅速调用的部分(设计思维课堂实施案例见插页图5-1、插页图5-2)。

二、从生活和文化艺术中找灵感

文化和艺术有着远比科学悠久的历史,从穴居时代的岩画到青铜大鼎和方尊,从古希腊雕塑到毕加索、达利的画,从诗经到京剧昆曲,从用兽骨制成的简陋装饰物到当代服装、家具、日用品设计,都是打动我们心灵、激发创造灵感的人类文明财富。插页图5-3是广州电视塔,又称"小蛮腰"。"小蛮腰"之说来自白居易的诗句:"樱桃樊素口,杨柳小蛮腰。"然而电视塔纤细柔美的曲线并不仅仅来自诗歌,其外形还严格服从于数学单叶双曲面的立体几何坐标公式。每当夜幕降临,灯光亮起,珠江水中倒映着的"小蛮腰"摇曳生姿,正是告诉我们科技、数学、文化与艺术的完美结合能创造出怎样的浪漫与美丽。张艺谋在北

[①] 事实上,数学不属于科学,工程也和科学、技术有所不同,为了简便起见,我们用科技指代科学、技术、工程、数学的领域。

京奥运会上安排演唱"茉莉花",结合科技手段表演泼墨山水画,用演员方阵表演活字印刷和击缶,这些具有鲜明中华特色的节目既传统又现代,美轮美奂,震撼全世界,成为奥运开幕式历史上难以超越的艺术巅峰。张艺谋的创新技巧就是把鲜明的民族文化符号放在聚光灯下,呈现在全世界人民面前,让习惯于商业文化,现代流行文化的人们耳目一新。

从文化、艺术中找创新灵感,在相当大的程度上就是通过表现力解决问题。在没有语言文字时,大脑显然主要靠形象思维来处理信息。比如猎物、篝火,加上一张孩子的笑脸,这大概比"家"的文字更容易引起不同文化的人心中的脉脉温情。其实现在大脑仍然更喜欢图画而不是文字、数字、公式这些抽象的符号进行思维。记忆大师之所以记忆超群,就是具有把抽象的含义转化为图画的高超技巧。形象思维用大脑喜欢的方式让抽象、难懂的概念、结构、关系变得易懂。设计师用图(工程图、效果图、电路图、拓扑图、折线图等)来交流,可以大幅度降低思维难度或沟通复杂度(见插页图5-4)。

生活经验是更多普通人的灵感来源。不管是否真的有一个叫鲁班的人被路边的野草割破了手指、发明了锯子,生活中观察到的现象、学到的知识都经常被我们用来解决各种问题。特别是在那些需要靠情感打动人、解决问题的情况下,由生活经验启发的灵感远比冷冰冰的科技更有效。吴王要伐楚,声称"谁劝我就杀谁",少孺子便拿着弹弓、弹丸在院子里转,找到机会说个"螳螂捕蝉,黄雀在后"的故事给吴王听——既保全了自己的性命、也保全了吴王的面子,还使人民免于生灵涂炭。社会活动家、作家、剧作家、广告营销专业人士、喜剧小品演员等最善于从生活经验中找灵感。他们服务的对象大多是最普通的民众,他们深知只有最贴近生活的元素才能真正打动民众。

以文化、艺术和生活经验为线索来整合设计思维和创新灵感,基本能覆盖语文、英语、美术、音乐、道德与法治等课程的大部分内容以及历史、地理、信息技术、科学、物理、化学、数学中的一小部分内容。随着年龄的增长、知识和生活经验的增加,学生会逐渐形成其价值观、人生观,他们会发现哲学是具有更强统摄能力的知识整合层级。

三、延伸现有的想法或另辟蹊径

除了"运用科学技术"和"从生活和文化艺术中找灵感"之外,我们还需要给学生一些简便又最常用的"窍门"以指导探索过程。参考其他创新思维研究者的研究成果,我们把发散思维、收敛思维、逆向思维、联想思维、求同思维、求异思维这些概念整合为两种探究策略,即"延伸现有的想法"和"另辟蹊径"。

"延伸现有的想法"指沿着设计者已经知道的思路(基于科学技术、生活经验和文化艺术)加以改造,以符合自己所面临的环境。比如,在小组讨论中出现意见不统一时,应该怎样做出全组一致的决定呢？生活经验告诉我们,投票是一种解决争端的方法。那么我们就把投票机制引入小组讨论中——如果小组人数很少,就可以简化为举手表决的形式。这就是"延伸现有的想法"的策略。当你需要设计体积更小的旅行餐具时也可以采取这一策略:雨伞可折叠,凳子可折叠,瑞士军刀可折叠,设计一双可折叠的筷子和勺子不就减小餐具的体积了吗？这也是"延伸现有的想法"的策略。

"另辟蹊径"指朝着与现有想法不同的方向进行探索,或者跳出现有思维框架从完全不同的角度寻找解决方案。比如,晚上起夜时,开灯会影响家里其他人的睡眠,但不开灯容易磕绊跌倒,手电筒则因经常被挪动而很难保证随时能拿到。怎么解决这个问题呢？难道电筒一定要用手拿吗？把小灯放在拖鞋上不是一样可以照明吗？于是就有人设计了一款方便起夜的拖鞋:用LED灯照明,用光敏传感器和触摸开关控制,在没有光线并且被穿在脚上时,LED灯就自动点亮。这就是"另辟蹊径"策略和运用科技两种创新技巧的组合。再比如,教室里的灯在没人的时候经常亮着,同学们总是忘记随手关灯,开展环保宣传活动似乎小题大做,批评教育也法不责众,怎么办呢？其实也可以改变一本正经的宣传风格,用轻松幽默的方式吸引同学们的注意——如用大大的卡通图案装饰开关。

如果说"运用科学技术"和"从生活和文化艺术中找灵感"大致代表了理性和感性两大创新策略,那么"延伸现有的想法和另辟蹊径"则像是对理性、感性战略的一种"战术"性补充。三者互相配合,共同帮助学生更快速、有效地搜索自己的知识体系,找到解决实际问题的创新之路。

.... 第 三 节 ....

教学设计案例——黑暗中的光明

本案例与前几章单课时的案例不同,是围绕一个主题进行的项目式学习,共8个课时。本案例没有详细展示课堂中教师和学生的互动,而把展示重点放在整个单元的架构上。本案例体现了如何在设计中使用"运用科学技术"的创新技巧解决实际问题,同时,也把对六大思维能力的训练融合在了工程设计里。

一、教学基本信息

课题:黑暗中的光明

学科:设计思维

年级:七、八年级

涉及领域:工程与技术

教材:自行研发

二、教学背景分析

(一)教学内容分析

"黑暗中的光明"是一个项目式的设计思维课程案例。项目任务是为盲人设计一款效果优于普通盲杖,成本也可以接受的智能盲杖。项目完全按照实际产品开发的流程设计,学生要经过需求调查、创意、设计制作、实验验证、调整改进等过程,最终完成(在初中学生的能力和学校条件下的)有一定实用性的产品。

项目式学习遵循设计思维的一般流程。先通过体验和社会实地调查引导学生理解视力障碍人士在出行中探测周围障碍物的真实需求和困难(移情训练),然后提出盲杖的改进目标,引导学生从系统思想的角度思考不同信息之间的联系:如果要实现设想的盲杖新功能,需要增加哪些科技要素?这些要素又必须形成怎样的结构?由此逐渐聚焦到一系列涉及物理、数学的技术问题(分析理解训练)和小组内部的交流和思想碰撞(逻辑论证训练)。接下来是设计制作和实际效果验证,涉及编程、软硬件调试、实验、数据记录、评估实验结果等问题(创造性决策、物化训练、逻辑论证)。学生根据第一轮实验验证对自己的设计进行评价、反思,提出改进计划,开始第二轮、第三轮的问题解决过程。

在完成全面设计活动后,学生要对整个项目进行回顾,反思评价自己在项目过程中的行为表现,总结得失。整个项目式学习高度还原真实的科技产品设计、试验、改进的过程,在完成学习目标的同时,向学生展示在真正的工程环境下的问题解决和创新方式。

(二)学生情况分析

本教学设计的目标是七、八年级学生。这个年龄段的大部分学生抽象思维逐步占优势,辨证逻辑思维开始发展,能理解一般与特殊、归纳与演绎、理论与实践之间的辨证关系,能用全面、发展、联系的观点去分析和解决问题。和小学阶段相比,项目式学习更强调问题解决的过程和问题解决中的回顾反思,改进提升次数更多,更接近真实设计过程。课程中会增加对归纳总结、推理运用等抽象思维、辨证逻辑思维能力的训练。

三、教学准备

见各课时。

四、教学目标

1. 综合运用所学知识以系统思想解决盲杖设计中遇到的实际问题。

2. 体验真实世界中工程师如何通过多次改进解决实际问题,加深对解决问题的四个步骤的认识。

3. 理解并运用"延伸现有的想法"和"运用科学技术"的创新技巧解决盲杖的技术问题。

4. 在产品发布环节,展现设计的"表现力"进行产品宣讲和演示,增加观众对本组产品的认可程度。

5. 在教师的引导、帮助下自主完成项目,全面锻炼六大基础思维能力。

五、教学难点

1. 对于没有学过图形化编程和开源硬件的学生:掌握编程方法(包括调用人工智能的人脸识别模块)和开源硬件的基本使用方式。

2. 对于学过图形化编程和开源硬件的学生:在多次测试环节发现问题,提出改进方法。

六、教学流程示意图

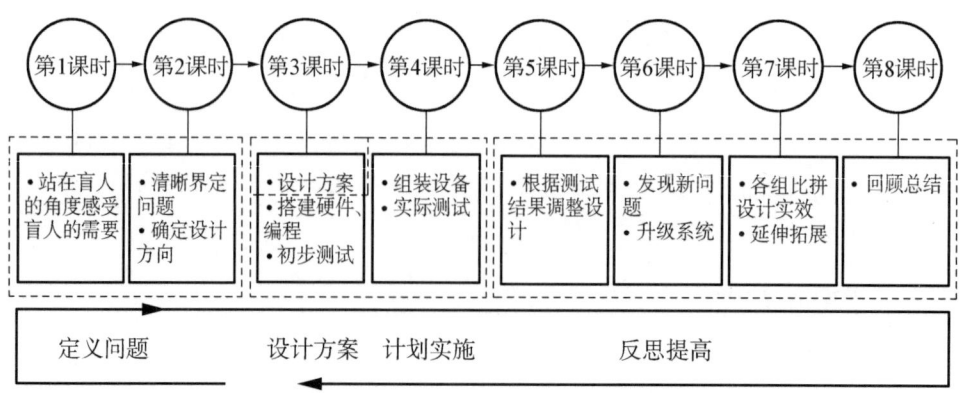

七、学习活动设计

(一) 第1课时——体会不一样的世界

1. 情境导入

随着中国国力不断增强和医疗条件的改善,我国百万人口中的盲人人数已大幅度减少。但是,由于我国人口基数大,盲人仍然很多。根据世界卫生组织(WHO)2010年的调查,中国视力障碍人士约占全世界的18%。根据时代数据、中国残疾人协会和中国盲人协会联合发布的数据,2016年,中国约有1731万视力障碍人士,约占中国总人口的1.26%。

认知心理学家、教育心理学家布鲁纳(Jerome S. Bruner)研究发现,人类的知识与经验绝大部分通过视觉获得。如果考虑到阅读、学习和视觉的密切关系,我们可以理解盲人在感知外部世界时的巨大障碍。社会上绝大多数的产品和公共设施都是为视力正常的人设计的,盲人必须依靠比我们少得多的感知信息来生活。根据2016年"时代数据"《视障者基本信息调查》显示,可以独立外出的视力障碍人士仅占我国盲人总数的24%,其中,68.9%的盲人在出行的过程中有过受伤的经历。2017年深圳市信息无障碍研究会发布的《关于视障人士保险需求的抽样调查报告》的数据更乐观一些:当地有69.8%的视力障碍人士者经常独自出行,但出行有受伤经历的也高达68%。

为什么有这么多的盲人在出行中受伤呢?我们将在课后进行社会调查,寻找原因。

2. 实践活动

(1) 体验盲人的生活

实践活动	活动感受
活动一:倒水 戴上眼罩,从自己的座位走到讲台,把桌子上一个水杯里的水倒进另外一个空水杯里。	
活动二:感知物体 戴上眼罩,通过自己的触感去判断面前的物品是什么,然后将物品的名称正确地写在黑板上。	
活动三:(略)	

(2) 发布设计任务

以小组为单位进行设计,改进现有盲杖,在不大幅度增加成本的情况下满足以下条件。

- 降低盲人出行受伤的风险。
- 增加更多实用便利的功能。

(3) 课后实践

调查任务单

盲人行走在街道上是什么感受？让我们亲身体验一下。

调查一：以小组为单位，在一段车辆较少但道路相对复杂，障碍较多的路上实地验证。小组成员轮流蒙眼持盲杖行走，一人在旁边保护，一人在前面示警，排除车辆等较严重的安全隐患，一人跟随在后，在保护同学的同时，记录遇到的障碍及盲人可能受到的伤害。

可能导致盲人受伤的风险(具体描述)	危险程度 (高/中/低)	出现的次数

调查二：以小组为单位，调查周边街道的盲道上出现的安全隐患，例如盲道被汽车、自行车占用，盲道上空有钢缆穿过或其他悬挂障碍物等。进行记录、拍照，评估其风险程度。

---

3. 第1课时课程设计说明

本课时主要为情境导入，目的是通过实际体验和调查，使学生进行移情，理解产品使用者(盲人)对出行中探测周围障碍物的需求和困难。这些体验是进行一下步设计的必备知识。

(二) 第2课时——确定设计的技术方向

1. 情境导入

(略)

2. 实践活动

根据第1课时确定的设计目标以及课后调查，了解盲人的实际困难，开展讨论，找到改进的方向和可用的技术。如果不知道什么技术适合，可上网查资料寻找灵感。最后根据本组成员的知识、能力水平以及获得材料的便利程度，评估本组经过努力可以达到的技术高度，确定本组的设计方向。

（1）确定设计方向

活动任务单1

普通盲杖的改进空间

改进目标	可以改进的方向	可以使用的技术
降低盲人出行受伤可能性	增加盲杖的探测距离	
	探测悬空的障碍物	
	（自行填写）	
提供更多便利功能	区分不同种类的障碍物	
	（自行填写）	

结论

本小组考虑以下几种可能的设计方向：

1.＿＿＿＿＿＿＿＿＿＿＿＿＿＿＿＿＿＿＿＿＿＿＿＿＿＿

2.＿＿＿＿＿＿＿＿＿＿＿＿＿＿＿＿＿＿＿＿＿＿＿＿＿＿

3.＿＿＿＿＿＿＿＿＿＿＿＿＿＿＿＿＿＿＿＿＿＿＿＿＿＿

（2）选择可用的技术

（此处略去关于超声波原理、探测距离计算公式、开源硬件等内容的介绍。）

在了解了超声波的相关知识后，小组讨论：为了把超声波技术应用到盲杖中，还需要解决哪些技术问题。

活动任务单2

为了把超声波技术应用到盲杖中，还需要解决哪些技术问题？

提示

- 除了超声波设备，还需要哪些软件/硬件配合？
- 发现障碍物后越早报警越好吗？怎样确定报警的时机？
- 超声波传感器放在盲杖上是最好的选择吗？
- 本组主要解决的技术问题是：

＿＿＿＿＿＿＿＿＿＿＿＿＿＿＿＿＿＿＿＿＿＿＿＿＿＿＿＿＿＿

＿＿＿＿＿＿＿＿＿＿＿＿＿＿＿＿＿＿＿＿＿＿＿＿＿＿＿＿＿＿

3. 第2课时课程设计说明

本课时进入"设计方案"阶段,学生需要分析用户应用产品的环境,找到用户可能遇到的问题,然后针对这些问题,探索可用的技术以及应用这些技术时需要解决的问题。教师在本节课中引导学生应用系统思想,从要素(局部技术细节)到整体(结构–功能),通盘考虑设计中的各个层面,并针对这些问题探索可能的技术方向和难点,逐渐把散乱的思路聚焦到关键性技术问题上。这是创造性决策的第一阶段。

本节课首先解决"如何降低盲人出行受伤可能性"的问题,在后面的课时再解决"提供更多便利性"的问题。学生可用相同的思考方法自主探究解决其他自己感兴趣的问题或者实现自己提出的创意。

在所有满足要求、且学生基本能理解的技术中,超声波传感器是最适当的选择。如果学生选择的方向不是超声波传感器,教师有两种选择:①引导学生先跟随课程完成设计活动,然后再按照大致相同的探究过程完成自己感兴趣的设计;②鼓励并帮助学生按照自己的兴趣方向进行设计。教师在整个过程中,应注意引导学生严格按规范的设计步骤(如本课程所展示)进行设计,避免随意。

(三)第3课时——超声波探测装置的设计制作

1. 情境导入

(略)

2. 实践活动

(1)超声波预警距离问题

在行人如织、障碍物随处可见的街道上,超声波探测装置没有必要对太远的障碍物进行预警。远距离预警会导致频繁报警,预警距离太近则可能导致盲人反应不及时。为此,学生需要学习一些计算机程序控制技术,要综合考虑多方面的问题来确定预警距离。

活动任务单1

确定超声波预警距离

问题1

人类大脑从接收到信号到做出反应一般需要0.1秒到0.4秒,普通人在街道上行走速度约为4km/h,我们应该将探测预警距离设置为多少米,才能为盲人提供足够的反应时间呢?请将计算过程写在下面。

问题2

超声波传感器的安装位置对探测效果也有影响。由于盲人和盲杖都处于运动状态,如果超声波传感器的安装位置不当,还会降低探测信息的准确性。本组的解决方案是什么?

(2) 为超声波探测器编程

当超声波探测装置发出预警信息时,盲人只能判断出障碍物在设定的报警范围之内。至于障碍物具体有多远、是否需要马上避让等问题,还需要提供更精准的信息。

活动任务单2
计算机编程及超声波探测器组装

- 小组讨论

  如何把传感器探测到的障碍物距离告知盲人?(提示:可观察汽车倒车雷达的示警方式)选择恰当的开源硬件并根据下面的提示画出完整的流程图。(流程图略)

- 组装传感器硬件、进行编程并调试

  用传统的盲杖和调试成功的超声波探测装置模拟智能盲杖,初步测试自己最初的设计思想能否实现,记录结果。

  _____
  _____
  _____

3. 第3课时课程设计说明

本课时为第一轮设计制作,学生第一次把设计思想变成设计原型。他们在设计中依据物理知识和数学计算,解决了报警参数的设定问题以及编程、程序调试等问题。学生在确定参数、编程的过程中再次经历了系统化思考的训练,在小组交流过程中进行了逻辑论证训练,在完成设计原型的同时完成了对概念的物化。

(四)第4课时——测试"超声波盲杖"

1. 情境导入

原型机(prototype)测试是工业设计必不可少的环节。现在我们已经有了一个由盲杖和超声波探测装置组成的原型机,接下来就是通过实验来检测这个设计的效果。对实验结果进行分析,我们还能发现更深层次的问题。

2. 实践活动

(1) 实验目的

探究超声波探测装置位置对"超声波盲杖"探测效果的影响。

(2) 实验材料与准备

- 实验材料:超声波探测装置、传统盲杖
- 实验准备:在教室里设置常见的街道行走路线,模拟可能出现的障碍物。

障碍物A:放在地上的矿泉水瓶(模拟台阶);

障碍物B:躺倒放置的椅子(模拟花坛);

障碍物C:桌子(模拟齐腰或更高的障碍物,如自行车);

障碍物D:与眼睛高度齐平的布帘(模拟商铺的遮阳篷);

……

还可以在地板上标识出直行、左转、右转线路,更好地模拟街道场景。

(3) 实验步骤

①将超声波探测装置固定在盲杖底部,测试该装置对障碍物A、B、C、D的探测效果。

②将超声波探测装置固定在盲杖中部,测试该装置对障碍物A、B、C、D的探测效果。

③将超声波探测装置固定在盲杖顶部。

(略)

(4) 实验数据处理

实验数据记录单				
超声波传感器位置	对障碍物的探测效果		其他优点/缺点	实用性综合排序
盲杖底部	障碍物 A			
	……			
盲杖中部	障碍物 A			
	……			
盲杖顶部	障碍物 A			
	……			

- 如果想把超声波传感器安装在盲杖以外的位置,可依照上表同样的方法进行测试。
- 注意:本项目中我们不考虑导盲装置的外观问题。

3. 第4课时课程设计说明

本课时对第一轮的设计制作进行实验测试。实验测试是真实产品设计中的重要环节,为了对产品性能有准确的评价,测试必须严谨、完整和客观,这是系统思想在产品开发过程中的真实应用和综合体现。实验表格是为了引导学生认识一个全面、系统的检验过程。

(五)第5课时——设计的改进

1. 情境导入

(略)

2. 实践活动

(1)对当前设计的评价

对原型进行修改后,增加了超声波传感器的盲杖能初步实现我们的设计目标:具有更广泛的探测范围,能为出行的盲人提供更全面的保护。

这款产品还有改进空间吗?让我们回顾上节课的测试过程,从中找到产品的缺陷和需要进一步改进的地方。

活动任务单		
发现的问题	对产品性能的影响程度(大/中/小)	改进难度
1.		
2.		
3.		

综合考虑重要性和难度,本组决定进行以下改进:
_____
_____
_____

(2)当前设计的改进及再测试

基于上一个实践活动的结论,对盲杖进行改进,并按照第4课时的实验方法进行第二轮测试。如果效果仍然不理想,则可以考虑进行第三轮改进和测试。

活动任务单

本组最后确定的设计方案是:

在右图中标出本组的实验结论:
(1)超声波传感器与报警器的具体位置以及二者的连接线路;
(2)超声波传感器的探测区域;
(3)列出超声波传感器的控制参数(探测距离、随距离变化报警方式)。

到此,我们已经完成了本项目第一个设计任务:降低盲人出行受伤的风险。下一课时我们将探讨如何在设计中增加更多实用便利的功能。

3. 第5课时课程设计说明

本课时对第一轮实验验证的结果进行了全面的评价、反思,然后进行改进,形成第二版设计并再次实验验证。

真实世界里的绝大多数创新都是在多轮反复改进的过程中完成的,技术领域的创新尤其如此。本节课中仍然需要反复、综合地运用系统思想和科学技术完成创新,并且在验证、反思、再设计的过程中反复、综合地使用移情、物化、创造性决策和逻辑论证来解决遇到的各种实际问题。

(六)第6课时——提升的空间

1. 情境导入

为了在盲杖上增加功能,为提供盲人更多生活便利,我们可以站在盲人的角度思考生活的各个方面,去发现需求,然后根据自己的偏好以及知识、技能、可获得的材料、资源等条件,自行选择产品的改进方向,进一步设计出具有独特创新的产品。

可以考虑的改进方向包括:

(1)增加超声波传感器的数目,进一步减少探测盲区;

(2)改进蜂鸣器,或用其他技术替换蜂鸣器,更适应嘈杂的街道环境;

(3)改进超声波传感器的安装、佩戴、持握方式,方便使用;

(4)……

本课时,我们将选取一个比较特殊的方向:引进人工智能的人脸识别技术进行产品创新,让盲人"看到"熟人,降低盲人的社交障碍。有兴趣进行其他探究方向的小组可在完成本项目之后继续自己的创新活动。

由于技术不稳定或成本太高等原因,设计师很少把最前沿的科技应用到上市的产品中,但他们会在实验室里测试各种新技术,为未来产品设计积累经验和技术资料。企业的产品更新换代和创新就是这样在长年累月的探索中产生的。我们将探索人工智能技术可能给盲杖设计带来的突破,但由于人工智能的程序框架和运算量十分庞大,在目前的图形化编程平台上仍需要将硬件与电脑相连,不能实现在离线条件下的人脸识别。因此我们只能完成"实验室阶段"的"原型"设计。

(略去人工智能人脸识别原理、技术应用等介绍内容。)

2. 实践活动

（1）编程

本课时基于图形化编程软件 KittenBlock 编写,但类似的功能可以用 Mixly 等其他基于 Scratch 的图形化编程、且带有人工智能编程功能的软件实现。

（略去图形编程界面与人工智能人脸识别等内容的教学。）

（2）检验

小组合作,设计几个盲人与熟人相遇的场景,一人扮演盲人,一人监控电脑,其余人扮演"熟人"。测试"新技术"在实际场景中的效果和缺陷。

活动任务单

识别熟人功能的实用性检验

使用场景	是否可以识别	不能识别的原因可能是什么?
"熟人"站在眼前		
"熟人"快速行走通过		
多人同时出现		
光线昏暗下		

小组讨论

如果真要设计能识别熟人的盲杖,还需要解决哪些方面的问题,把讨论结果列在下面:

_____

_____

全组畅想

如果解决了人脸识别问题的所有技术难题,还可以给盲杖增加什么实用又好玩的功能呢?

_____

_____

_____

---

3. 第6课时课程设计说明

本课时进行了第三轮创意设计。和第一、二轮不同的是,本轮设计运用了仍然不太成熟的人工智能技术,因此这个阶段的设计属于在实验室里对技术的可行性进行探索。在

"实验室阶段"的产品不能真正投入使用,允许存在一些缺陷和问题,这在真实产品设计开发中也十分常见。通过三轮创意设计、实验测试、反思改进,盲杖的设计已趋于完善,基本达到了"实用"的阶段。

(七)第7课时——产品发布会

(本课内容和本章内容相关性较弱,此处略。)

(八)第8课时——项目的总体回顾总结

1. 情境导入

(略)

2. 实践活动

(1)小组讨论,回顾设计过程

活动任务单

环节	我的收获
体验盲人生活和外出时的困难	
前期调研(收集现有产品信息)	
确定设计目标	
解决技术问题	
(其他环节略)	

除了在完成设计任务过程中的收获,也要记录其他方面的经验和教训。可以从以下几个方面进行回顾。

- 解决实际问题的技巧。
- 运用不同学科知识的心得。
- 自学、查找信息的技巧。
- 取长补短、互相协作对解决问题的帮助。
- 本组在实践中值得发扬的方面。
- 本组需要改进的方面。

……

（2）总结

通过这个阶段的学习,虽然我们只是浮光掠影地体验了从构思到推广的产品设计全过程,但是同学们在这个课程中所学到的技能、掌握的思维方法和感悟的道理在未来工作和生活中一定会再用到。解决实际问题既需要创新的思维,也需要严谨的方法;理性、科学固然必不可少,感性、情感沟通也同样重要。

3. 第8课时课程设计说明

本课时为项目的最后总结。学生在整个项目过程中,完成了三轮设计、两轮实验测试和一轮产品展示,拿出了有一定实用性的设计原型;实现了"解决问题"的训练过程,这是项目式学习的"明线"。同时,学生在项目中反复应用系统思想、创新技巧和表现力进行创新,并且在六大基础思维能力方面也反复得到训练,这是项目式学习的"暗线"。本节课引导学生总结"明线"和"暗线"两条学习路径的收获。

八、教师对学生项目的评价

项目式学习的过程性评价应该依据事实和数据,应避免主观性强、缺乏标准的评价。本项目的评价隐含在设计活动中,通过以下几种形式进行。

课时	学生行为	评价标准	评价方式
1	实践活动	是否能真正站在盲人角度思考,写出的体验是否比较贴近盲人感受	师评/互评
2	实践活动	制订的设计目标是否: • 符合总体设计目标; • 符合盲人需要; • 可实施	师评/互评/通过后续实验测试
3	实践活动	能否自主解决关于障碍物预警的三个技术问题/能否编出程序	实际效果
4	实验过程及报告	能否模拟出真实街道的障碍物;能否在实验中测出设计的实际效果	实际效果
5	实验过程及报告	改进后的设计是否比第一版效果更好	实际效果
6	实验过程及报告	对人脸识别技术应用效果的评价报告是否反映真实情况	实际效果
7	小组报告	总结是否反映真情实感、反映多方面收获	师评/互评

第六章 学习的六大基础思维能力

>>> 本书在研究设计思维课程的教育理念、教学目标、核心素养的同时,也一直在探索如何让设计思维课程在K-8的常规教育中发挥更大的作用。基于我们的理论研究和设计思维课程的大量实施经验,我们总结了普适于设计思维课程和所有学科的"学习的六大基础思维能力"。如果我们在设计思维课程中有意识地持续对学生进行这六大基础思维能力的训练,那么学生不但能增强创新性地解决实际问题的能力,还能提升总体学习能力,提升学科学习水平。

  我们在前述各章节分别从知识的跨学科本质、大脑工作原理、认知思维过程等多个角度论证了设计思维课程和所有学科课程有着一致的底层学习逻辑。本章第一节以国家颁布的各学科课标的教学目标为基础,从宏观角度分析所有课程(设计思维课程和学科课程)的逻辑一致性,第二节从具体教学内容角度分析学习的六大基础思维能力在各个学科中的实际应用。

第一节

中小学学科教学目标和核心素养分析

目前我国义务教育阶段有十几门课程,每门课程涉及的知识与技能、使用的教学方法有着很大的不同。但是如果我们退后一步,站在更宏观的角度研究这些学科的教学目标,会发现什么呢?

一、义务教育阶段课程标准所规定的教学目标的共同点

我们把国家义务教育阶段主要学科课程标准的教学总目标和分领域目标放到一起进行研究(见附录二),可以看出除了学科特色的知识和技能领域外,其他领域的目标有着高度的一致性。

第一,所有学科的教学目标都强调感知、观察和探究的过程。但是不同学科使用的技能、方法各自有其专业特色。美术学科的感知、观察和探究是通过线条、形状、色彩、光影、空间、明暗、肌理进行的;科学的感知、观察和探究则是通过分析、综合、比较、分类、抽象、概括、推理、类比等开展的。设计思维也同样强调感知、观察和探究,但除了"移情"这种"感受别人的感受"的特殊思维方式,总是借助其他学科的技能和方法,体现了设计思维课程训练学生跨学科综合运用知识的特征。

第二,所有学科的教学目标都强调应用本学科知识和技能进行社会实践和解决实际问题。这是"学以致用"思想的体现,以反映一个学科存在的意义和对社会的真实价值。然而现实中可以纯粹由一个学科的知识就能解决的问题少之又少。更多的时候我们遇到的是设计思维课程所定义的这种问题:始于生活,终于满足人的需求,中间夹杂着各个学

科的知识和大量的生活经验。因此设计思维是各学科真正实现其"解决实际问题"教学目标的黏合剂和催化剂。

第三,所有学科的教学目标都鼓励创新。这再一次印证了解决实际问题和创新之间密不可分的关系。然而我们也注意到,在鼓励创新的同时,大多数学科并没有指出明确的创新方法。这是由于学科教育更偏重建立知识体系,而不是为了创新。相比之下,创新是设计思维与生俱来的基因之一。以设计思维课程为载体,我们可以实现各个学科的创新目标。

第四,大部分学科目标都强调培养学生的好奇心和表达分享能力。大部分学科目标也鼓励学生关注社会,关注自然和环境。所有学科都包含了人文情怀。不用说语文、美术等传统意义上的"文科",即使是经常被人误解为"只和冰冷的数字打交道"的数学学科,也要求教学能引导学生在解决问题的过程中"学会与他人合作交流,初步形成评价和反思的意识"。哪怕是一般人认为"和情感无关"的物理学科,其学科的目标中也有"帮助学生领略自然界的美妙与和谐,对大自然有亲近、热爱的情感"这一条。这和设计思维课程帮助学生理解别人的需求和情感、解决人和社会的问题的目标殊途同归。

二、对高中阶段学科核心素养的观察

把高中各学科课标所定义的学科核心素养(见附录三)进行比较,也能得出很多有趣的结论。

所有学科的核心素养都淡化具体的知识点和技能,而把学生通过学习建立情感态度价值观放在第一位;强调综合的认知能力、评价能力和创新能力,强调高阶思维能力的培养;强调从自己的学科专业视角分析、理解世界与社会。"理解"一词高频率地出现在各学科素养中,有的直接使用了"理解"一词,有的则以"解释""表达""推理""建模"等词语的形式出现;无论是文科还是理科,都强调"责任"——把所学知识应用到现实生活中去。即使没有直接使用"责任"一词,也以诸如"传承""情怀""参与"等词语替代,表明学习的目的最终指向人、社会、自然之间的和谐相处;强调"创新",在各学科中以诸如"创意""创新""创造""探究""实践"等词语形式出现。

把高中学段的学科核心素养和义务教育阶段的教学目标摆在一起,我们可以发现:设计思维课程和从小学到高中的所有学科在教学目标上总体一致,每个学科都是中小学教育体系中的组成部分,它们互相依存,形成了具有不同功能的多层次知识结构,培养学生从各个维度感知、观察、探索自然界和人类社会的好奇心和实际能力,引导学生积极参与实践、创新和解决实际问题,让学生最终成长为有能力、有责任感的社会栋梁。

第 二 节

学习的六大基础思维能力在各学科中的应用

本节逐一论述学习的六大基础思维能力在设计思维课程学习和各个学科学习中的应用案例。我们选取尽可能多的案例以进行论证。枚举法虽然具体、易懂,但并不能穷尽所有情况。我们鼓励读者根据自己的经验在更广泛的领域内进行探究,以丰富完善本书的观点。

本节的每一部分论述一种学习的基础思维能力,其中包括以下内容。
- 该基础思维能力的定义,这个定义不追求理论上的周延性,但尽量做到好懂、易记,以便一线教师能真正用到课堂实践中;
- (教师)如何从学生的行为表现中观察到该思维的特征;
- 在设计思维课程中用到此基础思维能力的环节;
- 其他辅助说明;
- 对该思维能力进行更多的说明;
- 在不同学科中的应用举例。

一、移情

- 定义

能够设身处地地体会他人感受、情绪、需要的能力。

- 可见的思维和行为特征

①思考时需要"跳出自己的头脑",然后"穿越"到别人的视角,体会这个人的感受、情绪、需要,或者"穿越"到另外一个时间或空间,体会自己在这个时间、空间中的感受。

②依据这个新的感受(而不是自己的固有感受)做出判断。

- 设计思维课程中需要运用此思维能力的环节

通过创设的情境理解问题、定义问题,是进行任何设计活动必不可少的步骤。

"移情"是一个在若干专业领域和日常生活里都会用到的词,为了避免意义混淆,我们在此先进行简单的词义辨析。在我们讨论的语境中,"移情"一词可以通俗地理解为"换位思考"。美国哲学教授、作家梅耶洛夫(Milton Mayeroff)在他的著作《论关爱》①(On Caring)中,把"移情"描述为"关爱一个人,必须能够了解他及他的世界,就好像我就是他,我要用他的眼看他的世界及他自身,不能把他看成'他物'而从外部审视,必须能与他同在他的世界里,进入他的世界,从内部去体认他的生活方式、目标与方向。"

"移情"经常被与"共情"混用,其实移情与共情有所不同。理解他人的感受并不表示与他人有相同的感受。例如我们在新闻中看到一个人受到不公正的对待,通过了解事情的来龙去脉,我们可以理解他的愤怒和焦虑,但这并不表示我们也同样地愤怒、焦虑。

设计时必须站在使用者而不是设计师本人的角度思考问题。因此"移情"是所有设计的开始。为了保证设计人员能够真正理解用户的感受和需求,有人专门开发了一个叫"移情图"的分析工具(图6-1),帮助设计团队认知分析用户到底需要什么。

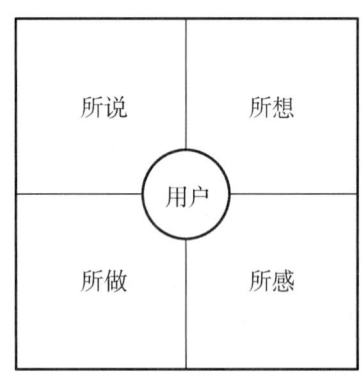

图6-1 为设计人员更好地理解用户需求而开发的"移情图"分析工具

移情是一种高阶思维能力,因为要做到对他人的处境感同身受,不仅需要丰富的个人生活经验,还必须暂时抛弃自己的主观视角,完全进入对方的主观视角进行感受。从心理难度上讲,站在自己的主观视角去感受外界是难度最低的,任何人都能做到。站在客观视角,不带任何偏见地感受外界相对较难,科学和数学就是专门研究站在客观视角分析看待事物和现象的。难度最大的是进入另外一个主观视角去感受。移情能力强的人可以跨越自我的情感世界,理解他人感受,因此他们表现得更加友善和体贴。这样的人在社会交往中更受欢迎。儿

---

① 梅耶洛夫的《论关爱》是一本出版于1971年、专门讨论"关怀"概念的书。在随后的几十年里,该书深刻地影响了教育、医疗护理等领域。

童在心理发展早期是以自我为中心进行思维的,而脱离父母的呵护进入学校,能使他们认识到,原来世界并非围绕他们而存在的——此时是培养移情能力的恰当时期。当然,我们不能抽象地说教,必须围绕具体事例进行逐步引导。设计思维课程就能起到这个作用。插页图6-1是一堂关于机场饮水机所用的纸杯的设计课(参见第二章教学设计"拯救机场口渴者")。教师对原教学设计进行了修改,先让学生按自己的喜好设计杯子,然后拿出来进行展示和"销售",让学生以乘机旅客、机场清洁工和机场管理者的身份去挑选他们认为最适合机场使用的纸杯,在这个过程中自然地引入了"移情"思维。

发展中小学生的移情思维能力有利于他们学好诸如语文、历史、道德与法制、政治、美术、艺术等需要理解他人情感的课程。

学习语文时的移情思维有两种应用场景:一是阅读理解课文时引导学生站在作者的角度"看"课文中描画的人物、景物,体会作者的情感;二是写作文时引导学生站在(自己作文的)"读者"角度理解自己的情感或观点。

以阅读理解李白的诗《望天门山》(天门中断楚江开,碧水东流至此回。两岸青山相对出,孤帆一片日边来。)为例。在实际教学中,很多教师把重点放在解释诗歌每个字的意思,然后带领学生有感情地反复朗读以达到背诵的目的,但学生心中,形成的认知很可能是这样的:"第一句,李白把天门山想象成一扇大门,被长江水冲开了……""第二句,李白说长江水在此处改变了方向……"。学生很难真正感受到大江奔涌向前的壮丽画面,甚至也看不出四句之间的逻辑关系。这也许就是为什么学生只能靠背诵——背诗文、背解释、背诗文鉴赏语——来得高分的原因。

如果学生有意识地把自己代入作者所处的场景,再来读这首诗会有什么感受呢?由于视角是从最低的江面向上仰视,两岸的群山变得更加高耸,给人屏障从天而降的感觉,这就很好理解为什么叫"天门"山了(见插页图6-2)。江水蜿蜒曲折,山峦重叠,从船上看去,"天门"就像是关着的,随着小船沿江前行,重叠的山峦分到了两边,就像"天门"被江水冲开了,可见江水奔涌向前,势不可挡的气势。如果学生还能想象自己听着隆隆作响的水声、随着波浪上下颠簸,就更能感受自然的雄浑伟力了。

怎样从作者的视角理解"两岸青山相对出"呢?想象自己站在图中的船头随江水向前,两边的高山给人的感觉是迎面而来。即使大部分人没有坐船穿过长江三峡的体验,但一般都曾坐过汽车在城市高楼大厦间的街道里穿行,或者坐汽车穿过隧道。学生把这样可类比的生活经历代入想象中,就能很好地理解诗人描绘的场景,感叹"出"字用得妙。同样,在写"孤帆一片日边来"时,诗人很可能看到的是在一段东西向的河道里傍晚时分的场景。长江水由西向东,如果是傍晚,船和太阳处于同一个方向,落霞映照绿水青山,一叶扁舟款款而来,诗人用七个字就描绘了一幅壮丽、秀美、动静相宜的诗意画面。因此,古人评价这首诗:"此天然图画境界,正难有此大手笔写成[①]。"

从"移情"的角度讲解此课,教师不仅容易组织素材,也有更大的发挥空间。教师可以在课堂上组织学生观看从船头拍摄的三峡记录片片段,观看在悬崖峭壁或巨大建筑物脚下仰拍的照片,让学生讲述自己坐车穿过隧道的视觉感受,把自己想象成李白,说一段话回忆自己乘船过天门山,等等。用这样的方式学习,学生基于自己的生活经验来体会古代诗人的情绪和感受,不仅很容易记忆诗句,而且能更深刻地理解诗歌的美感和律诗的艺术表达方式。当然,要做到这一切,关键是学生已经发展出了足够的"移情思维"能力。

再举一个历史学科的例子。"时空观念"是历史学科的核心素养之一。因为要理解历史事件的前因后果或要评判事件对后世的影响,站在"上帝"视角,以"先知先觉"的态度品头论足,对于学生是没有意义的,应该站在当事人所处历史时期和周遭环境(时空)的角度去看问题。例如,奴隶社会把人变成可以随意贩卖、驱使、杀戮的奴隶,是对生命和尊严的极大侵害,但为什么由原始社会过渡到奴隶社会是社会的进步呢?这需要回到当时社会的实际环境,从奴隶和奴隶主两个角色的切身利益出发进行理解。在原始社会,平均而言一个人生产的食物几乎只能养活自己。那么如果两个部族发生战争,胜利一方会怎样处理俘虏呢?最大的可能就是屠杀俘虏以祭祀本族的祖先或神明。而随着生产力的提高,一个人生产的食物不仅可以养活自己而且可以养活更多的人,此时战争中胜利的一方更愿意留下战俘从事生产劳动,增加本部族的财富,这对胜利者是有利的。作为失败者,虽然失去了人身自由,但生存机会增加了。由此学生不用背诵就能自然而然地得出两个结论:奴隶社会虽然很残酷,但是相对于原始社会是进步的;推动社会进步不靠人的美好意愿,也不靠明君圣主,而是靠生产力水平的提高。这个观点适用于观察、解释大量的历史事件,帮助他们通过自己的认知自觉形成唯物主义的观察、分析、评价历史的方法论。这样,"唯物历史观"的历史核心素养就慢慢形成了。

移情思维不只对语文和历史学习有帮助,对其他很多学科同样有帮助。例如,地理学科要求学生"能初步说明地形、气候等自然地理要素……对人类活动的影响;初步认识人口、经济和文化发展的区域差异""了解人类所面临的人口、资源、环境和发展等重大问题,初步认识环境与人类活动的相互关系"。还有高中地理的核心素养"人地协调观"、政治学科的"公共参与"和"法治意识",本质都是站在自身之外的某个角度观察、理解人类社会局部或整体的运行机制,因此也是以移情思维作为其学习的基础思维能力。

---

① 引自《唐诗笺注》

读者可以根据自己的专业背景和个人兴趣寻找"移情"思维在中小学其他学科教学中的应用实例。

二、分析理解

> • 定义
>
> 发现一组信息或事件之间的关系,并根据自己的需要和环境因素分清这些信息或事件的主次。
>
> • 可见的思维和行为特征
>
> ①需要通过思维活动找出信息(或事件)之间的关系和主次。"关系"包括但不限于因果、并列、从属、包含、制约、隐喻、象征等。"主次"包括但不限于关键、重要、不重要、有用、无用等。
>
> ②分析理解只是思维过程,不包括行动。
>
> • 设计思维课程中需要运用此思维能力的环节
>
> ①通过创设的情境理解问题,定义问题时。
>
> ②根据已经定义清楚的问题搜集信息、素材并进行分析、归纳、推理、预测等过程时。

分析理解"寻找信息之间的关联和主次"的定义听起来很像计算机依靠数学模型进行数据处理(例如通过大数据分析发现大众的消费习惯)。二者的本质区别是计算机的分析纯靠输入的信息以及由人指定的数学模型,而由人进行的分析理解不仅依靠目前感知的信息,还依靠自己在生活中形成的记忆和认知,即分析理解时大脑会发生皮亚杰所说的"顺应"和"同化"过程。人对从外界获取的信息进行拆分、归类、加工、重新组合(分析)之后,与自己原有的知识、经验进行整合(建构)而在大脑中生成出意义,这就是为什么读同一本《红楼梦》,"经学家看见《易》,道学家看见淫,才子看见缠绵,革命家看见排满,流言家看见宫闱秘事……"[①]分析理解有深浅之分,获取的信息与大脑中现有的知识与经验结合得越充分,发现的关系越丰富,生成出的意义和理解越丰富,分析理解则越深刻。

设计思维强调分析理解能力,因为所有设计活动都经过一个"拨开迷雾,发现本质"的过程。以零售业的营销策划为例:咨询公司帮助一家薯片品牌企业研究如何改进营销策

---

① 鲁迅《集外集拾遗补编》

略以提升薯片销量,这个问题不会白纸黑字地写在任何一份文件中[①]。咨询师首先要通过走访该公司所有相关部门来搜集信息,了解企业面临的问题。他们会遇到什么情况呢?销售部会拿出各种竞争品牌的价格和销售数据,证明自己的薯片价格太高、促销力度太小,并论断应该做更多促销和优惠活动,吸引消费者购买;而市场部会抱怨广告经费不够,他们认为应该请大牌明星做代言。这些信息听上去都很有道理,但又互相矛盾。事实上,由于销售部和市场部都只站在本部门利益的角度思考,因此他们提供的信息都包含一部分真相但又失之偏颇。这个场景其实是我们在解决具体问题时经常遇到的:堆积如山、杂乱无章的信息中有的有价值,有的无关紧要,还有的是误导。分析人员必须根据自己的专业知识和经验审视每一条信息,找到对销售影响最大的(分清主次)因果关系,这样就把有用的信息从"噪声"中分离了出来,拼接成线索,逐渐勾勒出事情的真相和背后的问题,找到关键信息之间的关系。

我们在第五章中分析了"散珠""珠串""金字塔"三种知识结构,在大脑搜索知识经验时的不同效率。我们希望学生能真正获得分析理解能力,能逐渐把自己在课堂和生活中获得的知识和经验由"散珠"联成"珠串",分门别类地进行搭建,最后搭成三维甚至多维的"金字塔"。这种能力在知识总量少、知识点关系简单的小学低年级难以显示其重要性,但是随着年级的提升,学习难度的加大,分析理解能力成为学生积累知识、构建自身认知思想体系的关键。每个图书馆都必须有一个快速有效的检索系统才能让读者从几千几万本藏书中迅速找到任何一本书。即使图书馆突然增加十万本新书,读者仍然能同样迅速地找到一本书。同样,建立了自己的学科"图书索引"的学生在回答问题时反应更敏捷、知识运用更熟练、学习新知识的效率更高。

很遗憾,即使到了初中甚至高中阶段,仍会有一部分学生不能做到这一点。在他们的脑海中,所有知识点都像旧书店里散乱堆放的书,虽然摆在一起,但是互无关联,找任何一本书都要把整个书店"淘"一遍。这不仅导致他们学习吃力,而且当遇到"老师没讲过"的题型时,难以迅速调集相关知识形成解题思路。更严重的是,学习新知识对他们来说是一种负担,每增加一个知识点,就像又往书架里塞了一本书,让整个书架的混乱度再增加一点,最后不得不用麻绳把书捆起来,权且作为粗放的"整理"了。

分析理解不仅可以帮助学生发现知识点之间丰富的联系,建立高效的知识结构,还可以帮助学生迅速攻克学习中的难点。不仅对所谓的"理科"(如科学、数学、物理、化学等)有效,对传统的"文科"类学科也同样有效。下面以初中道德与法治课为例说明分析理解

[①] 专门强调这个似乎显而易见的事实是为了和学校教育中作为习题或考试时提出的问题进行对比:绝大部分习题或考试题已经明确了问题,或给了足够清晰的暗示指明问题。

在学习中的作用。

初中道德与法治课要求学生"学会调控自己的情绪,能自我调节、自我控制"。这个学习任务是有一定挑战的,老子说"知人者智,自知者明。胜人者有力,自胜者强。"可见即使对成年人而言,了解自己、控制自己的情绪也不是一件容易的事。而初中学生仍处于自我认识的初级阶段,对于他们,要做到"自知""自胜"是有相当难度的。那么应该怎样达到这样的教学目的呢?

一种比较有效的教学方法是引导学生通过回忆自己在某些具体实例中的具体表现,站在旁观者的角度(也可以让同学和好朋友真正从第三者的角度)观察分析自己的情绪、行为习惯,找到规律性。例如,我通常在什么情况下比较亢奋?参加比赛时?好朋友聚会时?打游戏胜利时?我在亢奋时通常会做什么?是放声大笑还是手舞足蹈?是完全像换了一个人似的还是仍然保持克制?我的这些行为是增进了和同学朋友的友谊还是导致别人的反感?等等。同样可以分析自己在听人"唠叨"时的心理感受和行为表现,与别人发生矛盾冲突的心理感受和行为表现等。学生可以把自己出现同一类情绪的不同场景归纳起来,把当时的自己当作一个"他/她"进行客观地审视:"他/她"在这种情况下一般是什么表情,会做出什么举动,对其他人产生什么影响,哪些影响是有益的,哪些是有害的,等等。在这样的活动中,学生跳出自己的身体,去掉琐碎细节的干扰,找到自己的性格、情绪的主要特点,这就是分析的过程;从自己的性格、情绪主要特点中勾勒出"我"的画像,加深对自己的认识,这就是理解的过程。

再举一个美术课的例子。在一般人眼里,美术就是写写画画,涂涂抹抹,没有逻辑可言。但这种说法会立即遭到美术专业教师的驳斥。美术既是艺术也是科学。"透视"原理和光学相关,也可以用数学的几何关系表示。素描中的亮面(受光面)、灰面(侧光面)、暗面(背光面)和光源位置、反射光的强弱等有直接的关系。有经验的教师可以一眼看出初学者画的高光、投影、明暗交界线是否错误。即使是更随意、自由的漫画,比如画一个"火柴人"在跑步或走路,也必须分析理解,人体四肢的协调、重心位置在不同姿态下的关系(图6-2)。在教孩子画一座简单的房子时,帮助孩子分析理解房子外观可见的要素、结构,花草根茎叶的形状、姿态、颜色,也可以让他们画出更丰富多彩、生动的细节。而没能得到这类指点的孩子,总是千篇一律地重复"自己眼中的"房子和花。

推荐有兴趣的读者研读语文、地理、品德与社会等课标(总目标、分目标和学段目标)以及教材,找到更多和分析理解能力相关的例子。这些告诉我们,即使是看起来非常感性的课程内容,分析理解的思维能力也是至关重要的。

图6-2 人在运动时骨骼、肌肉、重心等信息也会从肢体动作中透露出来。即使要画个最简单的火柴人,也要理解这些关系才能画得"像"

三、创造性决策

- 定义

能根据需要和目标权衡不同可行方案之间的利弊、优劣,做出最有利的选择。

- 可见的思维和行为特征

①有相对明确的目标(或需要)和合理的制约条件。

②必须有多种可行方案,且选择不同方案会导致不同结果。

③选择的难度越大则对"创造性"思维的挑战越大。

- 设计思维课程中需要运用此思维能力的环节

①设计环节。

②交流讨论、评价、改善提升环节。

一般认为,"创造性"是指独特且有实际价值。"独特"既可以是"前无古人"的,也可以是局限在当事人知识、能力范围之内的;而"有实际价值"则是指这个独特想法必须对解决实际问题有真正帮助。"决策"是指在多个可选方案里决定选用哪一个方案。

由于学生尚处于理性思维萌芽、认知能力发展阶段,中小学阶段的创造性决策思维训练中对"创造性"的要求可以适当降低。我们应该首先引导学生开阔思路,再引导他们提升思路的独创性,找到最好的方案。

在日常教学中,我们经常满足于找到一个正确的答案。而事实上现实世界中很少存在"正确"的方案,通常是存在很多相互竞争、看起来都很不错的方案,或者每个方案都有问题。如果我们不注意训练学生在多个方案中做选择的能力，那么一旦离开教师或权威，学生心目中"正确"的世界就消失了，这会让他们无所适从，失去行动的自信。事实上，决策的难度取决于影响决策因素的多少和判断标准是否明确。电视选秀节目里评委要对选手做"二选一"时，时常表现得非常为难。这是因为评委要考虑选手的舞台表现、专业技能、观众意愿以及很多其他更复杂、微妙的因素，而评委经常没有明确的判断标准。这些都造成了决策困难。训练学生"创造性决策"的目的之一，就是帮助学生自己找到或明确自己做判断的标准。

很多人误以为中小学生没有太多需要做决策的机会，学习"决策"对于孩子来说是"屠龙之技"。事实上，决策不仅发生在我们成年人的每一天甚至每一时刻，也发生在孩子的每一天之中：出门前是梳一下头发还是马马虎虎算了？爸爸错怪我了，我要不要告诉他我的作业真不是抄的？我是趁妈妈不在多玩一会儿游戏还是先把作业做完？我们每个人的人生就像由无数个需要小决策的十字路口组成的旅程，在每个十字路口做出正确的选择，会把我们引向更美好、幸福的未来。无数个看起来微不足道但相对不够优良的决策，可能会把我们引导到一个令人追悔莫及的人生境地。

英语学习对很多孩子来说，词汇、语法、口语、阅读，看哪项都是弱项，到底应该从哪里开始提升英语成绩呢？教师可以帮助学生对自己的表现和可获得的资源逐一进行评估（最好也用上分析理解的思维技巧），权衡利弊，找出提升英语成绩的切入点，或者列出优先级，逐一攻破。虽然，我们不能保证这样的决策一定有效，因为影响成绩的因素是复杂的，但是，这样做决策比完全随波逐流有更高的成功率。如果连续几次决策失败，可能意味着英语学习的难点根本不在原来的选项中，有必要找找其他原因。引导孩子有意识地做决策，能训练他们更理性化、定量化的决策习惯，即使在提升英语成绩这件事上失败了，养成好的决策习惯也会帮助他们在漫长的人生道路中做出更多正确的决策。

把提升英语成绩的例子扩展到学生的日常自我管理、学习计划安排等更广泛的领域，创造性决策的思维能力可以帮助学生更全面地成长，更积极主动地学习。

四、物化

- 定义

把自己的思想和对事物的理解变成可被外界感知的形式。

- 可见的思维和行为特征

①物化前应已经具备"思想"（想象、观点、认识等）。

②成果为可被外界感知的"物",包括但不限于一段文字、一幅画、一个模型、一首歌、一场活动、一个行动等。

③"物"和"思想"应该有一定的对应关系,否则物化就是失败的。

- 设计思维课程中需要运用此思维能力的环节

①主要出现在制作设计作品时。

②把自己的思想绘制成草图,用于整理思路、与人分享交流也属于物化。

"物化"在哲学、社会学、政治经济学等领域都有不同的含义。在本书的语境下,物化首先是把自己的想法变成实物的过程。但是设计的最终成品不一定是实物,也可以是一个教学设计,或一个企业的发展战略,因此在设计思维教育中我们把物化的意义扩展到所有"可以被外界感知"的形式。

和前述几项思维能力相比,物化最大的特点是和实际物质世界的联系。移情、分析理解、创造性决策的全部或绝大部分都发生于大脑中,而物化则是把大脑中的想法在物质世界中表达出来。这里可能涉及绘制草图、制作加工(或者完成一个手工制作)等表达,也可能涉及用色彩、线条、漫画、音乐、舞蹈的表达,也可以是一篇作文,一个活动计划的表达。表达是一种高度综合的思维过程。

物化过程的最大难点是理想(大脑中形成的设计方案)和现实(最终实现的成品)之间总存在很大差距。原因在于把一个想法物化成实物需要经过复杂的过程,这个过程中的每一步都需要不同的知识和应用技巧,而每一步都可能存在信息流失或表达偏差,我们可以将其称为物化效果的逐级衰减现象(图6-3)。下面我们以一个简单的例子加以说明。

张老师生活在一个常年阴雨的城市中,这让他经常怀念青少年时代阳光灿烂的家乡,他想让周围的朋友也感受到自己记忆中的家乡。这就是一个把思想物化成实体的过程。第一步,张老师要设计一个最能表达他自己感受的场景,例如一条洒满清晨朝阳的小路或飘着一朵淡淡白云的湛蓝天空——这两个场景都能代表张老师的一部分感受,但都不能代表全部,因此无论张老师选择哪一种都会和自己的感受有一定的偏差。第二步,假定张老师选择了后者(蓝天白云),他应该选择什么方式表达这个画面?拍照还是绘画?显然拍照能保有更高的真实性,但是张老师无法回到过去的家乡,因此他只好退而求其次去绘画——这又会损失一部分信息。第三步,受颜料、画布、画笔和张老师技巧的限制,他的绘画很难表现出天空高远的视觉效果。即使以上每一步都完美地物化了张老师的想象,当他把一幅描绘家乡阳光灿烂的天空的图画呈现到观众眼前时,如果没有考虑展出场地的问题,画图尺寸太小,观众离得太远看不清,观众就无法感受到图画的效果。即使部分观众近距离欣赏了画作,但是他们也可能并没有被这幅画作打动,因为他们并不觉得晴朗的天空和他们的生活有什么关系……

图6-4是一个物化表达逐级衰减模型,这一模型描述了物化过程中必须经历的六个

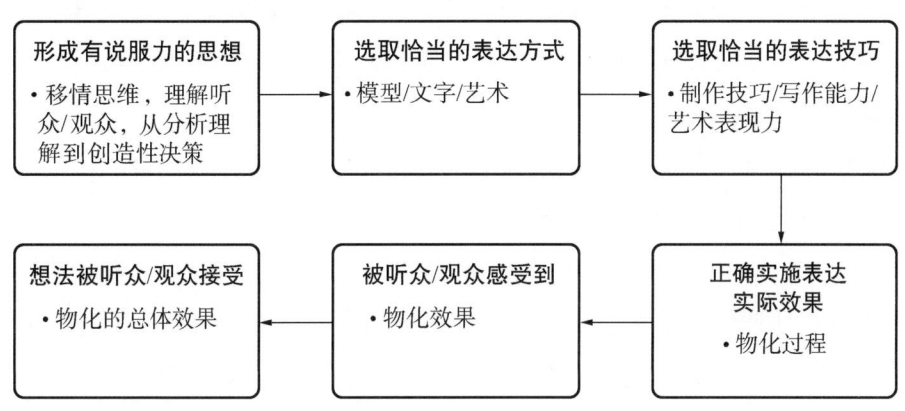

图6-3 物化过程的效果逐级衰减模型

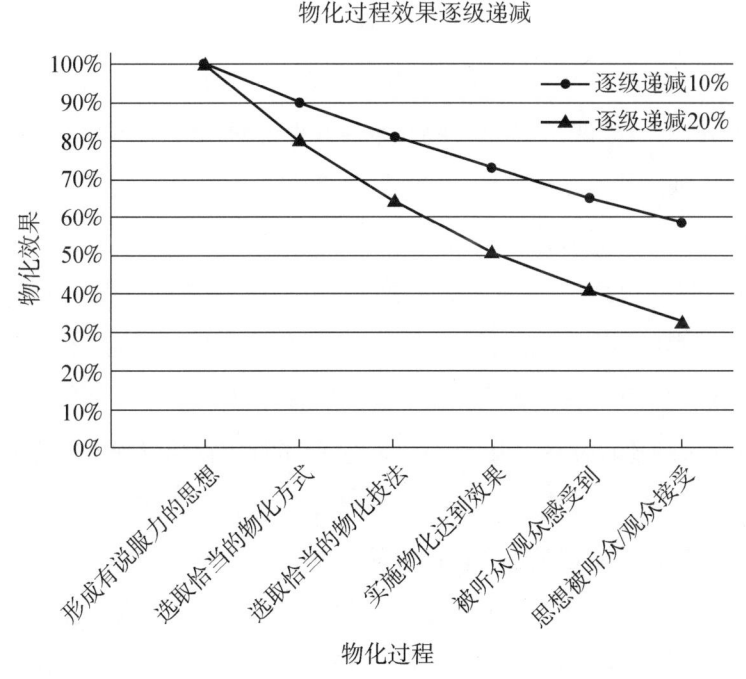

图6-4 物化过程中每一步哪怕只有10%—20%的信息损失,最终效果都会折半甚至只剩三分之一

步骤。图6-4的两条曲线分别显示在每一步都只有10%和20%的信息损失时（每一步的实际效果能达到理想效果的80%—90%），经过六个步骤的层层损耗，最终效果（思想被观众/听众接受）只有理想效果的30%—60%。这个模型告诉我们，要想实现好的物化效果，需要解决很多问题，涉及大量思维活动、专业技能，还需要足够的生活经验、执行能力，甚至敢于尝试、犯错的勇气和胆量，等等。这个模型解释了为什么我们总觉得做成一件事非常难。事实上，物化失败的概率远大于成功。成功需要不断打磨各个环节，直到所有技能和思维都几乎完美配合。

教师经常观察到学生动手能力差，做出来的模型实物非常难看或者根本做不出实物，家长也经常觉得孩子笨手笨脚，明明已经教了好几遍了，但洗碗就是洗不干净，扫地不是碰倒了花瓶就是磕坏了桌子。其背后的原理是相同的：把愿望（思想）变成现实需要多重认知能力、肌肉协调和行动能力。少年儿童所表现出来的笨拙是这些能力尚未充分发展的结果。如果此时教师或家长忍不住指责或者伸手越俎代庖，这会在孩子心里植入"失败不好"的潜意识，导致害怕失败，不敢尝试，最后更加依赖教师和家长给"标准答案"或者行为上总选择"随大流"的安全策略，最终失去了锻炼成长的机会。正确的做法是耐心指引，多次示范，鼓励尝试，使他们的大脑有机会发展出相应的思维机制和操作技能。也许在开始阶段我们看到孩子的失败远多于成功，但每一次失败都在为他们通向成功打造垫脚石。

中小学几乎所有课程都致力于培养学生某一方面的物化能力。只是不同学科具有完全不同的物化方式。劳技课、美术课的物化是最好理解的，信息技术课学习使用绘图软件画画、建立一个卡通人物的几何模型、用3D打印机打印出来，也是很好理解的物化。

英语课上设计一个活动，让学生用英语表述怎样做巧克力冰激凌也是物化（设计思维课堂实例见插页图6-3），因为英语不是母语，做巧克力冰激凌的过程中涉及大量生词，还要组织字词句、注意口语发音、进行现场表演。仅仅把这件用汉语能轻松做到的事换成英语，学生就必须经历物化效果逐级递减模型中的所有过程。

数学的物化表达比较抽象。其实，"定量化"就是数学物化过程中的重要一步。自然界中并不存在一个叫"数"的物体。把实物变成数字是纯粹的智力活动，而不是人的本能。此外，事物之间的关系都是隐含在自然现象中的，人们在观察分苹果、分土地、分牲畜的过程后，得出结论："如果两个人要平分任意数量的任何物体，只需要把物体的数量除以2"。我们把自然现象抽象成可以普遍使用的数学关系的过程，称为数学建模。当数字之间的关系变得更复杂时，我们可以使用图表让数字可视化，这就把不易察觉的自然现象变得一目了然了（图6-5）。让学生学会计算（对应核心素养"数学运算"）是数学教育中最基本的目标,而更高的目标是教会学生把观察到的自然现象抽象成数字和数字之间的关系进行想象、逻辑推理和分析(图6-6、图6-7)。其中和物化最相关的核心素养是"直观想象""数学建模"等。

理解了数学的物化方法我们就不难理解物理、化学、地理、生物中的物化。这些学科比数学更"具象",因此会涉及很多实物模型,例如物理的单摆,化学的分子结构,地理的山

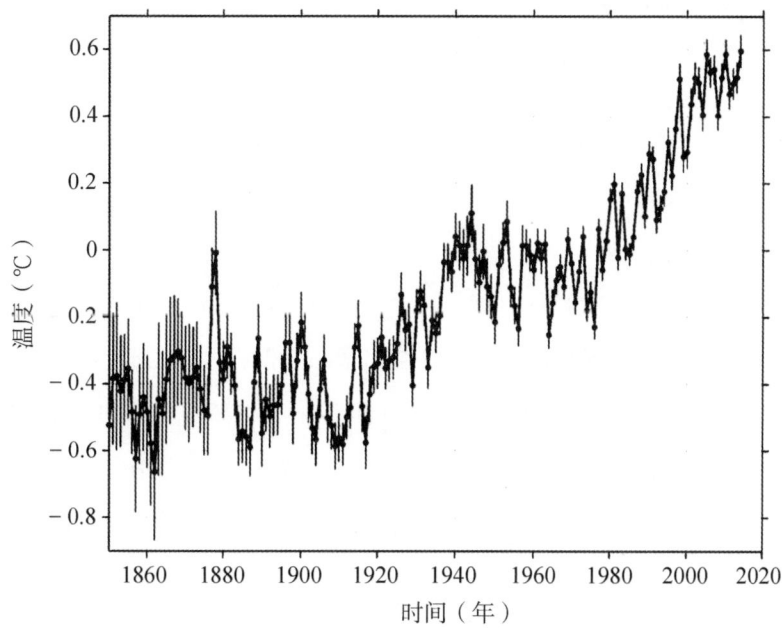

图6-5　全球变暖的趋势只有通过大量历史统计数据才能明显地看出来,相对1961年到1990年的平均气温,全球平均气温已出现异常。

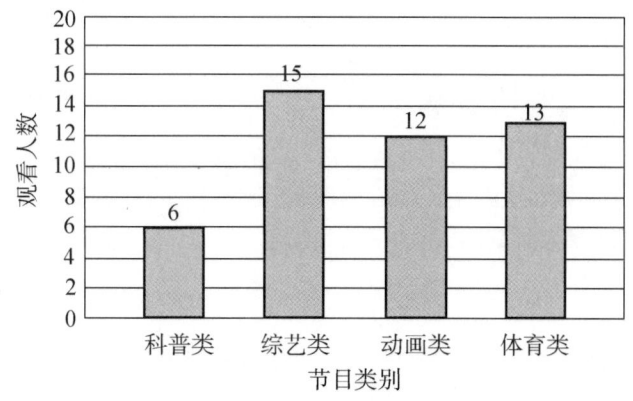

图6-6　"全班最喜爱的电视节目"是一个肉眼看不到但客观存在的现象,调查统计表是用数学方法对这个现象的物化,从统计图中你可以得到哪些信息?

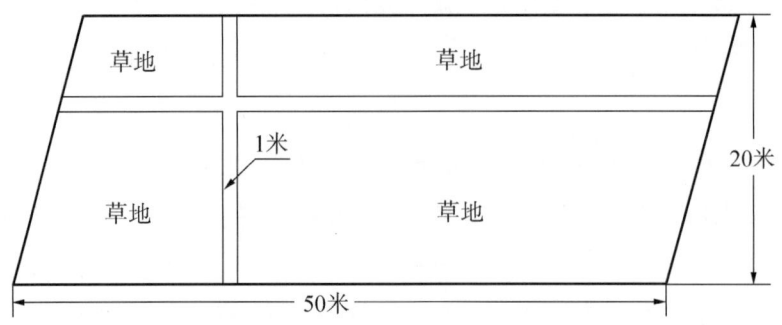

一块平行四边形草地中有两条宽1米的小路,如图所示,你能求出草地面积吗?

图6-7 画一张草图,可以把抽象的数学关系物化出来

川、河流模型,生物的标本等。

表达思想只是物化重要性的一小部分,人类改造自然,创造人工的物质世界的最主要手段也是物化。小到原始人用动物的骨头打磨出来的一根骨针,大到埃及金字塔、万里长城、千万人口的城市,以及代表人类科技之巅的大规模集成电路芯片、量子计算机和已经飞到太阳系边缘地带的宇宙探测器,它们都是人类把思想物化成物质实体的结果。

在科学课标的技术与工程领域部分,几乎每一条都围绕着建立学生的物化意识、培养学生的物化能力展开。

五、问题解决

- 定义

为了克服现实与愿望之间的差别(问题)而进行的一系列行动(解决)。

- 可见的思维和行为特征

①问题解决的一般过程包括以下四个步骤(不同的研究可以有其他划分解决问题的步骤,但本质相同)。

步骤一:定义问题(定义需求),指把现状与期望之间数量众多、模糊抽象的差别归纳为一个或几个明确的、可以实现的目标;

步骤二:设计方案,指找到实施方案的过程,可以包含很多步骤,使用很多方法;

步骤三:计划实施,指按照设计采取行动并获得结果的过程;

步骤四:改进提升,指通过评价步骤。

如果步骤三的结果与期望值差距过大,则应反思存在的问题,返回步骤一、

二、三再次操作,以获得更好的结果。

②问题解决的过程必须既有思维又有行为。

• 设计思维课程中需要运用此思维能力的环节

发生在设计思维的全过程中。所有思考、行动的目的都服务于"问题解决"。

我们在第三章给出了"问题"的一般性定义。所谓"问题"是指人的"期望"和人所处"现状"之间的差别。例如我的现状是饥饿,我的期望是不再感觉饿,这二者之间的差别就是一个需要解决的问题。人类的现状是温室气体排放过多,导致全球气候变暖;我们的期望是减少温室气体排放。这二者之间的差别也是一个问题。

小学生最熟悉的"问题解决"大概是解数学题。但是解数学练习题和真实环境中的问题解决存在一个明显的差别:中小学阶段的绝大多数数学题已经给出了明确的已知条件和解题目标,甚至提示了解题思路。然而在真实环境中的问题却连条件、思路甚至目标都是不清晰的。例如一岁的妹妹在哭,十岁的小华怎么让她不哭呢?妹妹为什么哭?不明确。该用什么方法哄?不知道。甚至,小华本身也是个孩子,他是否有义务去哄妹妹呢?因此小华该不该去解决这个问题也是个问号。往更深层次思考,我们甚至可以质疑数学题是否算一个真正的问题。因为中小学阶段遇到的绝大多数数学题都已经有了答案,因此并不真正存在"现状"和"期望"之间的差别。然而"妹妹一直在哭"让小华非常焦虑却是实实在在的问题。

以上例子反映了现实生活中的问题和学科教育问题之间的差别。所谓"应试教育",就是只教学生如何解卷子上的"试题",而不教学生解生活中的"问题"。

在中小学课标中,所有学科都把问题解决作为主要教学目标之一,有兴趣的读者可以自行研究各学科目标中对"解决问题"的不同要求。

设计思维的教育概括了一个普适性的解决问题流程,即从了解用户的真实需求开始,逐步把模糊的问题定义清楚,经过设计、计划、行动等步骤产生一个解决方案,然后还要经过多次实验验证、改进完善,最后才能解决问题。在第一章中我们提到d.school把解决问题的过程简化为移情、定义问题、设计、制作原型和测试,形成设计思维的一个问题解决模型。实际上这个步骤并非d.school凭空臆想出来,而是概括了无数前人在科学研究、技术开发、工程施工以及企业管理、运营等诸多领域的实际经验。在义务教育的科学课程标准中专门设置了"科学探究"教学目标,把解决问题的步骤划分为"提出问题—做出假设—制订计划—搜集证据—处理信息—得出结论—表达交流—反思评价"。这是从科学探究的角度对问题解决提出的普适性流程。我们把d.school的五步流程进一步简化为四步(把移情和定义问题合二为一,把制作原型扩展为计划实施),目的是在保留问题解决的关键要素的前提下进一步适应一线教师的课堂实际情况,降低实施难度。

　　培养中小学生的解决问题的思维能力是锻炼学生综合素质的有效途径之一。首先在"解决问题"的大概念下,所有的知识与观念、技能与方法、情感态度价值观都得到了综合运用。仍以上面妹妹哭的事件为例:十岁的小华有哄妹妹的义务吗?有,因为家庭成员有共同维护家庭和谐、健康的义务。父母抚养子女是义务,子女帮助父母做力所能及的家务(如哄妹妹)也是义务。妹妹哭是什么原因?要从观察妹妹的表现开始,了解妹妹可能的需求(定义问题)。需求大致清楚后,可以对症下药并找家里现有的工具,如摔疼了扶起来,饿了找吃的,没人陪就一起玩儿,等等。问题真的解决了吗?要检验是否真正止住了妹妹的哭闹——如果没有止住,还要继续想别的办法。我们看似在教孩子处理一个平淡无奇的小事,但实际上是给孩子种下了一粒怎样解决问题的思想种子。这种润物细无声的方法,远比简单说教、开班会、在墙上挂格言更能培养孩子的素质。

六、逻辑论证

- 定义

为了说服别人接受自己的观点而进行的有理有据的表达。

- 可见的思维和行为特征

①表达的目的是让别人接受自己的观点、想法、请求。

②表达的方式是依据事实和公理(指被普遍接受的观念、规则、科学原理、数学定理等),有逻辑地说理。

③逻辑论证既包含思维也包含行为。

注意:

当需要逻辑论证的主题比较复杂时,除了纯粹的逻辑,把自己的说理过程变得"结构化"(有条理、层次、线索明确)也可归入"逻辑论证"。

用情感打动、宣示权威、价值交换等方法也可以说服别人接受自己的观点(或想法、请求等),但不属于逻辑论证。

- 设计思维课程中需要运用此思维能力的环节

主要出现在定义问题、分析理解和交流讨论、回顾反思环节。

首先，逻辑论证是必须以说服别人接受自己的观点为目的。因此，如果仅仅是为了表达自己的观点、情绪或描述一个事件，都不能叫"逻辑论证"。其次，说服别人的方法是诉诸理性而不是诉诸情绪、人格或某种优越感。我们可以通过让人产生亲近、同情、尊敬、惧怕或其他情绪来让他们接受观点；可以通过让别人觉得自己具有值得信任或其他人格特质来说服他们接受观点；甚至还可以通过表明自己的地位优越（如长辈对晚辈、上级对下级），道德优越（如我的目的比你高尚），或其他优越（如人数优越、地域优越、出身优越等）来强迫对方接受我们的观点。这些都不属于"以理服人"。

说理的逻辑顺序一定是从可靠的依据和证据出发。最可靠的依据是事实、科学原理、数学定律以及国家颁布的法律、法令、法规等。约定俗成的道德规范、公序良俗生活常识等是有强大说服力的依据。具体到设计思维课程中，用户的需求、评价标准等也是可靠的依据。如果以自己的主观推断、臆想、虚假论据作为得出结论的依据，那么就不是"逻辑论证"。

即使有可靠的依据，但如果缺乏可靠的逻辑推理，我们也不能保证得出有说服力的结论。例如，每天公鸡打鸣和太阳就出来了，这是事实。但是如果无法证明二者存在因果关系，我们就不能得出太阳是由于公鸡打鸣才出来的结论。同样，有"好多"同学喜欢我的设计作品，这可以是事实，但如果没有统计数据表明我的作品得票最高，就不能说我的设计作品是最优秀的。

逻辑论证和分析理解是两种相辅相成的思维能力。只有分析理解清楚了所有的材料和结论才能进行充分的逻辑论证。我们经常也是在逻辑论证的过程中才发现原来自己的理解过于粗略，观点不够严谨，无法进行更深入的分析。费曼教学法认为，掌握知识的有效方法是把知识讲给别人听。

在所有讨论、交流方法中，逻辑论证是发现问题、找到最佳方案效率最高、结论最可靠的方法。科学、技术、工程与数学领域的绝大多数专业讨论、交流都属于逻辑论证的方式，因此对学生逻辑论证能力的要求是小学—初中—高中—大学—研究生逐级提升。我们可以把学生的逻辑论证能力看成其总体学业水平的一个过程性指标。通过观察一个学生在上课回答问题，日常学业交流，书面回答论述题、简答题的表述等情况，可以对其总体学业水平做出快速而相对可靠的评价。反过来，培养学生习惯于用逻辑论证的方式表达自己的思想观点、对别人的思想观点进行评价也能促进其逻辑思维习惯和分析理解能力的提升，促进其各方面学业水平的进步。

并非只有数学以及和数学关系密切的科学、物理、化学、生物、地理、信息技术[①]需要训

[①] 其实物理、化学、生物、地理都是科学的分支，信息技术属于计算机科学的分支，其工程技术的属性更明显。

练逻辑论证能力,语文、英语、历史、道德与法治等学科也需要。

语文的逻辑论证在议论文写作和见解阐述类题型中体现得最为明显。在语文试题中,通常会给一段阅读文章或者两种相互对立的观点,要求学生给出自己的看法。如果我们局限于教学生记住几个答题套路、几种写作顺序和格式,学生的考试成绩的确会提高,但是考试过后这些"考试攻略"就弃之脑后。花费了大量时间应付考试,而真正的思维能力却提升有限。其实论证观点、陈述理由的题目关键是"逻辑自洽""自圆其说"。如果从小持续培养学生的逻辑论证习惯,花费的总时间不会更多,但都用在了促进大脑逻辑思维发育的刀刃上,让学生终身受益。

英语的作文也是如此。英语的语法具有较强的逻辑性,主谓宾、定状补、主句从句、单复数、主格宾格、时态语气等,格式和关联都比较明确。英文写作的要求也和中文写作略有不同。同样,以其让学生背"英文写作高分秘诀",远不如训练学生逻辑论证的思维方式和写作习惯。因为按照逻辑论证的要求写出一篇观点明确,结构清晰,句与句之间关联性强,并且语法使用准确的文章,不管是什么题目,甚至不管是什么语言,都一定是高分作文。

小学道德与法治课引导学生建立家庭责任感,与父母建立平等、友爱的和谐关系。如果缺乏对背后逻辑的理解,学生很难真正在头脑中建立起自己与家庭责任、参与家庭事务(如对重大家庭事务发表意见,调停家庭小分歧)三者之间的联系。更有说服力的教学方法是从血缘亲情、文化传统入手,让学生理解父母与子女的关系,再依据婚姻法的条款"父母对子女有抚养教育的义务,子女对父母有赡养扶助的义务"让说理变得更有说服力。学生从自己的生活经验和切身利益延伸拓展到社会道德和法律义务层面,建立对家庭关系多层次、维度的认识,有助于学生更积极正面地看待自己和父母的关系,更自觉自愿地参与家庭事务,真正起到教育和素质培养的目的。

设计思维课程的教学中大量使用逻辑论证,每一次课堂讨论、每一次小组交流设计方案,每一次作品展示和自评互评都是逻辑论证的训练(设计思维课堂实例见插页图6-4)。缺乏逻辑论证能力的学生发言时经常有观点但缺乏依据;或没有推理过程,或颠三倒四、主次不分。他们在其他学科考试中会犯同样的毛病,例如简答题、论述题不善于用完整连贯的句子和段落,更喜欢用短语、字、词表达,或语焉不详、丢三落四。教师应抓住机会观察学生在发言中的表现,利用评价及时纠正其缺乏逻辑的表述方式和不充分的说理过程,表扬鼓励其逻辑论证中的闪光点。当学生把逻辑论证变成一种习惯,他们的思维方式就会向逻辑清晰、结构层次分明的方向发展。

第 三 节

教学设计案例——小小设计师

本教学案例展示如何在一堂典型的科学课中运用设计思维课程的基本理念,如以解决实际问题为导向,跨学科综合运用知识、鼓励创新,同时达到训练基础思维能力的目的。本案例由北京朝阳芳草地国际学校丽泽分校曹燕老师提供。

一、教学基本信息

课题:小小设计师

学科:科学

年级:四年级

涉及领域:科学技术与工程

教材:首都师范大学出版社《科学》(2010年6月版)第四册"18.搭支架"

二、教学背景分析

(一) 教学内容分析

"搭支架"一课是《技术与工程》单元第二课,在前一课认识形状与承受力关系的基础上,学生通过自己动手搭建支架的活动发现:不同形状的支架稳固性不同;三角形支架是最稳定的结构。"小小设计师"一课是"搭支架"的拓展课,进一步激发学生研究形状与承受力、结构与稳固性关系的兴趣,提高学生选择合适材料、掌握连接方法、自己设计结构的能力,培养学生团结协作的精神。最终帮助学生形成:"工程是运用科学和技术进行设计、解决实际问题和制造产品的活动"的主要概念。

(二) 学生情况分析

四年级学生已经有了自己的科学思维方式,对科学探究过程有所了解,并能运用这一方法解决问题,学生对动手制作活动非常感兴趣。他们认识各种形状,了解三角形结构比较稳固,初步学会自己搭建立体支架,但是如何进一步利用所学科学知识解决实际问题,还需进一步指导。

(三)教学方式

课件引导、探究式学习、项目学习、小组合作学习。

三、教学准备

1. 教师:课件、五孔扁木、木棍、哑铃片、尺、计算器、"小小设计师"桥梁设计图纸。

2. 学生:五孔扁木、木棍、尺子、"小小设计师"桥梁设计图纸。

四、教学目标

1. 科学概念:通过动手实践研究,进一步感受三角形结构的稳固、理解结构与功能相适应的核心概念;了解三角形结构在生产、生活中的广泛应用。

2. 过程与方法:根据教师提出任务,学生小组合作进行桥梁设计搭建,通过承重测试进一步完善桥梁设计,从而知道工程设计的基本步骤包括明确问题、确定方案、设计制作、改进完善等。

3. 情感态度价值观:通过设计、搭建、改进桥梁设计活动体验感受工程师的工作,发展学生研究、设计与制作的兴趣,动手能力和创造性思维能力得到提高。

五、教学重点与难点

1. 教学重点:学生应用所学"三角形最稳固"的知识设计、搭建满足条件的桥梁模型。

2. 教学难点:学生应用所学三角形最稳固的知识设计、搭建,并不断改进,满足设计要求的桥梁模型。

六、教学流程示意图(可选)

(略)

七、学习活动设计(共1课时)

教师活动	设计意图和期望的学生活动
环节一:创设情境,提出问题 • 出示课件 教师:同学们,大家知道我们丽泽金融商务区(图略)的建设正如火如荼,可是穿过商务区中的莲花河影响着居民们的出行。居委会筹集资金要建一座桥,同学们在科学课上刚学完了"工程技术"单元第二课。 • 问题1 你们能否利用所学知识,设计制作一座桥梁,解决居民出行要绕远路的问题? • 问题2 每个小组都是一个桥梁设计团队,说说你们想要设计一座什么样的桥?	• 用和学生生活密切相关的真实情境导入,激发学生设计制作兴趣。同时也为后面引导学生用移情思维,定义问题,明确设计目标、进行客观评价埋下伏笔。 • 课堂发言、讨论。
环节二:合作探究 (一)明确问题 • 问题1 每个设计团队都说了自己的想法,有说要建雄伟的斜拉桥的,有说仿建一座赵州桥的,还有说建金水桥的,到底要建什么样的桥最好? 如果大家是筹资建桥的居委会委员,你们会怎么想呢? • 讨论 展开5分钟课堂发言、讨论,教师引导学生发现居委会首先考虑的是安全和成本问题,然后是美观问题。投资过于巨大的斜拉桥、仿古石拱桥等都不适合。 • 问题2 原来,我们在工程中要考虑这么多问题。但是,要美观、安全,肯定要花很多钱,那么怎么同时做到省钱呢?下面是居委会给出的材料和他们能花的钱(称为"预算")。哪个设计团队能在这个预算下满足安全、美观的要求,这个工程就交给他们。 (教师出示以下材料,学生阅读。)	• 第一轮讨论目的是暴露学生"前概念",为后面的移情思考做铺垫。 • 移情:教师指出学生认识中的矛盾之处,引出新的解决方案。 • 移情、分析理解:引导学生站在当事人的角度考虑问题,分析理解这个桥梁设计问题中的真正需求。 • 分析理解:帮助学生发现不同需求之间的矛盾关系,引导他们分析信息,理解问题。 • 从"用户"的角度给出设计要求,把探究解决问题的方法留给学生。要求中有定量的(经济效益)、有定性的(美观),为学生在探究设计方案时发现需要"权衡利弊"埋下伏笔。

(续表)

教师活动	设计意图和期望的学生活动
桥梁材料： 五孔扁木、木棍。 桥梁基本要求： 长度大于40厘米，小于50厘米；宽度15厘米；可以有桥墩，但不能超过2个。 成本核算： 五孔扁木每根2元，木棍每根1元。 工程质量评价标准： ①安全：桥梁承重不少于10千克； ②成本：建桥总成本不大于60元； ③经济效益=承受重量÷成本(千克/元)； ④美观：在经济效益前三名的团队中，外观得分最高的小组获胜。 • 实践活动 在开始设计搭建前教师提示： ①注意安全，正确使用五孔扁木和木棍；(略) ②要想获得优胜，必须开动脑筋，综合运用科学和数学知识； ③讨论、画图、搭建的时间总共25分钟； ④时间紧任务重，分工合作很重要。 (二)提出设计方案 • 小组讨论，画出设计图。(任务单见附表1) (三)动手制作 • 物化：动手制作是学生物化自己的思想的过程	 • 系统思想——要素与要素，结构与功能：给出紧迫的时间要求，引导学生理解"合作"的重要性。 • 给出仿真的设计图模板，帮助学生理解设计图在设计中的重要性，也感受真正的设计师、工程师是怎样工作的。 • 创造性决策：学生的知识、经验和认知水平很难一下子发现正确的解决问题方向。需要教师在旁边点拨指导。这是本课成功的关键。 • 物化：学生物化的结果，抛开模型制作的技巧问题，模型呈现的形态在很大程度上反映了他们对问题和问题解决方案的理解程度。

(续表)

教师活动	设计意图和期望的学生活动
(四)展示交流 • 提出交流要求 请各组停止活动,依次上台汇报。 ①汇报前把设计图投影到幕布上。 ②汇报时展示模型,介绍本组设计材料用量和总成本,并告诉同学们本组设计美在哪里。 ③汇报后由"质量检查员"测试桥梁承重量是否达标,由全体同学给桥梁的美观程度打分(0—5分)。 • 自愿做"质量检查员"的同学统计每组桥梁承重、成本,计算经济效益(千克/元),剔除不合格的小组。	• 逻辑论证:引导学生用有条有理、有理有据的逻辑论证的思维方法向他人陈述自己的想法和实际成果。 • 逻辑论证:汇报后的"质量检查"是问题解决中检验评价、反思提高的步骤。学生体验感受工程师的工作,知道一项工程设计的基本步骤包括明确问题、确定方案、设计制作、改进完善等。工程设计需要考虑可利用的条件和制约因素,并不断改进和完善。形成核心概念,达成学习目标。
(五)分析点评 教师:剔除设计安全性不达标和成本过高的小组后进行排名,前三名依次是第五组、第二组和第一组。大家根据他们的桥梁模型对桥梁的"颜值"打分。(见附表2)	• 用表格展示各组成绩,起到三重作用: ①直观展示不同设计方法对最终结果的影响。 ②体现"满足需求"在工程中的重要性。 ③为后续引出"权衡利弊""不求单一方面最好,而追求总体最优"做铺垫。
环节三:总结 • 评价 很多小组利用了三角形结构最稳定的原理,用少的材料设计了稳定、承重能力强的桥梁。 • 板书 搭支架——小小设计师 结构:三角形 功能:提高稳定性 工程应用:增大强度、降低成本 • 分析讨论 引导学生理解"权衡",不仅要考虑承重、成本,而且还考虑美观。 同学们平时解的数学问题一般有唯一正确的答案,但是工程问题不一样,往往需要同时满足很多互相矛盾的需要,因此我们要权衡利弊,不追求单个方面的最好,而是追求总体效果最好。	• 提出本课核心概念:结构产生功能。 • 用板书形式进行强调。 • 系统思想——权衡:提出本课另一个核心概念:工程技术中的"权衡"思维。

(续表)

教师活动	设计意图和期望的学生活动
• 补充板书 工程思维:权衡利弊、总体最优	
• 课后拓展学习 出示课件:珠港澳大桥 教师:中国的珠港澳大桥被誉为世界桥梁建设史上的"王冠"(图略),建设过程中经历了很多巨大的技术挑战。同学们课后可以查找资料,了解真正的桥梁工程师和设计师们克服了哪些困难、用了什么办法完成了这一世界级超级工程。	• 课后拓展思考题:用港珠澳工程引起学生探究兴趣,引导学生用读新闻、听故事的心态发现真实世界中是如何应用本课核心概念解决实际问题的。

八、教学设计特点与亮点

科学课标要求教师为学生提供逼近真实、富有现实意义的学习情境,以引导学生积极投入情感,解决复杂问题,从而全面提升学生知识、能力与情感方面的核心素养。"小小设计师"是一个科学知识和技术交织在一起的教学活动设计,既有科学原理,又蕴含着工程设计和操作技术。

学生根据真实情境,明确工程任务,运用"三角形结构稳固"的知识设计搭建满足工程要求的桥梁模型。在搭建过程与承重测试中,进一步理解结构的稳固性与结构的形状、所用材料、连接的方式等有关,帮助学生理解浅显的结构力学知识。通过本节课的教学,学生生动、直观地体验了科学技术与工程的思维方法,不用死记硬背就加深了对科学课标要求的"科学探究"步骤和要素的理解。

本课也整合了多学科教学方式。这些实践是综合科学探究与工程设计的活动,既有类似科学家开展的科学理论和科学建模等探究活动,也包含类似工程师为满足某一需求而进行的工程设计和建造等活动,因此可培养学生实践创新与人文底蕴等核心素养,从而达成科学、技术、工程、数学与人文素养共同发展的素质教育目的。

附表1

桥梁设计图纸

	成本计算	
	扁木数量 （2元/根）	
	木棍数量 （1元/根）	
	计算	
	承重	
	每1元成本 实现承重	

附表2

小组	承重 （必须＞20千克）	成本 （必须＜60元）	经济效益 （承重/成本）	排名	美观 （0—5分）
1	30千克	58元	0.52	3	3
2	32千克	33元	0.97	2	4（优胜）
3	45千克	62元	0.73	不合格	
4	18千克	15元	1.20	不合格	
5	35千克	33元	1.10	1	3
……					

第七章 设计思维课程目标体系

>>> 在前两章的论述中,我们大致厘清了设计思维教育的起因、特征,在K-8阶段开展设计思维教育的意义,在中小学实施设计思维教育的切入点和主要应该达到的目标。本章着重介绍我们根据设计思维教育理论以及近年来在各地学校的实践而编制的设计思维教育目标体系。

第 一 节

K-8设计思维教育目标体系

依据儿童认知的发展规律,我们编制了设计思维的分年龄段教学目标,主要思想是:在低年级段(一般为三、四年级)以具象思维为主,强调教师的引导作用,通过课堂上大量的具象化案例阐释简单概念;中年龄段(一般为五、六年级)的课堂上仍然包含大量具象思维内容,但是教师逐渐"退居幕后",成为"提问者"和"帮助者",由学生运用学到的概念,通过讨论、合作完成任务;而在高年级段(初中)则强调学生的自主性,情境导入变成背景介绍,给出大量信息但不直接给出任务,由学生通过移情思维、分析理解等方式自行定义问题,用任务推动学生不断思考、改进、完善。

设计思维的目标体系包括"设计思维的三大核心素养"和"学习的六大基础思维能力"两部分。

设计思维的三大核心素养教育目标旨在培养学生运用设计思维、综合所学知识,创新性地解决生活中的实际问题。

学习的六大基础思维能力教育目标旨在锻炼学生掌握基本的思考方法,不仅提升设计创新能力,且全面提升各个学科中的学习能力。

设计思维三大核心素养,包括三个一级维度指标:设计中的系统思想、设计中的表现力、设计中的创新技巧。每个一级维度又分别包含若干二级维度,它们分别是:

- 设计中的系统思想(要素与要素、结构与功能、系统与环境、局部与整体、权衡、优化);
- 设计中的表现力(观察与分类、联想与理解象征意义、表达与分享);
- 设计中的创新技巧(运用科学技术、从生活和文化艺术中找灵感、延伸现有的想法或另辟蹊径)。

学习的六大基础思维能力,包括:
- 移情;
- 分析理解;
- 创造性决策;
- 物化;
- 问题解决;
- 逻辑论证。

第二节

设计思维的教学学段目标

一、设计思维养成初级(三、四年级)课程教学目标

以下所有描述,除非特别注明,都是指在学生现有知识水平、生活经验范围和认知能力水平条件内。

(一)设计思维的三大核心素养

一级维度	二级维度	描述
设计中的系统思想	要素与要素	• 能够识别生活中常见物品的主要元素(零部件、组成单元) • 能说明一个要素与其他要素的最主要、直观的关系
	结构与功能	• 能够识别生活中常见物品的主要结构并说明其功能 • 能够理解在要素基本相同的情况下,结构决定功能
	系统与环境	• 在观察生活中常见物品时,能够识别该物品最主要的环境因素,包括使用者期望的需求、约束条件等 • 能够举例说出一个物品的功能与环境的匹配情况,包括:满足什么需求、必须接受哪些约束等
	局部与整体	• 在观察生活中常见物品时,能够识别哪些是物品的局部、哪几个局部构成了物品的整体 • 能够解释一个具体物品为什么必须保持一个整体才能发挥作用
	权衡	不要求
	优化	不要求

(续表)

一级维度	二级维度	描述
设计中的表现力	观察与分类	• 在观察生活中的人和常见事物时,能识别最典型、明显的特征,例如:颜色、线条、状态、情绪等 • 能够通过举例对不同特征进行简单比较
	联想与理解象征意义	• 能识别什么是一个事物的事实,什么是这个事物的象征意义和带给人的联想 • 能够举例说明常见事物的常见象征意义和带给人的联想
	表达与分享	• 在具体的沟通案例中,能识别不同的表达方式(如陈述、说理、抒发情绪等) • 能举例说明表达和分享在生活中的作用
设计中的创新技巧	运用科学技术	• 能在自己的知识、生活经验和认知水平范围内识别日常物品中用到的科学、技术和数学原理
	从生活和文化艺术中找灵感	• 能在自己的知识、生活经验和认知水平范围内识别日常物品中涉及的文化与艺术元素
	延伸现有的想法或另辟蹊径	• 能回忆并说出一些在课堂上、生活中学过、读到或听说过的解决实际问题的实际案例或故事,体现出对解决实际问题的兴趣

(二)学习的六大基础思维能力

基础思维能力	描述
移情	• 能用自己的话描述什么是"换位思考",并能举例说明在什么情况下需要"换位思考"
分析理解	• 能在教师的提示下回忆出在课堂上进行分析理解的实例,能识别出这些实例中哪些是通过分析理解所得出的结论
创造性决策	• 当面对任务时,能在给出的多个参考解决方案中,选择最接近自己所面临情况的,通过模仿或简单调整达到完成设计任务的目的
物化	• 能使用超过三种诸如颜色、线条、拼图、纹样、漫画、木棍、积木、超轻黏土等制作设计原型的基本技能进行设计
问题解决	• 受到提示时,能识别问题解决的四个关键步骤 • 在解决问题的过程中,能实施至少设计方案和计划、实施两个步骤
逻辑论证	• 能识别一段话中哪些是事实、哪些是结论、哪些是事实和结论之外的其他陈述

二、设计思维养成中级(五、六年级)课程教学目标

(一)设计思维的三大核心素养

一级维度	二级维度	描述
设计中的系统思想	要素与要素	• 能够运用"要素"的概念在微观层面对自己熟悉的事物进行观察和描述 • 在描述时,能举例说明或概括某个要素与其他要素之间是如何相互依存、相互制约的
	结构与功能	• 能够运用"结构—功能"的概念在中间层面对自己熟悉的事物进行观察和描述 • 在描述时,能一一对应地说明该事物的结构和功能
	系统与环境	• 能够运用"系统—环境"的概念在宏观层面对自己熟悉的事物进行观察和描述 • 在描述时,能具体说明该事物和环境之间的主要关系,包括:受到的主要约束、需要满足的主要功能等
	局部与整体	• 能够在要素与要素(微观层面)—结构与功能(宏观层面)—系统与环境(整体层面)的不同层次上对自己熟悉的事物进行描述和解构 • 能够在自己熟悉的领域,初步使用"整体大于部分之和"的原理对问题进行初步向外或向内的延伸推理
	权衡	• 在解决一个具体问题时,能识别问题中较明显存在的相互矛盾的需要 • 能初步比较这些矛盾需要的重要程度,进行一定程度的取舍
	优化	• 在对解决方案进行测试、验证或听取别人的评价意见时能够提取有用信息,识别方案中改进、优化的方向
设计中的表现力	观察与分类	• 观察人和事物时能够识别普遍存在的特征,并依据特征进行分类 • 能够根据不同的目的和环境,调整观察角度,选择恰当的特征
	联想与理解象征意义	• 能对特定事物产生联想,并能够初步说明联想是如何产生的 • 能运用联想和象征进行特定方向的一些想象
	表达与分享	• 能初步运用不同的表达方式与人分享信息、情绪、观点 • 在一个具体的分享交流场景中能整合使用两种以上的表达方式

(续表)

一级维度	二级维度	描述
设计中的创新技巧	运用科学技术	• 能在教师启发下辨别哪些创意来源于运用科学、技术与数学,哪些不是 • 能使用自己掌握的科学、数学原理和技术手段解决遇到的问题
	从生活和文化艺术中找灵感	• 能使用自己掌握的文化、艺术知识与技能解决遇到的问题
	延伸现有的想法或另辟蹊径	• 能依据常用的解决问题的模式,外推出新方法解决新问题

(二)学习的六大基础思维能力

基础思维能力	描述
移情	• 能够对一些常见情境下如何进行移情进行概括 • 能使用移情方法在学校和家庭日常生活中感知同学、家人在物质、情感上的需求
分析理解	• 能够列举两种或两种以上在设计思维课堂上常用的分析理解方法,如分类、比较、推论、概括等 • 能初步使用至少一种分析理解方法解决课堂学习中或生活中遇到的问题
创造性决策	• 当面对任务时,能在给出的多个参考解决设计方案中对照任务目标选择最有利于解决问题的,对方案进行一定形式的转换而形成自己的设计
物化	• 能使用两种或以上的物化方式的组合进行设计以实现更复杂的设计功能
问题解决	• 能用自己的话概括问题的关键点(定义问题) • 能对照目标评判设计方案是否满足任务需要(反思、提高)
逻辑论证	• 发言时能区分观点和支持观点的依据(事实、定律、公理),能较准确地用逻辑进行说理

三、设计思维养成高级(七、八年级)课程教学目标

(一)设计思维的三大核心素养

一级维度	二级维度	描述
设计中的系统思想	要素与要素	• 能够根据需求和应用环境的不同,初步评价一个事物中相关要素的表现和作用 • 为了更好地达到目的,在整体结构中设计恰当的要素
	结构与功能	• 能够根据需求和应用环境的不同,初步评价一个物品(或作品)的功能 • 能为了更好地达到目的而自主设计恰当的结构以产生期望的功能
	系统与环境	• 在其知识、经验和认知能力范围内,能根据需要达到的目的、环境的约束条件和可用资源,判断出面临的主要问题,评价不同的解决方案并自主创造一个系统(要素—结构—功能)以适应环境
	局部与整体	• 能根据具体目的和环境,初步对一个具体事物从微观—中观—宏观三个层面进行初步评价并产生一定的结论 • 能够根据评价的结论制订计划、进行设计,以解决实际问题
	权衡	• 能根据目的和环境的不同,评判不同解决方案对满足不同(但相互矛盾的)需求的影响并根据需求的重要程度选择最佳解决方案
	优化	• 能根据环境的约束条件和可利用资源,为了更好地实现目的而实施一次以上的优化循环,即验证—评价—改进—再验证—再评价
设计中的表现力	观察与分类	• 对人和事物进行分类时能列举出超过一种分类标准,并对这些分类标准的优缺点进行比较和评估
	联想与理解象征意义	• 能够根据目的不同,选择恰当的方向进行联想、延伸象征意义 • 能够有意识地在设计中使用具有象征意义或能引发其他人联想的元素,以增强表现力
	表达与分享	• 能够根据目的和场合的不同,对不同的分享、交流方法产生的效果进行评估 • 能初步设计说话顺序和逻辑以达到自己期望的表达分享效果
设计中的创新技巧	运用科学技术	• 能根据环境的约束条件和可利用资源,为了更好地解决问题,选择恰当的科技和数学原理,设计系统相应的结构以产生需要的功能
	从生活和文化艺术中找灵感	• 能根据环境的约束条件和可利用资源,为了更好地解决问题,选择恰当的文化与技术技能设计系统相应的结构以产生需要的功能
	延伸现有的想法或另辟蹊径	• 在常见和自己熟悉的领域能概括出一些常用的解决问题的方法 • 能使用所学系统思想或其他领域知识对遇到的问题进行初步的解构,从而发现非常规方法并解决问题

（二）学习的六大基础思维能力

基础思维能力	描述
移情	• 能使用移情解释、预测设计场景中人物的行为和需要 • 能把移情方法拓展延伸到设计思维课程以外的学习中，以提升学习效果和学业总体表现 • 能发现同学在学习、活动等方面的优点
分析理解	• 能使用分析理解方法分析场景，获得进行设计需要的关键信息 • 能把在设计思维课堂上学到的分析理解的常用方法拓展延伸到其他课程的学习中，以提升学习效果和学业总体表现
创造性决策	• 面对任务时，能够通过自己或合作产生多于一个的解决方案，通过整合这些解决方案的优劣势，设计出最佳解决方案
物化	• 能把图形化编程和开源硬件等信息技术整合到制作设计原型过程中，产生智能化、自动化程度更高的设计功能
问题解决	• 能设计实验或其他方式核查设计解决实际问题的实际效果，并能实施至少一轮改进以提升解决问题的效果
逻辑论证	• 能在说理过程中用结构化的方式组织语言以表达观点和依据 • 能选择较有说服力的依据和方法进行表达

第 三 节

设计思维水平测试分析

本教学目标框架在多年的教学实践中多次修改增删后逐渐定型。依据此框架我们编制了测评试题，并对全国各地数万名参与设计思维课程的三年级至八年级学生进行了抽样测试，以检验课程实施效果。

一、测评方法概述

测评分为初级、中级和高级，方法为笔试。每张试卷一般5—8道题，每道题的题干会创设一个情境，学生通过简答、画草图等形式阐释自己的想法。测试覆盖目标体系中三大核心素养的全部一级维度和大部分二级维度。考虑到测评应在一节课内完成,需要控制试题的总量,因此初级水平(三、四年级)的测评中,未加入系统思想中的"权衡"子维度;中级水平(五、六年级)和高级水平(七、八年级)的测评中,未加入系统思想中的"优化"子维度。每道测试题中都有多个测试点,学生每答对一个测试点即获得相应分数,分数累加为学生在该维度的总得分。为了消除单个被试在个人经验、知识面、理解能力等方面的误差,本测试仅以学校为单位进行数据分析。

测评分为"前测"和"后测"。在学校开始设计思维课程训练之前,从各班随机抽取若干学生进行前测。在持续进行一年每周1课时、总共大约30课时的训练后,从同样的班级抽取第二批学生进行后测。比较前测和后测分数,对学习效果进行评估。

为了保证测试结果具有普适意义,教学过程保持与学校开展的学业教学保持最大限度的一致。实施设计思维课程教学的教师全部由所在学校自行从现职教师队伍中选派。教师教龄不等,来自除体育外的所有学科,都承担本学科教学、班主任或其他工作,无专职设计思维课程教师。他们经过一定的设计思维教育理念和教学方法培训后,开始教学工作。定期有研究人员提供教学指导和集体教研。

在一年的训练过程中,未对学生进行考试或实施任何其他干预,未对教师提出任何教学目标以外的达标要求。测试过程由第三方人员监考,测试结果分析由第三方机构进行。

下面引用的数据来自某市,初级、中级、高级样本数超过3000人,前测、后测基本各占一半,三个年龄组样本数也基本相同。对前测、后测数据进行差异的显著性分析,在95%置信水平上只有两项指标差异不显著($p>0.1$),一项差异显著($0.1>p>0.05$),其余各项差异都是极为显著($p\ll 0.01$)。因此下面对数据的解读分析具有较坚实的基础。

其他地区的测试数据在细节上各有不同,但是反应的总趋势基本相同。

二、以初级为例对测评结果的分析

图7-1为该市初级水平前测、后测的得分区间—得分频率比较。横轴为被试(参测学生)得分区间(满分100分),例如得分区间50,指得分在45—50分之间。纵轴为被试得分频率(换算成百分比),即在一个得分区间内的被试人数占总数的百分比。

例如,后测曲线(虚线)在横轴值为55时纵轴值为20%,意味着后测时出现在50—55分区间内的人数占总人数的20%。分析数据得到,前测平均27.3分,95%的置信区间为(26.5—28.0),后测平均44.1分,95%的置信区间为(43.7—44.6),二者具有统计意义上的显著性差异。

图7-2a反映的是该市初级组被试在设计思维中的系统思想(综合)、表现力中的"联

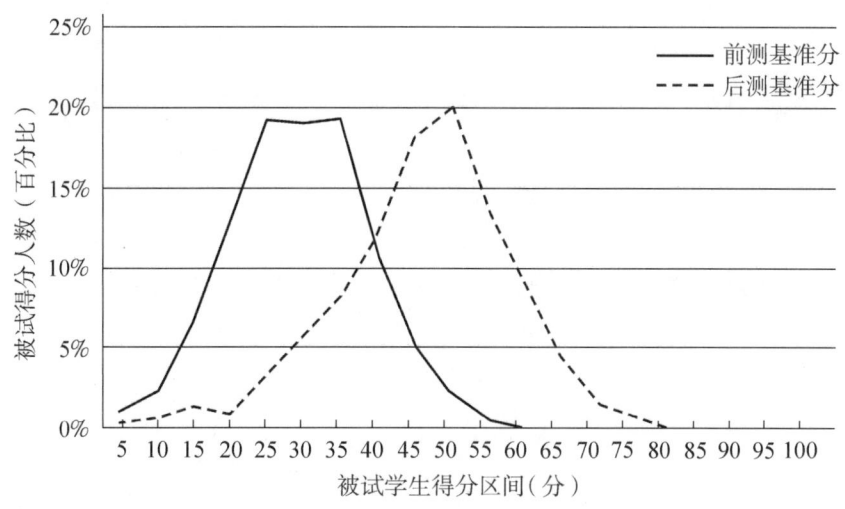

图7-1 某市设计思维(初级)前测和后测得分频率比较

想与象征意义"和"表达与分享"、创新技巧(综合)以及设计过程(问题解决四步骤)的能力提升情况。其中进步最显著的是创新技巧,平均分数由4.6分提升到20.6分,增长了4.5倍。这一方面是由于前测分数太低造成,另一方面也说明思维训练能打开学生思路,在面对陌生问题时能较快找到解决问题的线索。被试在联想与想象力维度的进步也是巨大的,反映了被试对感性、具象的训练接受度更强,这和被试在这个年龄段的认知特征有很

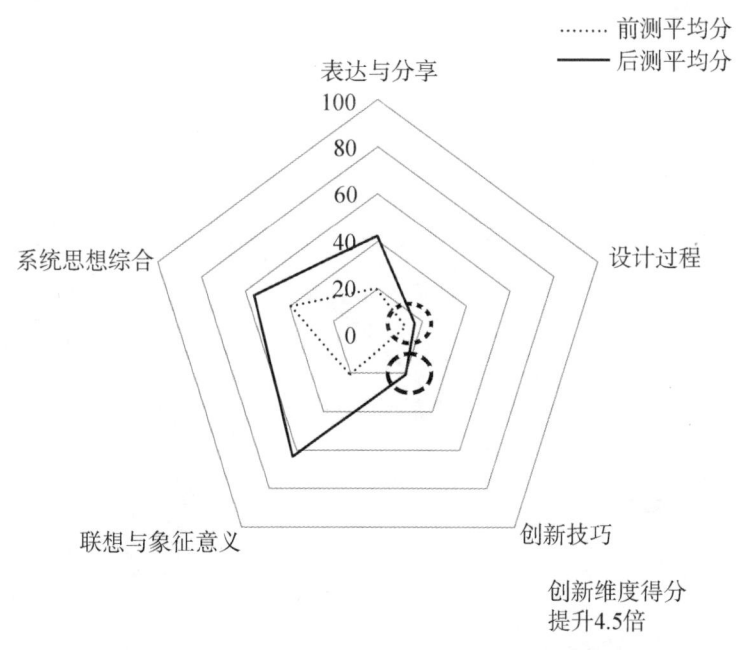

图7-2a 某市学生设计思维能力发展测评——初级

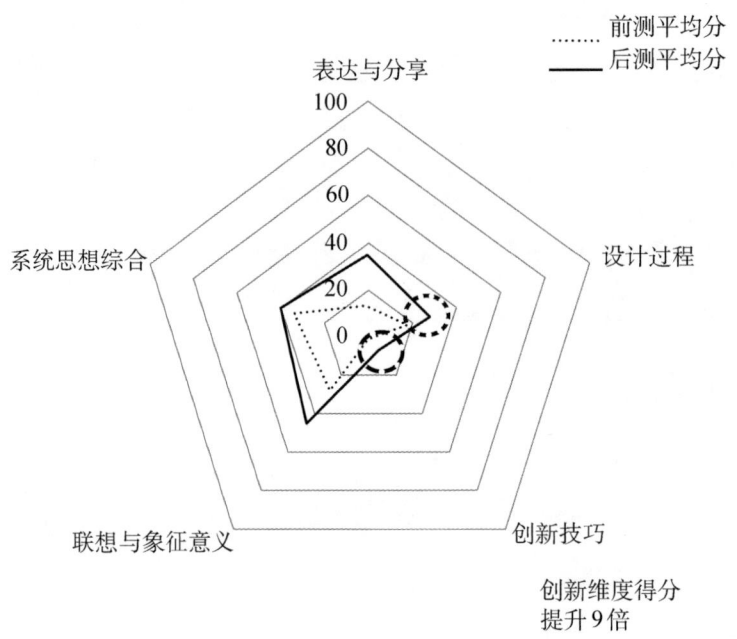

图7-2b 某市学生设计思维能力发展测评——中级

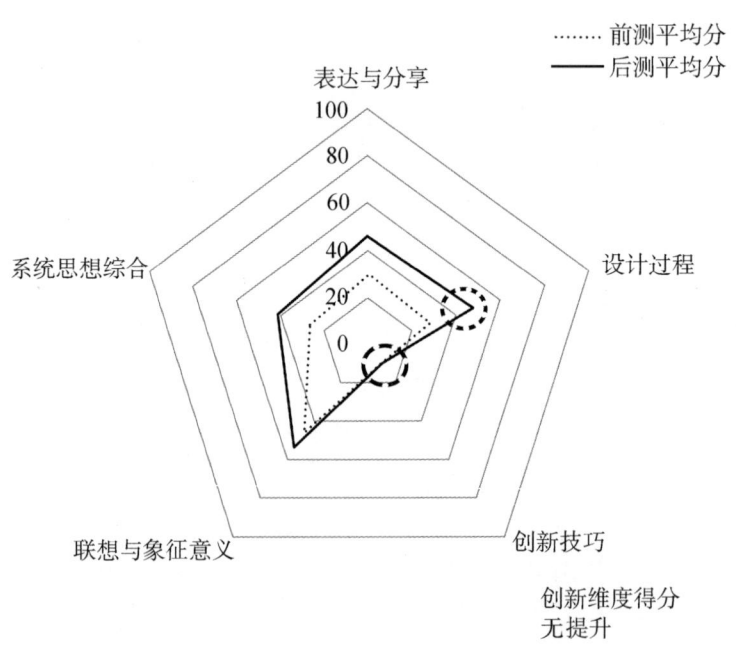

图7-2c 某市学生设计思维能力发展测评——高级

大关系。被试在"设计的过程"维度没有显著改善,原因是多方面造成的,但低年级段学生缺乏抽象思维能力是一个重要原因。

图7-3a反映的是该市初级组被试在系统思想子维度的能力提升。在所有二级维度被试都表现出具有统计意义的有效改善。说明虽然系统思想是一个抽象概念,但如果我们把复杂概念放到精心设计的真实场景中,通过实例、图片、讨论、动手制作等多重认知方式进行阐释,学生是能够在反复的训练中慢慢领悟的。

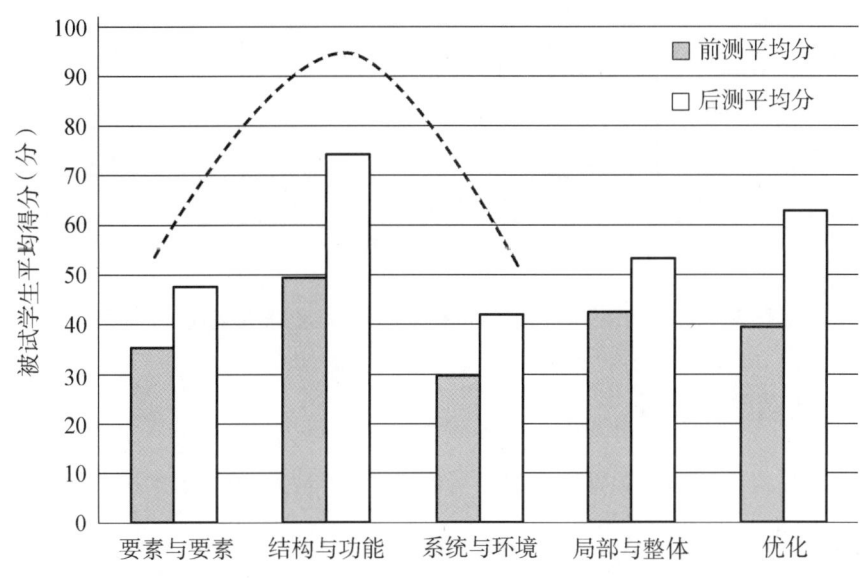

图7-3a 某市学生设计思维能力(系统思想子维度)发展测评——初级

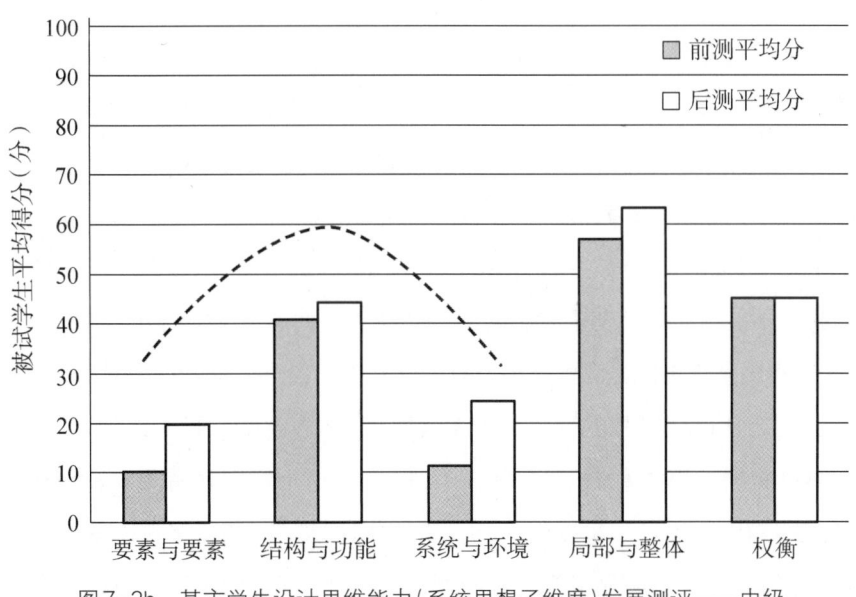

图7-3b 某市学生设计思维能力(系统思想子维度)发展测评——中级

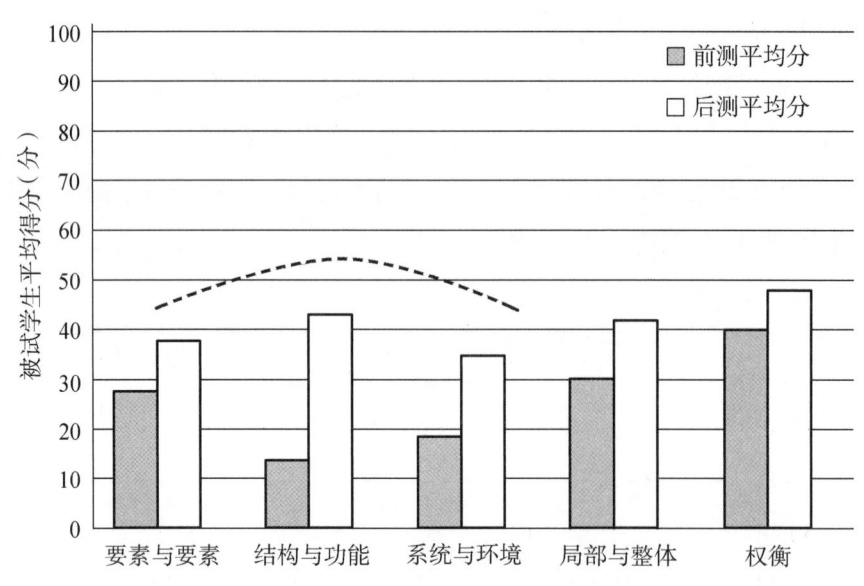

图7-3c 某市学生设计思维能力(系统思想子维度)发展测评——高级

三、一些有趣的发现

对中级和高级组的测试数据进行的分析也显示了和初级组类似的进步幅度,此处不再详细分析。我们把注意力放到对比初级、中级和高级的测评数据所发现的一些有趣的现象上。

用图7-2a/b/c三张图比较初级、中级、高级组在创新技巧和设计过程方面的发展特点,我们可以明显地看到"创新"在所有年龄组都是最薄弱的环节。事实上,我们在全国各城市,无论是教育资源丰富的地区还是欠发达地区,这个现象都是高度一致的,也和我们大多数人在生活中的感受是一致的。可喜的是,在小学阶段(初级、中级),设计思维训练对改善学生的创新能力效果是相当显著的。从相对进步幅度上看,以中级(五、六年级)最明显(9倍);从进步的绝对分数上看,初级(三、四年级)最显著;而在初中阶段效果不太明显。但是,我们不能由此推断初中阶段的学生创新能力就消失了,教材的编排、学生升学压力的增加等客观因素也可能是测评结果没有发现初中阶段学生创新能力显著改善的原因。

另外,我们还从设计过程的分数提升中观察到,随着年龄增长和课程训练逐渐深入,学生越来越能够领悟到做事的正确方法。有趣的是,这个维度前后测的进步趋势和创新维度正好相反:初中阶段进步幅度最大,五、六年级次之,三、四年级最不明显。这和学生抽象思维能力的发育有着明显关系,同时也间接说明了训练学生抽象思维能力对提升学生整体学习效果的重大意义。

现象二,图7-3a/b/c三张图分别是初级、中级、高级组在系统思想子维度的前后测比较。我们发现三个年龄组在"结构与功能"维度的表现都优于"要素与要素"维度和"系统与环境"维度,因此在图7-3的柱状图上显示为中间高两边低的"山"形。这个现象很可能反映了一个事实:在中小学阶段,学生对事物(系统)的观察更多地停留在自己最熟悉的层面,而对系统细节关系(要素与要素)的观察较弱,对事物与环境的关系的感知也较弱。这是因为观察细节需要更强的分析、理解能力,需要更多耐心,花费更多时间。对事物与外界关系(系统与环境)的观察需要更强的分析、理解能力,更强的抽象思维能力。系统和环境之间一般没有肉眼可见的联系,必须通过观察、分析才能发现。例如,一把椅子和放椅子的房间一般是协调的,课桌椅放在教室里、沙发放在书房或客厅里是合适的,为电影院设计的椅子放在公交车上是不合适的。但是这个关系存在于人的意识中而不存在于物理世界。系统的"结构与功能"是我们日常最容易感知的部分,因为我们绝大多数情况下使用的正是事物的功能。这就是为什么学生对结构与功能的认知总是比其他两个维度好。这个现象随着年龄的增长和抽象思维能力的增强得以改善,我们看到高级段三个维度的差别就明显减少了。

不只少年儿童,成年人也存在同样的认知偏差。我们习惯于关注眼前的事物,忽视感官无法体验的事物。其实,影响我们更多的却是那些看不见摸不着的东西:小到细菌、病毒、潜意识,大到文化、气候、人文、经济和环境。系统思想帮助我们完整、全面地观察理解世界,减少认知偏差。

第八章 设计思维教学实施建议

>>> 在本篇前述章节中,我们详细论述了设计思维的核心素养(系统思想、表现力、创新技巧)和学习的基础思维能力(移情、分析理解、创造性决策、物化、问题解决和逻辑论证)与K-8阶段学生创新能力的培养和学习能力的提升之间的关系。在理论阐释的同时,我们还给出了大量实际教学案例。然而,在一线的实际操作中,光有教育理论、教学目标,甚至课程资源是不够的。学校的整体教学管理、师资力量、配套政策和制度等也同样重要。本章尝试尽量站在学校日常教学管理的角度提出一些解决建议。

第 一 节

在日常教学中融合创新素养教育

全国有很多学校开展了各种类型的素质类教育课程,如创客、机器人、STEM、设计思维和各类艺术、体育、科技的兴趣班。考察中,我们发现了一些普遍存在的问题。例如课程对知识、技能的要求较高,仍然脱离不了重视知识技能训练、轻视思维方式训练的习惯。学生在经过有一定强度的短期学习后,的确能看到某一方面的进步,比如制作出不错的机器人、3D打印模型,参加了竞赛并取得了可喜的成绩等。但课程结束后,能长期留存在学生身上的痕迹较少。再比如外聘大学或其他研究机构的专家团队授课,学校管理层高度重视,学生兴趣浓厚,试点非常成功。然而外聘专家一旦从试点学校向其他资源条件一般的学校推广,或改由学校自己的教师上课时,效果就大打折扣了。还有一个更为普遍的现象是,素质教育类课程和学校其他课程缺乏融合。主要原因是这类课程从形式、内容到所需设备以及师资配备与常规课程差别太大,大部分学校承担不起过于高额的投入。导致这些课程更像一个小圈子"俱乐部",而不是大部分学校正常教学活动的一部分,很难真正推广。怎样把素质类教育真正普及到大部分学校呢?

一、匹配学生认知发育,着重培养思维能力

前文提到的很多精心设计的素质教育课程难以产生长期教育效果的问题,在很大程度上是由于这些课程操之过急,忽视了K-8阶段的中小学生的认知心理发展特征。

在逻辑思维、抽象思维尚未充分发展的情况下,学生难以消化、吸收大量陌生信息,形

成长期记忆,会很快遗忘。下面我们仅简要罗列皮亚杰关于儿童[①]的认知心理观点(表8-1),帮助读者理解K-8设计思维课程的设计原理,并为读者提供继续深入研究儿童认知心理的线索。

表8-1 皮亚杰关于儿童的认知心理观点

年龄段	认知心理特征	设计思维课程策略
具体运算阶段（6—12岁）	逐渐减少自我为中心的观察视角,即不再仅从自己的角度看问题,能逐渐"跳出"自身的角度,从第三者或者他人的角度观察、思考问题	不断强化从他人的视角进行"移情"的训练
	逻辑思维、抽象思维和结构化思维出现萌芽并逐渐增强,即开始能注意到不同事物之间存在的逻辑顺序,能理解一些物理和生物方面的运转过程,而不单纯用拟人化思维来理解世界	"低强度、高重复率"地进行"系统思想""逻辑论证""分析理解"等方面的训练
	形成了抽象思维能力,但仍然在很大程度上依靠具体例子和形象的画面进行思维	通过使用大量举例和图片、视频,以及动手制作等形式引导学生进行探究、创新
	理解可逆性、守恒性和连续性等自然规律;理解数字或物体改变后,可以回到原来的状态	这些自然规律是人类可以通过生活经验自发理解的,而且在国家课程中有更多的训练,设计思维课程通过创设情境,提供应用这些认知解决实际问题的场景
形式运算阶段（12岁后直至成年）	可以运用形式逻辑进行抽象思维,即可以逐渐脱离具体实例(具象思维)进行思维、推理。开始发展出更大的灵活性和更强的适应性	可以在此年龄段使用项目式的学习方式,并引入信息技术、编程、通过设计实验进行模拟环境下的设计效果验证等更专业的设计元素
	能形成假设,理解因果关系并形成更为抽象、概括性的想法	

[①] 有研究报告认为,比起皮亚杰形成该理论的年代,现代儿童的智力发育更早。本章展示的北京市丰台区西罗园幼儿园的实际案例的确能证明这一看法。但本书作者认为,我们也要同时注意到皮亚杰观察的是他自己的女儿,以皮亚杰的学识,他的女儿受到的家庭教育在当时社会应该属于上乘。而即使在当代,相对缺乏教育资源的地区和家庭环境中儿童发育也可能比皮亚杰观察的儿童智力发育更晚。因此在实际实施教学中,在参照经典理论观点的同时,应根据实际学情进行调整。

越低年龄段的学生越以感性思维为主,表现为更多地从自身的角度(自我为中心)出发观察、考虑问题,不能或较难从客观角度和其他人的角度观察、考虑问题。如果孩子不能及时走出"自我为中心"的心理习惯,他们在今后的成长和社会交往中就容易出现问题。好的教育应能帮助孩子充分地发育出客观视角的观察思考能力,从狭隘的自我走进更丰富、广阔的世界。

越低年龄段的学生越依靠具体的、看得见的事物进行思考,他们也较难以预见一个事物在未来的发展变化。因此应该尽量用眼睛看得见、手能摸得到的案例进行教育。因此即使是学龄前儿童也可以开展设计思维教育,但教学目标应着重于体验,通过亲身感受理解事物之间的抽象联系。插页图8-1展示的案例是幼儿园孩子在搭帐篷。通过到自己搭的帐篷里亲身体验,他们知道了薄棉布很透气但是挡不住阳光,黑塑料布能遮挡阳光、防雨但是很"闷"。孩子因此在材料、结构、功能等抽象概念和自己的亲身感受之间建立了联系。随着年龄的增长,孩子的抽象思维能力才逐渐提升。这时可以适当增加概念和推理,促进他们的抽象思维能力的发展。插页图8-2为小学三年级学生以"美化校园"为目的而设计的分类垃圾桶。此时学生已经可以自主运用有象征意义的颜色来区分不同垃圾、用代表学校的卡通形象来设计垃圾桶。孩子的作品是稚拙的,但是体现出的抽象思维能力却是可爱、可贵的。

小学生和初中学生的认知能力处于迅速成长发育的阶段,此时进行更多认知训练对他们的大脑发育有促进作用,有利于培养良好的思维习惯,有利于学生提升整体智力水平和学习能力。相对而言,强化具体知识的记忆和某些专项技能的训练虽然能在考试成绩中看到立竿见影的效果,但对学生十年以后的长远发展并无重大意义,用力过猛时,甚至会伤害学生的学习兴趣。插页图8-3展示的是七年级学生项目式设计思维课"飞向木星"。木星探测器需要太阳能电池板提供动力,我们能根据地球上电池板的面积推算木星轨道上电池板的面积吗?这个问题本来需要尚未学到的"平方反比定律"才能计算出来,然而在老师的引导下,七年级的学生用平面几何方法就完成了计算,同时感受到了科学、数学、工程等各学科之间相通性。

包括设计思维课在内的所有学校课程都应该不只是帮助学生升学,学会几种才艺、拿一些大奖,而更应该帮助他们正确地思考,有效地观察,积极地行动,更有效地解决生活和工作中的实际问题,最终成为一个对家庭和社会有用的人。相比之下,如果要等到学生毕业走进社会再开始接受这样的训练,则需要花费大量精力改变固有的思维方式,那将是一个非常艰难的过程。

如果要给出更具体化的K-8设计思维教育建议,我们认为应包含以下要点。

• 注意思维方法的训练,放低对任何具体技能、知识点的要求。这样既有利于学生理解、吸收,也有利于绝大部分教师的课程实施。

• 把知识与技能的难度维持在课标规定的难度范围,不追求形式上的高大上,而追求学生思维能力的提升。

• 避免盲目引进针对更高学段或成年人的、商业化的教学内容,甚至在决定引入商业领域使用的设计思维经典理论、模型之前,也要充分论证其可行性和有效性。

二、匹配学校资源,着重可持续发展

设计思维课程可以灵活匹配本学校装备和师资的实际情况。学校硬件水平参差不齐,谁应该在学校承担素质教育、创新教育课程的授课任务也一直是学校开展这类课程的难点之一。一般有以下几种方式解决:第一种是由信息技术教师为主,开展创客课程,包括各种开源硬件、编程、机器人、3D打印等;第二种是设置专门的综合实践(或者STEM/STEAM)课程教师,经过专门培训后上岗;第三种是外包给校外机构(从创客到手工、才艺、科学实验等不拘一格)。这三种形式的共同点是走"专业路线",其优点是授课质量较高,缺点是对某些特殊资源的依赖程度较高,导致素质教育难以和国家课程的教学活动一样成为持续、普惠的教育。

最好的策略是降低实施素质教育所需硬件和师资门槛,使之成为能在普通教室中、由绝大多数教师都能实施教学的课程。具体到设计思维课程,降低门槛的关键在于紧扣"解决日常生活中的实际问题"的中心思想。插页图8-4为设计思维课"桌子的新思"。教师提出"办公桌太拥挤",要求学生根据需求设计一个新的办公桌。理论上,任何有教师资格证的教师,无论其本身的学科是语文、数学、科学,还是美术、劳技、信息技术,经过一定的设计思维初级理论培训和教学框架培训后都可以实施教学。

这并非盲目乐观,而是基于全国不同发达程度的地区实施设计思维课程的结果实证。原因并不难理解:既然"人人都是设计师",那么对"设计"的理解就不存在专业门槛。而从教育的需要来看,任何合格的教师都具备一定的教育专业知识水平和教学经验,因此也是合格的。他们唯一缺乏的只有对设计思维教育理念的理解。事实上,大部分在校教师通过一定的入门培训和一定时间的教学实践和教研指导,都能胜任。

使用"非专业"教师实施设计思维教育的好处是非常明显的。首先更能体现设计思维"跨学科综合运用知识""解决实际问题"的理念。由于不同科目的教师具有不同的教育背景和教学特长,在授课中会有所偏重,提出不同的解决问题的方法,但都符合真实社会场景中"解决实际问题"的模式。平凡生活中出现的小问题都大同小异,但是解决问题的方法都是因地制宜、各不相同、不分高下的。因此,无论何种学科背景和生活经历的教师,都可以发挥特长,设计出有自己特色的设计思维课程。本书中所有教学案例的实施者都不是设计方面的专职教师,他们都同时承担各自学科的教学任务。他们在设计思维的教学实践中不断探索,发展出了各具特色的跨学科教学方法。

对于学校来说,则可以把"教"与"学"结合起来,把贯彻国家素质教育战略、培养本校教师素质教育理论和实际教学水平合二为一,实现多方面的可持续性发展。学校一般依靠两种方式提升师资水平,一是引入具备高学历或特殊专业背景的新教师;二是对现有教师进行各种形式的培训、教研。考虑到各种实际情况,大部分学校更经常使用方法二。然而单纯的培训很难让一个学校中相当数量的教师掌握理论、知识、技能都比较"新"的学科。教师必须依靠"做中学"的模式,边学习边实践,课前培训,课上教学,课后学习,定期或不定期组织集体教研,在不断尝试、碰撞、改进中逐渐掌握教育思想和教学方法。

设计思维对提升教师的教育理论水平、更新教育理念有积极作用。教师传统的教育观念总是建立在这样的认识之上:学校教育是客观的、理性的、可量化的,目标是帮助学生找到"最好"的答案,重要的是规范、计划、体系和确定性。而懂得设计思维的教师,却会有这样的认识:学校教育是人为建构的,依据社会发展和学习主体的变化而变化,目标是帮助学生不断更新知识、建构思维、习得技能,寻找"更好"的解决问题的方法,因此学习需要不停地体验、经历、突破与创新,独特的"在行动中进行创意思考"的方式。设计思维的源头是好奇心、同理心和创造精神,并以此对潜在需求的发现,产出的是"有形或无形的解决方案",并以此实现事物的优化与创造,而所有这一切,都是当今教育界无论校长、教师还是学生急需具备的核心能力。教师像设计师一样设计教学,教师的好奇心、同理心和创造精神被激发,教师从问题出发,以学生为中心,以资源和工具为支撑来解决问题、创造价值和挖掘潜力,在设计思维引导下的教学更多了一份乐趣,更具其独特性,教师的主观能动性得以激发,教师的创造性得以体现。[①]

最后,只有把包括设计思维在内的各种素质教育课程难度降低,变成所有教师都能授课、全体学生都能受益的教育才能真正体现素质教育的意义。不需要堆积教学资源就能生存的教育才是可以持续发展的普及型教育。

综上所述,只要能解决下面几个关键性的思想认识的问题,任何学校都有能力开设设计思维课程。

- 破除设计思维是"象牙塔里的高档课程"的错觉,选取日常生活中的主题进行教学。

---

① 此段论述来自贵阳市第十六中学邱勇军老师,文字略有删改。

• 破除只有专业教师才能上设计思维课的错觉,给所有教师尝试设计思维教学的机会。

• 破除开设包括设计思维课程在内的素质教育课程投入大收效小的错觉,把实施教学作为普遍提升教师素质教育认识水平和教学能力的途径。

• 帮助教师打消"迈出第一步"的畏难情绪,鼓励他们勇于尝试,在"做中学",逐渐成长为具有设计思维意识的合格教师。

三、匹配教育理念,着眼学校全局管理

要在中小学引入设计思维课程要充分注意与本校"生长环境"的协调。要注意与学校独特的办学宗旨、日常校内校外活动计划的一致性。全国各地中小学在实施其各具特色,形式多样的素质教育课程中一个较为突出的管理难点是课时从哪里来?如何在有限的课时里安排进所希望的全部教学内容,非常考验学校管理部门的智慧。

解决这个问题的办法之一是用同一个课程完成多重教学任务。以下案例为贵阳市第二实验小学的校本活动设计,这一设计与学校毕业班活动以及教育部指导精神相结合,学生既参观了博物馆接受了爱国主义教育,又在100%真实的环境下完成了一次"解决实际问题"的行动和思维训练,是一次非常好的校级综合实践活动。素质教育、创新教育与学校日常德智体美劳教育深度融合,一举多得。

【案例】童眼看家乡——走进省博物馆·探秘多彩贵州

背景分析

• 背景

2015年6月,国家文物局、教育部联合印发《关于加强文教结合、完善博物馆青少年教育功能的指导意见》,培养青少年学生的民族自信心和爱国主义精神。

• 资源

贵州省博物馆的"多彩贵州"主题文化馆,展示了贵州少数民族地区的地区地貌和文化风情,是贵州每个孩子应该了解和自豪的家乡风貌。

• 学情

六年级的学生正在迈向少年期,对探索外部世界和内心世界有着浓厚兴趣。开展贴近学生的生活,符合学生的年龄和心理特点的综合实践活动有助于培养出素质全面、个性鲜明、富于创造力、适应发展的现代青少年。博物馆的大量实物和声情并茂的解说比图书、电视产生的学习效果更好,更能激发学生内心对人类文明、民族历史积淀的向往和自豪。

活动安排

• 活动时间

共计六课时,其中活动准备阶段交流(1课时)、活动实施(半天,计4课时)、活动总结交流(1课时)。

• 活动过程

在教师指导下的自主学习、合作交流、团队互助。

• 活动评价

在师生互动、生生互动等过程中,采用小组自评、互评,第三方观察评价与教师综合评定的方式进行评价交流。

对于学校而言,无论课程设置如何变化,培养学生德智体美劳全面发展是始终不变的目标。如果一门"外来"课程,游离于这个目标之外,就很有可能是赶时髦的昙花一现。相反,与德、智、体、美、劳高度融合的课程最有生命力。由于设计思维教育理念在多个层面与学校教书育人的总目标一致,因此是可以做到充分融合的。贵阳市第十六中学的课程思维导图(图8-1)就体现了这样的一种尝试。

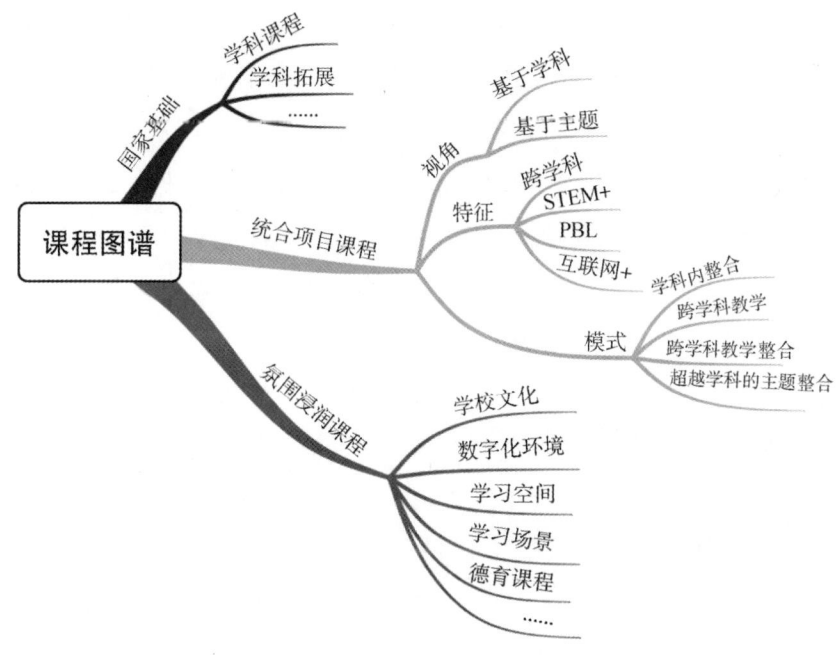

图8-1 把设计思维的教育理念融入学校整体课程规划和教育理念中的课程图谱
(由贵阳市第十六中学邱勇军老师提供)

第 二 节

关于教学方法、环节与资源的建议

设计思维课程的总体教学目标只是从理论高度规划了培养学生全面发展的"路线

图",如何落地实施则需要大量的实践经验作支撑。除了本书中给出的实际教学设计案例,读者还可以参考以下课程实施建议。

一、教学方法建议

首先,应以学生为主体,引导学生自主分析理解问题,探究解决方案。可大量使用互动性强的教学方法以避免"满堂灌"。例如在讲解某个问题时,可先提出问题,让学生发言,教师给出方向性明确的评价,引导学生更深入地思考或探索更多的可能性,最后自己找到问题的答案。所谓"方向性明确的评价"是指能够帮助学生修正自己的思考模式或提升自己思想高度的反馈意见。例如,学生发言后教师评价:"想法很好","太棒了"。这样的反馈不能帮助学生认清自己的改进方向,因此不能算"方向性明确的评价"。如果教师评价:"××同学的发言不仅说出了自己的想法,还给出了充分的理由,太棒了",这样的反馈不仅让发言的学生知道自己被表扬的原因是"有依据、有观点",而且也等于用该同学做示范告诉全班学生什么是"逻辑论证"。这就是方向明确的评价。再例如,学生发言后教师评价:"使用者的需求是A,而你的设计实现的功能是B,请再思考一下怎样改进设计",明确指出了学生思考中忽略了"针对需求进行设计"的原则并要求做出修改,因此是"方向性明确的评价"。

其次,设计案例、创设情境、讲解抽象概念时应贴近学生生活经验并充分考虑学生认知水平和理性思维的能力,从分析学生生活经验中的多个具体案例开始逐渐归纳总结出抽象概念,并随后举出更多生活中的具体例子帮助学生理解抽象概念。

最后,在教学设计时,应考虑选取能体现社会责任、国家认同、文化传统等主流价值观的案例作为情境导入或任务目标,在丰富、真实、生动的场景潜移默化中实现中小学生核心素养教育。应避免抽象地、孤立地讲解以上概念。如第三章中的案例"黑暗中的光明",将了解盲人的生活状况、调查侵占盲道的不合理现象作为情境导入,以解决盲人的出行问题为设计任务,最后设计出智能盲杖、验证其避障效果,体现了以人为本的价值观和公民对社会的责任,把理性质疑、实事求是的科学态度贯串在整个项目中。

二、教学环节设置

设计思维课程以"综合运用知识解决实际问题"为最高原则,对教材编写结构没有严格要求,但是可以参考以下建议。

设计思维课程应以任务驱动教学,一个单元的课时可多可少,但都应该以解决某一个问题为目标。一个完整的设计思维教学单元最好包含创设情境、思考讨论、动手实践和反思提升四个环节(名称和形式可以因人而异,但功能目的保持不变)。根据内容和教学方法不同,可以增加其他环节。

"情境导入"环节描述一个真实环境下的场景,埋入所有用户需求、约束条件等信息,以便引导展开后续设计活动。低年级的背景可以给得简单、清晰,年级越高则应包含更多丰富的细节,但对具体问题的描述以及问题的因果条件、目标交织都可模糊些。其目的是提高"定义问题"的难度,以呈现真实世界里信息存在的实际情况。

"思考讨论"环节的目的是引导学生从第一步给定的情境中找出真正要解决的问题、解决问题的约束条件和可以利用的资源(定义问题),然后通过讨论、思考,学习相关案例等方法找到解决问题的线索。这是创造性解决问题的方案的头脑风暴阶段。在这一环节,教师针对情境导入环节提供的线索展开教学讲解,帮助学生完成设计所需要的所有知识、技能的学习和训练。在学生展开小组讨论之前,教师应该做到:①明确的作品评价标准;②完成设计原型的时间限制;③说明、解释学生可以利用的物料。

"动手实践"环节的目的是促使学生真正动手解决问题,完成原型设计。一般要求学生分组进行活动,每个人用画草图的方式把自己的想法画出来,然后小组成员根据草图讨论交流各自的想法并逐渐形成统一的认识。小组根据最后确定的方案的草图完成设计原型的制作。这是创造性解决问题的方案形成和物化实现阶段。

"反思提升"环节的目的是引导学生通过展示本组的设计原型、介绍自己的设计思想对设计进行评价(同时也评价别人的设计)。高年级还需要对设计原型的表现进行实际检验。最后还要在这些思考的基础上改进、完善设计。这个环节经常被忽视,但是却是进行真正创新最关键的过程,因为没有这个环节就无法实现创新过程的"迭代"。事实上,真实环境里的创新几乎不可能一蹴而就,都是在不断失败、不断吸取教训并进行改进的过程中实现的。

三、在教学环节中贯彻素养的培养和能力的训练

设计思维三大核心素养,即"设计中的系统思想""设计中的表现力"和"设计中的创新技巧"应是每个主题单元的教学目标。但是根据不同年龄段以及设计任务的实际情况具体决定教学目标的安排。低年级课程每个主题对应一到二个核心素养目标,中年级课程对应二到三个核心素养目标;高年级课程宜以项目式学习进行,必须包含全部三个核心素养目标。

每个主题单元在教学过程中应该尽量训练所有六大基础思维能力。在真实环境中解

决实际问题时几乎总会用到这六大思维能力思维的基础,因此,只要能把设计任务放在恰当的环境中,在一个主题单元中同时训练六大基础思维能力是可以做到的。

• 在"情境导入"环节中清楚描述"主角"(遇到问题需要解决的人)所处状态、当时的心理,这些信息应提供学生进行移情思维,理解使用者需求和环境约束条件的全部素材。

• 在"思考讨论"环节:学生在教师的引导下和课堂讨论互动中,由只看到现象到逐渐剥离现象看到本质,由没有解决思路到逐渐形成若干个可选的思路。这些过程都是锻炼学生分析理解、逻辑论证能力的时机。

• 在"实践活动"环节:学生在小组讨论中学生的注意力被集中到解决具体问题上。在这个过程中学生通过比较、权衡不同的设计方案,形成一个最终的选项,完成设计的创造性决策的训练,并在制作设计原型过程中完成物化能力的训练。

• 在"反思提升"环节:学生展示自己的展示、自评、互评是训练逻辑论证的恰当时机。在这个环节,学生也完成了问题解决的一个循环周期(定义问题→形成设计→计划实施→完善提高)。

四、校园资源的利用和开发建议

(一)关于教师资源

学校最重要的资源是教师队伍。鼓励不同学科的教师组成团队共同开展设计思维课程教学。可采用集体备课形式,利用各自学科知识优势互相补充知识和技能的短板,也体现解决实际问题中"跨学科"的特征。

但是应极力避免多名教师合作上一节课(例如语文教师上前半节课,教与语文知识相关的内容;科学教师上后半节课,教和科学相关的内容)。这种方式很难保持学生思维的一贯性,同时教导处也很难安排教师工作和课表。而且,这种方式其实违背"综合运用知识解决实际问题"的宗旨。如果自己尚且不能身体力行,解决自己知识的欠缺,不能完整实施教学,教师怎么教育学生做到解决实际问题呢?

(二)关于硬件资源

基于"解决真实问题"的原则,应鼓励教师充分利用学校所有硬件资源作为"解决实际问题"的工具。这些硬件资源包括:学校的科学教室、信息技术教室、各种创客空间、动植物养殖场所、操场、图书馆。即使是普通教室和其中的普通桌椅板凳都可以成为实际问题的源头和研究的对象。

（三）关于学校活动

应鼓励教师带领学生以"设计者"的身份参与学校各级活动的设计，解决活动中遇到的具体需求。低年级可以设计方案解决简单、细节、明确的需求，高年级设计方案解决复杂、笼统、任务不明确的需求。

（四）关于网络资源

作为移动互联网时代收集信息的重要渠道，网络是实现设计思维课程必不可少的资源。建议教师首先以各种方式学习网络收集信息的方法（不限于简单地百度搜索关键词）。在课堂教学中需要指导学生搜集信息之前应先自行上网搜索信息，作为备课的重要内容。鼓励教师充分利用网络上免费的人工智能、大数据资源（如百度AI大脑，百度指数等）和图形化编程软件，提供学生更丰富的解决问题的工具。

第三节

教学设计案例——影子（学科教学·语文读本阅读）

本教学案例展示了用解决实际问题和综合运用知识跨学科解决问题的理念改造一节语文阅读课，其中也暗含了对学生学习的基础思维能力的训练。本案例由北京市丰台区丰台第二中学附属实验小学李钰老师提供。

一、教学基本信息

课题：绘本《影子》欣赏

学科：语文学科综合实践活动

年级：四年级

涉及领域：语文、科学、音乐、教育戏剧

教材：课外读本

建议时长：共2课时，每课时60分钟

二、教学背景分析

(一) 教学内容分析

作者翻译了法国诗人的同名诗歌,创作了绘本《影子》。作者巧妙借用原作诗歌的意境,创作了大量图画,展现了非洲原始森林野性的美和勃勃生机。图文相映成趣,形象鲜明,意蕴深长,带给读者巨大的冲击。该绘本在1983年获得儿童图书界最重要的大奖——凯迪克奖的金奖。

然而,这样一本有着如此高文学和艺术价值的推荐读本,总是静静地躺在教室的图书角里,偶尔有学生翻阅自读,但阅读速度极快,只能被书籍斑斓的色彩吸引,可见学生自读很难真正领略其中的美。

(二) 学生情况分析

产生这个问题的原因是多方面的,主要有三:从阅读能力分析,四年级学生阅读量有限,面对此绘本的文学表达,学生很难只通过自己默读理解对影子的描述中所阐述的自然现象,也无法理解绘本中很多意象,更不要说体会到绘本文字背后的情趣和深长的意味了。从综合运用知识、形成分析理解的角度分析,学生虽然接触过不少与光影有关系的科学现象,但是难以将其和绘本内容联系起来。学生不能主动以欣赏美的眼光去审视自然科学现象,也不能以文学、艺术等手法去进一步创造美。从学生问题解决能力分析,该年龄段学生鲜少接触《影子》这种充满韵味的散文诗。面对读不懂的课外书籍,学生找不到正确方法解决问题,很容易放弃。若任其发展,学生将会从读不懂发展到不敢读,乃至抵触、厌恶阅读。

(三) 基于语文教学的解决方案

本教学设计引导学生综合运用移情思维、分析理解、逻辑论证等思维,并借助非洲音乐创造出与绘本图文相配合的意境,调动学生多方面的知识和经验进行阅读理解,感受文字背后的深刻含义和美感。在充分理解绘本的基础上,引导学生用戏剧的方式把自己对影子的理解物化为实物表演和语言。

其实四年级正是孩子对于生活中自然现象充满兴趣的年纪,影子作为他们身边的自然现象,他们对其充满好奇,充满"和影子玩耍"的热情。如果引导正确,他们可以将文字与脑海中的生活经验连接,理解诗歌背后的科学之美,文字之妙,激发其对文学的兴趣和创造的欲望。

三、教学准备

《影子》绘本、KWL表格(见附表1)、多媒体播放设备、幕布、投影仪。

四、教学目标

1. 通过多种思维方式理解《影子》文字背后丰富的意境和美感。
2. 初步运用在《影子》中学到的修辞方式和风格,结合科学知识进行光影创造、表演和场景描述。
3. 培养学生观察生活、分享表达自己生活感受的兴趣和能力。

五、教学难点

1. 分析理解绘本诗句所表达的丰富内涵,领会其背后优美、深远的意境。
2. 能够巧妙地运用影子形成的原理,通过远近和遮挡关系,借助身体和有限的道具,在幕布后进行光影创作。

六、教学流程示意图

(略)

七、学习活动设计

(一) 第1课时

教师活动	设计意图和期望的学生活动
环节一:猜谜语 (一) 情境导入 教师:同学们,今天老师为大家带来一本绘本。这本绘本和咱们以往读的不一样,它的文字部分是一首诗,描绘了一位全世界每个人都很熟悉的"朋友"。这个"朋友"是谁? 出示绘本中的诗歌片段: 　　它在你背后嘲笑你。 　　它学你的样子, 　　把你耍得团团转。 • 问题 教师:答案为什么是影子呢? 教师:我们今天要读的绘本就叫《影子》,它是一本获得过儿童图书最高荣誉大奖的书…… (解释绘本来历,继续抓住学生兴趣。)	• 用学生喜欢的猜谜方式引入,抓住学生的注意力。 • 学生根据诗歌中提示进行猜谜,逐渐找到正确答案:影子 • 学生结合提示"全世界每个人都熟悉"以及诗歌中的描述"学你的样子""在背后嘲笑你",与影子对比,找到相似点。 • 逻辑论证:我对句子段落的理解对吗?从文字和生活经验中找依据。

(续表)

教师活动	设计意图和期望的学生活动
环节二:准备阅读的背景科学知识 (一) 收集资料 教师:关于影子,你知道什么?小组讨论,把知道的信息写在KWL表格(见附表1)上的K栏(我知道)中。 (教师注意明确任务、人员分配和讨论时间) (二) 分享知识 • 讨论 教师:各小组发言,分享本组最有亮点的科学知识。 (教师到学生中进行引导、把控时间,掌握课堂节奏。) • 问题 教师:看一下《影子》的封面,大家猜猜它的内容可能是什么?关于这本书,你想知道什么?请小组讨论,把自己感兴趣的问题写在表格里。	• 学生小组讨论,填写KWL表格中的K栏。 • 小组讨论后,在全班范围内分享。教师强调不能重复其他小组的知识点,引导学生深入挖掘自己已有的知识、经验。 • 学生完成KWL表格中的W栏,并在全班分享。在此环节中,其他小组同学可以帮助提出问题的同学解决一些问题。 • 问题解决:此过程帮助学生明确阅读目的,意即定义问题,以便在随后的学习过程中寻求解决问题的方法。
环节三:阅读绘本,理解图文深意 (一) 浏览与精读 教师:同学们提出了这么多想知道的问题,教师也给大家准备了一个问题清单(见附表2),请你们打开绘本,快速浏览一遍然后默读问题单 (阅读开始,教师播放和绘本意境匹配的背景音乐) 教师:默读问题清单后请带着问题,再次阅读绘本。教师给大家准备了便利贴,你可以在便利贴上写出答案,然后贴在那一页的角上,方便交流。 (二) 交流讨论 教师:时间到,现在请同学们来回答问题清单上的问题,并说出你们的依据。 • 问题1 判断:"斑马的影子是纯黑的。"(对/错) • 问题2 判断:"影子出现在你身体的一侧。"(对/错) • 问题3 判断:"只要太阳升起,就到处都是影子的国民。"(对/错)	• 分析理解:学生3分钟快速浏览,30秒默读问题单,10分钟带着问题阅读。用便笺纸记录自己阅读过程中产生的问题或标识与问题匹配的答案。 • 逻辑论证:问题1—4是判断题,可以从绘本原文中找到文学性描述作为回答依据,也可以从前面学生自己准备的KWL表格中找到科学知识作依据。在回答问题的过程中引导学生理解逻辑论证所代表的"有理有据"的讨论交流方式。

(续表)

教师活动	设计意图和期望的学生活动
• 问题4 判断:"影子不会说话。"(对/错) (教师引导学生回答每个问题时必须找到绘本中的依据,也必须找到科学知识方面的依据。如果一个学生不能完整、逻辑清晰地回答,则请其他同学帮助。) 教师:同学们是否发现,同样的现象,既可以用比喻的修辞手法,带有感情色彩地表达,也可以用科学的语言,客观理性地表达。二者意思一样,但是产生了完全不同的效果。 • 问题5 简答:为什么说"它(影子)夜里出来绕着火堆徘徊。它还喜欢混进跳舞的人群。"影子既是徘徊者又是舞者? • 问题6 简答:为什么说森林中的影子"在松动、在飞散、在伸长、在搅动、在扩展、也在聚合"? 教师:快速浏览时不能理解作者这样描写的用意,通过把自己代入到现场环境中,想象看到的情景,就能感受到这种描写的生动、有趣了。	• 分析理解:文学和科学两种学科对同一个问题有两种不同形式的回答,通过对比二者带给人的不同感受,引导学生分析理解不同语言表达方式的不同作用。 • 移情:问题5—6为简答题,引导学生用移情的思维方法进行阅读理解。问题5需要把自己代入非洲部落"篝火晚会"现场,才能理解"绕着火堆徘徊""混"进人群中的用词之妙,比喻之美。问题6需要把自己置身丛林中,才能想象原来是一群群运动中的飞禽走兽带来了这样的影子效果。
环节四:总结,检验阅读效果 教师:谢谢同学们的帮助,问题清单中的问题都已经有了答案,每个小组列在KWL表格中的问题都有答案吗? 教师邀请每个小组一一作答。 对于"找到答案"的问题:邀请其用"有理有据"的方式在全班面前作答,然后填在KWL表的L栏;对于"没找到答案"的问题:邀请其他同学帮助回答,或鼓励学生从其他资源处寻找答案。 课堂小结 (略)	• 问题解决:KWL表格既帮助学生构建自己的阅读策略。学生通过W栏(我想知道的)定义自己想要解决的问题,然后在阅读过程中逐渐寻找答案,最后在L(我所学到的)栏中列出阅读的收获。对照W栏可直观看到学习效果。

（二）第2课时

教师活动	设计意图和期望的学生活动
环节一：创编光影故事 教师：上节课我们通过绘本感受了影子的奇妙，这节课我们自己来创造奇妙的影子。 （一）学习科学原理 教师讲解影子的科学原理和影子与光源的关系。 ①影子是一种光学现象。 ②介绍影子的出现是因为物体遮挡光。 ③结合①②解释：靠近光源物体影子大，远离光源物体影子小。	• 学生学习与影子相关的简单科学知识。
（二）利用科学原理，完成任务 教师：请你们小组合作，试着借助教师给的道具，拼出教师要求的场景。 • 任务：人在树下 道具：纸片树（尺寸较小）/纸片人（尺寸较大） 教师请两组小组上台展示，边展示边借助科学原理进行解说。	• 分析理解：趁热打铁，学生需要运用刚学到的科学知识正确摆放"小"树和"大"人离光源的位置，才可以造成人在大树下的效果。 • 在任务驱动下，学生需要理解拓展学习到的科学知识并进行运用。让学生边操作，边进行科学性解说，这是一种正向的强化。
（三）回归文学性表达 教师：同学们能够像绘本《影子》那样，为自己创造的这幅场景配上文字吗？	• 这一环节中，学生要结合画面展开想象，配上充满诗意或富有哲理的文字。在实际应用的场景下训练学生综合运用科学知识和文学、艺术的表达方式，进行创造性决策训练和 物化训练。
环节二：创造更美妙的光影 （一）看视频 教师：通过简单的道具可以用影子制造出这么美好的画面，同学们都是充满创造力的！下面我们先看视频《影子舞》，请同学们模仿它再创造自己的光影故事。 （教师播放视频《影子舞——水调歌头·中秋》，配合《明月几时有》的音乐，极具艺术性和故事性。其中有由舞者的影子演绎的蟾宫玉兔捣药画面。）	

(续表)

教师活动	设计意图和期望的学生活动
(二) 模仿秀 教师:同学们可以仅借助自己的身体和随身小物品,配上优美的解说,用光影演绎一个情节曲折、有意境的小故事吗? •任务:自由发挥的创意故事 小组讨论创意后教师邀请各小组上台表演。 每场表演后,教师邀请其他小组从光影效果(科学)、故事情节(创意)和解说词的意境(语文)三方面进行点评。	• 创造性决策:学生以小组形式思考如何创造出任务要求的光影画面。 • 物化:在这个环节中,教师提供1.8m×2.0m的大型幕布和光源。学生小组合作,用自己的身体遮挡光源,用影子表现出"人在树下"。难点:用人的身体如何展现出大树的轮廓?需要多名学生合作。 • 创造性决策、物化:需要学生发挥想象力进行创造,把对科学知识的运用与有深意、有趣味的语言相融合,并进行表演。训练学生综合运用知识、技能解决实际问题的能力,锻炼培养审美情趣。
(三) 课堂总结 (略)	• 学生从第1课时的语文绘本出发,走进科学的世界,感受到了文学艺术的美。第2课时学生又从科学知识出发,走进艺术的世界,在模仿与创造中感受融合科学、文学艺术进行创新的乐趣。学生们徜徉于不分学科的知识海洋里,感受智慧与美。

附表1(KWL表格)

What I Know	What I Want to Know	What I have Learned
(阅读前) 我已经知道的	(阅读前) 我想知道的	(阅读后) 我所学到的

填写说明

K:(阅读前)我已经知道的

目的:引导学生在阅读过程中调集头脑中已有的所有关于影子的科学知识进行思考,而不是被动地接受外界(阅读文字中的)信息。教师要求学生不能重复别人说过的知识点非常重要,这是一方面迫使学生聆听、分析理解其他人传达的信息,另一方面努力挖掘自己的知识储备。

W:(阅读前)我想知道的

目的:引导学生带着目的阅读,这是一种提高阅读效率的有用技巧。请学生观察绘本封面图画,从中发现信息,预测绘本内容,有效调动起学生的阅读兴趣。

L:(阅读后)我所学到的

目的:阅读后检验阅读效果,回顾K和W,检验阅读是否达到了预期目的,达到归纳整理,反思提升的目的。

附表2 问题清单

回答下列问题,从《影子》原文和KWL表格中关于影子的科学知识里找相应的依据。

	问题	回答	原文中的依据	科学知识依据
1	"斑马的影子是纯黑的"对吗?	对/错		
2	"影子只出现在身体的一侧"对吗?	对/错		
3	"只要太阳升起,就到处都是影子的国民"对吗?	对/错		
4	"影子不会说话"对吗?	对/错		
5	为什么说"它(影子)夜里出来绕着火堆徘徊,它还喜欢混进跳舞的人群,影子既是徘徊者又是舞者"?	简答		
6	为什么说森林中的影子"在松动、在飞散、在伸长、在搅动、在扩展、也在聚合"?	简答		

八、课程设计说明

这节课重视内容领域,适时采用跨学科阅读教学,利用知识的迁移,激发学生的阅读兴趣,促进学生阅读能力的提升。在课堂上学生真实的阅读体验得到了尊重,这既拓宽了学生的思路,也让学生在不知不觉间获得了科学知识,培养了创新思维的能力。

课堂的活动设计激发了学生的兴趣,学生们在任务驱动下,从实践中体会影子成像的原理和特点。在课堂中,有一个小组的同学让一个男生扮演小红帽,由女生为他配音。这种设计出其不意、与众不同,而这样的设计既是艺术的,又是科学的。学生是在理解了"影子的形成是因为物体遮挡光线、是光学现象,只看影子,通常难以判断实物的原貌"之后,才做出了这样的设计。在评价环节,小演员们揭示谜底,让很多同学大吃一惊,更能体会影子的魅力。

此外,科学和文学相结合,帮助孩子们更好地理解晦涩诗句中的明喻和暗喻,知道作者要表达的影子的特点,遵循学生认知理解的规律。

一本优秀的绘本,不仅能用文学的手法表现科学现象,还能展现文字的优美与深刻的哲理。绘本画面与文字相融,画家与作家相互补白,产生了无限想象空间——学科是无边界的。这节课让孩子们从文学和科学的角度有了初步感悟,下一课时,可以与美术课关联,让孩子们在学习撕纸、拓印等艺术手法中认识美。有了画面感悟之后,还可将音乐和语文相结合,逐渐拓展体验边界。

第 四 节

教学设计案例——变废为宝(作品评价)

本案例为整个"变废为宝"课程的作品评价部分。主要展示教师应如何对学生作品进行"有效评价"。此处的"评价"是指课堂上教师对学生作品(或者课堂讨论、回答问题时的发言)进行即时点评。而"有效"评价是指教师的点评能够真正帮助被点评的学生和其他在课堂上的学生更明确思考问题的方向,或者更好地理解概念、方法。和"有效"评价相反的是"无效"评价,即学生无法从教师的评价中获得更多有价值信息的评价。最典型的"无效评价"是单纯地夸赞学生的行为或回答。本案例由北京市朝阳区实验小学贵阳分校的陈湘湘老师提供。

一、教学基本信息

课题:小小设计师

学科:科学

年级:四年级

涉及领域:设计思维

教材:自行研发

二、教学背景分析

(一)教学内容分析

"变废为宝"课程是身体力行环保理念的设计思维课。学生把家中不再使用的废旧物品改造成有使用价值的物品。在这个设计活动中学生用要素—结构—功能—环境的系统思想观念观察生活中的物品,尝试在材料、结构等方面进行废旧物品改造,使其产生新的用途。同时对于设计的表现力与创意方面也有所体验。

(二)学生情况分析

本次上课的四年级(1)班的学生整体思维较敏捷,敢想敢表达。该班学生已经具有初步的设计思维和想象能力,对动手活动有浓厚兴趣。通过前两课的学习,在逻辑思维方式、动手实践能力方面有了初步感知。本班学生课堂表现异常活跃,为顺利开展教学需要明确课程纪律和多样的提醒方式,促进学生积极且有效地参与课堂活动,完成思维训练。

三、教学准备

1.教师:教学课件、作品评价表、板贴。

2.学生:自己的设计成果作品,预先准备上台汇报演讲。

四、教学目标

1.设计思维:加深对"结构""要素""功能"等系统概念和关系的认识,并运用这些概念练习多角度思考和解决问题。

2. 实践目标:能够清楚且有条理地表达自己的想法,如(自己的)设计思路,或(对别人的设计的)改进建议。

3. 态度目标:乐于与人分享设计想法,并回答他人的提问,从而体会创新的乐趣。

五、教学重点与难点

1. 教学重点:能够运用系统思想的概念将设计过程中采用的设计想法及动手实践步骤清晰地表达出来。

2. 教学难点:能够将设计思想较完整地在作品中表现出来。但发现未达到预期时,能找到优化的方法。

六、教学流程示意图(可选)

(略)

七、学习活动设计(第1课时)

教师活动	设计意图和期望的学生活动
环节一:回顾与导入(5分钟) • 问题 教师:上节课我们学习了很多废旧物品改造的创意案例,也动手实现了一些变废为宝的作品。同学们对前面所学的内容总结出哪些规律呢?请举手回答。 • 评价 学生依次发言,教师对学生的回答进行简要评价。在评价过程中捕捉学生发言中的关键词,形成板书。 • 板书 （改变结构 → 改变功能 → 减少材料（要素）/ 增加材料（要素）） 教师(完成评价后):今天各小组分别上台展示本组设计,台下的同学对他们的设计提出自己的看法和修改建议。最后我们要和往常一样通过投票方式选出这次设计活动中的最佳作品。	• 引导学生共同回顾前面所学内容和活动进展情况,进行小结。 • 评价要点:是否正确总结了上节课的要点,目的是让学生找回上节课的记忆,找准本节课的关注点,形成前后一致的逻辑线索。 • 板书为本节课的核心概念,当学生回答问题有困难时,教师可以口头提示学生注意板书中的概念,提供一些具有指向性的线索,搭建认知思考的支架。 • 导入"变废为宝"作品展示与交流。

（续表）

教师活动	设计意图和期望的学生活动
环节二：明确评价标准和展示流程(5分钟) • 展示评价标准 教师：(在屏幕上展示各组设计作品的照片)这些是同学们完成的创意作品，在展示交流之前，我们先了解评分标准以及汇报的主要思路。 (将评分标准打在屏幕上) 教师：我们有4个评分标准和要求： ①新功能是否实用。完全不实用得零分，真的可以用到生活中解决小问题，得3分； ②是否经过了测试和优化，如果作品在上台前没有经过实用性测试得零分，经过了各种测试，得3分； ③团队展示是否清晰、完整，有理有据，满分为2分； ④作品的外形是否美观，好看，很不好看得零分，很好看得2分。 • 作品使用的材料必须是自己家中废弃不用的物品，而不能是把有用的物品拆下来使用。如果不是用真正的废旧物品进行的改造不能参与评选。 • 教师：各组在展示作品时，可以一个人讲也可以全组都参与演讲，但是所有小组都必须讲清楚三条： ①用作材料的物品原本是什么； ②怎样具体进行改造； ③改造后的物品有什么实际用途。 (写在板书上)	• 逻辑论证：在评价前明确评价标准，提供下面所有评价发言、打分的依据。 • 变废为宝的"废"必须是真正的"废"，以强调设计的目的是解决真实世界的真实问题。 • 明确演讲的目标，目的同展示评价标准。
环节三：展示与评价(30分钟) • 展示演讲 关注和教学目标相关的问题，如： ①学生发言中是否只会用日常生活的词语、概念而不会用"要素—结构—功能"等系统思想概念，表达设计构思； ②作品是否只有装饰性，无实用性； ③设计是否考虑不周全，使用不方便； ④学生是否能有条理地表达。	• 逻辑论证：小组成员上台展示作品，学生代表按照教师启发的思路进行作品描述和汇报。(每组展示3分钟，其他小组学生严格按照公布的评分标准打分，两名学生统计各组分数) • 评价对策 ①分析理解：教师提示学生看黑板上板书的核心概念，引导学生使用这些词。如果学生仍然无法正确使用，说明学生尚未理解，则教师示范用核心概念中的词汇复述学生的话。帮助学生把具体案例和系统概念联系起来，促进对抽象概念的理解。

(续表)

教师活动	设计意图和期望的学生活动
• 自评互评 (所有小组展示完毕,评分完毕) 教师:同学们对展示的作品有没有疑问、想法或建议? • 教师点评 教师公布评比结果,针对各小组展示环节的表现和作品优缺点进行综合点评和小结。 **环节四:交流与总结(5分钟)** • 教师在学生分享的基础上结合板书进行总结、提炼。鼓励学生践行"变废为宝"。	②问题解决、逻辑论证:教师提示学生注意评价标准第一条,引导学生加深对"设计要解决实际问题"的理解。 ③移情→创造性决策→物化:教师请台下同学站在使用者角度提出挑战,修改建议,或者提出修改意见。 ④提示学生看演讲要求,或指出表达中的问题,要求学生重新说一遍。 • 逻辑论证:学生举手发言,表达对展示小组的作品存在的疑问或者想法及改进建议,进行自评互评。 • 用有仪式感的方式进行评价,强化学生对"有理有据地表达"的理解和认识。 • 学生分享自己的收获。

附录一

设计思维教育与其他教育理念差异及关系的辨析

近年来新的教育理念层出不穷,如"素质教育""创新教育"、STEM 教育、STEAM 教育、创客教育等。本篇短文对这些概念的异同进行辨析。虽然与本书主题关系不紧密,但能帮助不熟悉这些教育理念的读者更好地找准各概念的定位。

全球经济蓬勃发展,对人才的需求越来越大,导致对教育的要求越来越高。已有的以记忆、理解知识点为核心的传统教育理念已经不能满足需求了。在这种潮流下,各种新的教育思潮不断涌现,设计思维就是其中的一种,而在其前后,还有大量的其他教育理念出现。他们各有异同,这里大致介绍其中几项在我国影响较大的,包括素质教育、创新教育、STE(A)M 教育、创客教育等。通过互相比较,我们不仅能更好地了解这些教育理念的异同,而且可以更好地了解设计思维教育的定位和优势。

一、素质教育

在中国,素质教育的核心是"立德树人"。早在 1999 年 6 月,国家发布了《中共中央国务院关于深化教育改革,全面推进素质教育的决定》。其中对什么是素质教育做了方向性的说明。文件指出,素质教育是以"适应 21 世纪现代化建设需要"的人才为目的,以"培养学生的创新精神和实践能力为重点",要"贯穿于学校教育、家庭教育和社会教育等各个方面",必须做到"德育、智育、体育、美育等有机地统一"。

十八大提出"把立德树人作为教育的根本任务,培养德智体美全面发展的社会主义建设者和接班人",根据这一精神,教育部在 2014 年宣布"将组织研究提出各学段学生发展核心素养体系,明确学生应具备的适应终身发展和社会发展需要的必备品格和关键能力"。该研究的联合课题组由北京师范大学等多所高校的近百名研究人员组成。历时3年,经教育部基础教育课程教材专家工作委员会审议,最终形成研究成果。中国学生发展核心素养分为文化基础、自主发展、社会参与三个方面,综合表现为人文底蕴、科学精神、学会学习、健康生活、责任担当、实践创新等六大素养,最后具体细化为十八个基本要点见附录图a。从该课题组发表的研究论文中,我们可以看到核心素养的提出较为充分地考虑了中小学教育的实际情况。附录图b是根据上海教科院普教所在上海市、浙江省、江苏省和安徽省四个省(市)共调研330名中小学校长进行的调查问卷发表的数据再整理后形成的交叉分析图。可以明显看出校长们认为最重要同时还是最缺乏的素养是"社会责任",另外"实践创新"也显得非常抢眼。

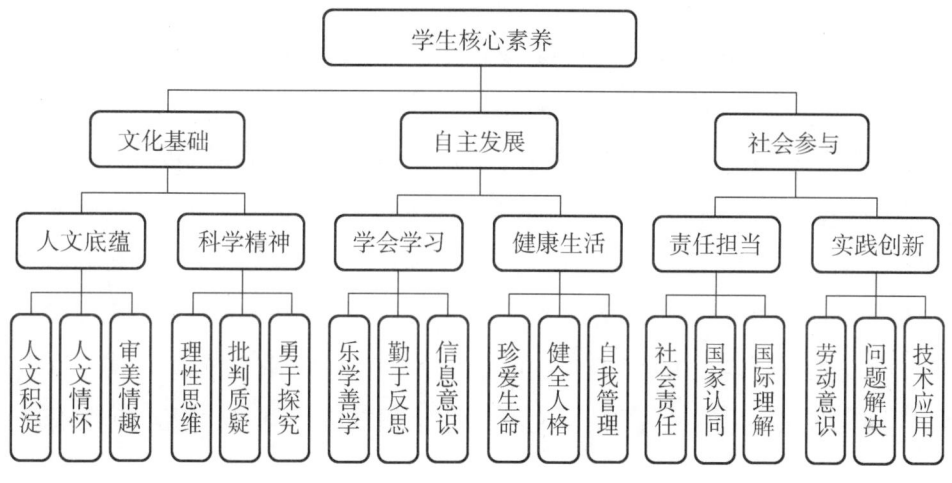

附录图a 素质教育是"立德树人"总目标的要求,创新教育是素质教育的重要组成部分

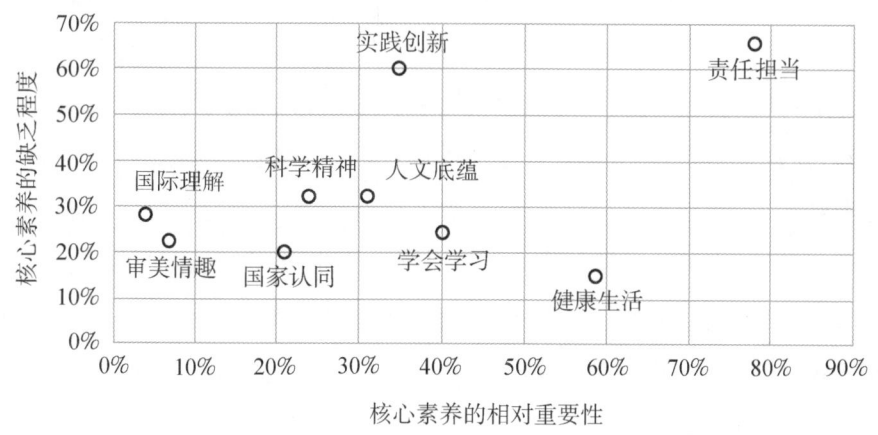

附录图b 核心素养重要性和缺乏度交叉分析图(数据来源:上海教科院普教研究所的《长三角地区学生发展核心素养校长调研报告》)

二、创新教育

创新教育培养学生的创新思维、创新品格和创新精神。具体而言,创新教育帮助学生同时使用想象力和批判性思维(大致等同感性思维和理性思维)来创造新的和有实际意义的想法,并且鼓励他们采取行动,自主地、灵活地解决问题并为此承担(一定的)风险。创新教育在很大程度上是为了消除传统教育模式下学生缺乏主动性,以记忆、机械重复知识点为主的弊端。创新教育致力于开发学生用不同的方法解决同一个问题的能力和打破思维定式解决问题的能力。

学术界一般认为,具有创新特质的人大致具备"创新意识""创新思维""创新能力"三方面的素质,不同学者可能会用不同词汇描述它们,但其内涵基本相同。其中"创新意识"是指其人在性格、精神、心理层面有较为强烈的创新意愿,表现为遇到难题时不墨守成规,为了找到问题的解决方案愿意冒一定风险或付出更大的努力。

"创新思维"是指一套有利于创新的认知能力,如人们常提到的发散思维、聚合思维、联想思维、逆向思维、直觉思维、逻辑思维等。这些思维能力的差别导致一部分人在一瞬间即可产生创意,而另一部分人则可能完全做不到。研究创新思维背后的机制和规律对提升学生的创新能力有着巨大的现实意义。遗憾的是,前面提到的这些思维方式的概念和划分,缺乏脑神经科学、认知心理学的可靠理论和实验证据作为支撑,不同专家提出了很多具有一定说服力但不尽相同的学说。这些学说难以互相融合,这给创新教育的落地实施带来了一定的困难。

"创新能力"是指把创新的想法转化为有实际价值的物质产品或精神产品的能力。例如,说服他人接受自己的想法、形成能通力合作的团队的能力,学习新知识和新技能、克服技术或工程难关的能力等。在商业投资界曾经流行一种说法:一万个人有创新想法,只有一千个人付诸行动,其中一百个人能证明其想法有商业价值,但只有十个人会因此拿到风险投资,最后有一个人能成功上市。可见创新能力也是一项难能可贵的综合素质,和创新思维同样重要。

中小学开展创新教育的主要形式为开设创新课程和举行创新主题的竞赛活动。这些创新教育实践为我国由以基础知识和基本技能为目标的传统教育模式向以面向未来的素质教育模式转变提供了实践经验和发展机遇。

三、科学、技术、工程(人文)与数学教育STE(A)M

科学、技术、工程与数学教育起源于美国的STEM(科学Sciences、技术Technology、工程Engineering和数学Mathematics的缩写组合),由美国国家科学委员会在1986年发表的《本科的科学、数学和工程教育》报告中提出,随后被各界大力推广。

2006年弗吉尼亚理工大学教授亚克门(Georgette Yakman)把Arts加入STEM,形成了STEAM(科学技术工程人文与数学)。值得特别提醒的是,按照亚克门教授给出的定义,此处Arts并不单指艺术,而是更广泛的人文与艺术,例如社会学范畴的内容以及语言、形体、音乐、美学、表演等较为广泛的人文艺术科目[①]。将Arts加入STEM教育中,不仅是简单地把人文与艺术和科学、技术、工程与数学"塞"到一起,而是引导学生看到科技与人文艺术的密切联系。事实上,人类创造、发展科学、技术、工程与数学最终都是为"人"的发展、幸福服务的。

欧美国家普遍看重科学技术工程(人文)与数学教育。近年来不仅在美国遍地开花,在欧洲也同样受到各国及欧盟的重视。如在欧洲34个国家的教育部联合管理机构"欧洲学校网"(European Schoolnet)领导下的STEM联盟(STEM Alliance)和SCIENTIX,由欧盟资助的欧洲STEM联盟(The EU STEM Coalition)等。欧洲的一些国家已经正式把STE(A)M列入了学校正规教育体系的一部分。欧美对STEM的重视在很大程度上是由于对未来科技竞争力的需求,美国劳工部认为,到2025年需要增加70多万个相关岗位,而欧洲则宣称为了保证欧洲的增长势头,仅2020年就需要新增100万名研究人员。可见对科学、技术、工程与数学人才的需求,是欧美各国STEM教育势头越来越猛的背后原因(见附录图c)。

科学技术工程(人文)与数学教育有几个主要特征。

解决实际问题:研究国外作为范例展示的STE(A)M案例可以发现两个特点,一是资助科学技术工程与数学学习计划的政府资金并非都来自教育部,而是来自各个行业的主管部门,它们从各自行业未来需要出发,有针对性地资助科学技术工程与数学学习,培养自己需要的人才。另外几乎所有科学技术工程与数学项目都有完全真实的应用背景,如研究所在社区的一片红树树林是怎样"迁移"的,或直接以去工厂勤工俭学,去农场实习等。正是由于学习环境的真实性和面对的问题的真实性,知识总是以各个学科交织在一

[①] 范文翔,赵瑞斌,张一春.美国STEAM教育的发展脉络、特点与主要经验[J]比较教育研究,2018(6).

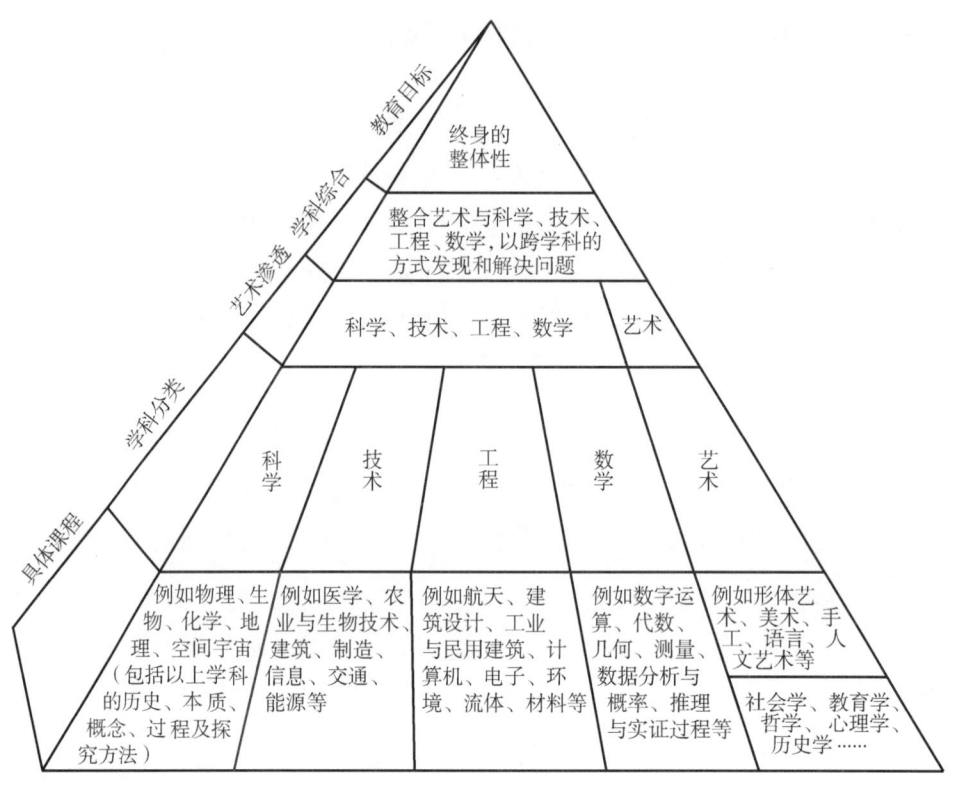

附录图c　STEAM知识结构①

起的形式出现的。学生在解决问题的过程中学会怎样灵活、有效地运用知识,同时也加深对知识的重要性和"跨学科"性质的认识。

跨学科:科学技术工程(人文)与数学教育是跨学科教育,这是由其"解决真实问题"的特征所决定的。在真实世界中的知识和问题不分学科,只要面对的问题是真实的,就一定会需要跨学科的知识。

创新:和跨学科学习一样,"解决实际问题"的目标使得创新同样成为科学技术工程(人文)与数学教育的必然倾向。

四、创客教育

"创客"源于英文单词"Maker",起源众说纷纭,定义五花八门。但从对创客影响比较大的一些事件中我们可以比较准确地定义"创客"。

---

① Yakman G. STEAM education: An overview of creating a model of integrative education [EB/OL].（2010-08-07）[2021-05-20]. https://www.academia.edu/8113795.

2001年美国麻省理工学院媒体实验室（Media Lab）下的草根发明集群（Grassroots Invention Group）和比特与原子中心（Center for Bits and Atoms）在美国国家科学基金会的资助下合作成立了一个制造实验室（Fab Lab），旨在"广泛探索信息与信息所代表的物质世界的联系以及怎样用科技帮助资源匮乏的城市与地区"。Fab Lab 的理念随后迅速传播，不仅麻省理工学院至今仍然有一门颇为热门的课程"教你什么都能造"[How to Make（Almost）Anything]，而且截至2019年11月，全世界已经开设了1830个制造实验室。

2005年著名的《创客》杂志创刊，其创始人道尔蒂（Dale Dougherty）大力推动一种技术导向的DIY社群，随后发展为著名的"创客运动"。创客们最感兴趣的技术不仅包括各种开源软硬件、机器人、3D打印机、数控工具、编程，同样也包括传统的金工、木工和传统手工艺。创客多为技术的"发烧友"、爱好动手制作的人以及学生。他们热衷于用这些创新科技和传统加工工艺，自己动手实现自己的创意想法。创客文化强调兴趣和自我实现，提倡"在交流中边做边学"（learning-through-doing in a social environment），因此创客文化的特点是非正式的、网络化的、分享和平等的。

2011年，美国著名作家和三维机器人公司（3D Robotics）创始人安德森（Chris Anderson）出版了一本书《创客：新工业革命》（*Makers: The New Industrial Revolution*）。此书引起广泛重视，让创客运动引起了全社会的重视。

从上面的历史发展轨迹我们可以清楚地看到，创客的关键词是"科技""自己动手""创意""个人兴趣""平等交流"。

2016年，中国教育部印发《教育信息化"十三五"规划》的通知，推动创客教育在中国发展，由此翻开了创客在中国的新篇章。中国的创客教育表现出明显的两个不同特点。

在学校教育体系里，中国教育界的专家学者心目中的创客教育目标是：运用创客的理念和方式改造教育，克服传统应试教育的弊端，培养学生的创新能力。北师大现代教育技术研究所何克抗教授说："我国学者心目中的创客教育，是要把青少年培养成具有创新意识、创新思维和创新能力的创新人才[①]。"

另一方面，在校园外，中国的创客运动迅速成为一个巨大的产业（见附录图d）。仅根据2017年中泰证券研究所的不完全统计，国内已经约有400多个品牌7000多家以机器人教育为主的教育机构。

[①] 何克抗. 论创客教育与创新教育[J]. 教育研究，2016(4).

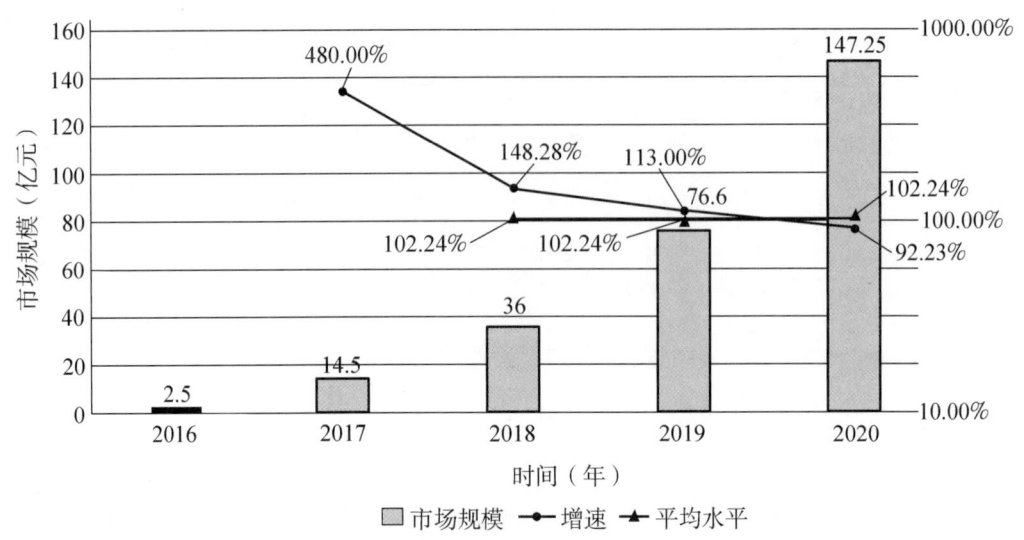

附录图d 创客教育市场规模测算

五、以上各种教育理念的关系

从以上背景知识的介绍中,我们能大致理清这些新兴教育理念的关系。

"立德树人"是统领所有教育理念的总方向,"素质教育"是立德树人的具体方向指引。其最突出的特点是围绕"人"这一主体,实施均衡的、对个体和国家发展都有利的教育。在我们的教育核心素养中,既包括科学也包括人文,既包括社会责任也包括个性生活,既包括终身学习又包括实践创新,重点是全面发展和综合能力。解决实际问题和创新其实只是素质教育中的一部分。

科学技术工程(人文)与数学教育是素质教育的一种,以跨学科地运用知识解决实际问题为最突出特点,其中的STEM(科学、技术、工程与数学)比较偏重"理科",但STEAM(科学、技术、工程、人文与数学)则文理并重。

创新教育是素质教育中的重要组成部分,由于国家急需科技和经济人才,创新教育有极强的现实意义。创新教育需要一定的教学载体,创客和设计思维就是这样两个载体。其差别在于,设计思维由于设计活动的普遍性和"平民化",是"文理"均衡的创新,而创客教育则更为"偏科",偏向信息技术及相关的高科技领域。

设计思维和创客的另一个不同是,"创客"一词天然带有"创造(以前没有的事物)"的倾向。这就是创客活动倾向于追求高科技、强调与众不同的原因。相反,设计思维强调目

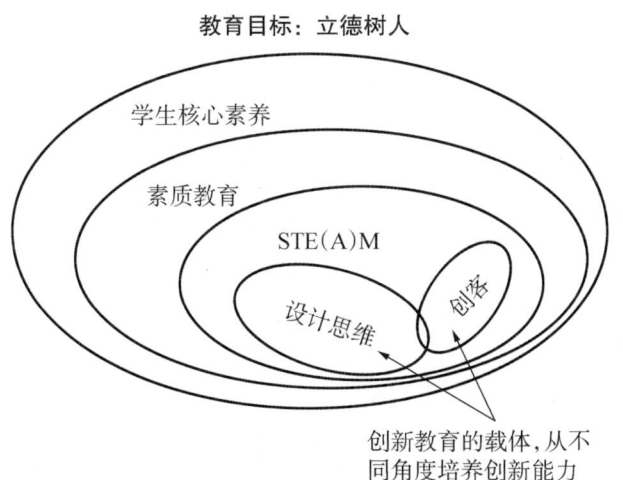

附录图e　各教育理念间的关系

的(解决实际问题)但不拘泥于实现目的的手段。

从"创新"的总目标来看,创客和设计思维各有千秋。不同的教育工作者可以根据自己的优势、学校的实际需要综合做选择。

附录图e体现了各个教育理念之间的关系和倚重。这些观点仅代表作者本人目前的认识和理解,站在不同角度和持有不同教育理论观点的人可能会有不同的理解。

附录二

义务教育阶段课程标准中的教学目标（节选）

小学科学课程标准

一、课程目标

小学科学课程的总目标是培养学生的科学素养，并为他们继续学习、成为合格公民和终身发展奠定良好的基础。学生通过科学课程的学习，保持和发展对自然的好奇心和探究热情；了解与认知水平相适应的科学知识；体验科学探究的基本过程，培养良好的学习习惯，发展科学探究能力；发展学习能力、思维能力、实践能力和创新能力，以及用科学语言与他人交流和沟通的能力；形成尊重事实、乐于探究、与他人合作的科学态度；了解科学、技术、社会和环境的关系，具有创新意识、保护环境的意识和社会责任感。

本标准分别从"科学知识""科学探究""科学态度""科学、技术、社会与环境"四个方面阐述具体目标。

二、课程领域分目标

（一）科学知识目标

（略）

（二）科学探究总目标

1. 了解科学探究是获取科学知识的主要途径，是通过多种方法寻找证据、运用创造性思维和逻辑推理解决问题,并通过评价与交流等方式达成共识的过程。

2. 知道科学探究需要围绕已提出和聚焦的问题设计研究方案,通过收集和分析信息获取证据,经过推理得出结论,并通过有效表达与他人交流自己的探究结果和观点;能运用科学探究方法解决比较简单的日常生活问题。

3. 初步了解分析、综合、比较、分类、抽象、概括、推理、类比等思维方法,发展学习能力、思维能力、实践能力和创新能力,以及运用科学语言与他人交流和沟通的能力。

4. 初步了解通过科学探究达成共识的科学知识在一定阶段是正确的,但是随着新证据的增加,会不断完善和深入,甚至会发展变化。

(三)科学态度总目标

1. 对自然现象保持好奇心和探究热情,乐于参加观察、实验、制作、调查等科学活动,并能在活动中克服困难,完成预定的任务。

2. 具有基于证据和推理发表自己见解的意识;乐于倾听不同的意见和理解别人的想法,不迷信权威;实事求是,勇于修正与完善自己的观点。在科学学习中运用批判性思维大胆质疑,善于从不同角度思考问题,追求创新。

3. 在科学探究活动中主动与他人合作,积极参与交流和讨论,尊重他人的情感和态度。

(四)科学、技术、社会与环境总目标

1. 初步了解所学的科学知识在日常生活中的应用。

2. 初步了解人类活动对自然环境、生活条件及社会变迁的影响;了解社会需求是推动科学技术发展的动力;了解科学技术已成为社会与经济发展的重要推动力量。

3. 初步了解在科学技术的研究与应用中,需要考虑伦理和道德的价值取向;热爱自然,珍爱生命,具有保护环境的意识和社会责任感。

美术课程标准

一、课程目标

美术课程总目标按"知识与技能""过程与方法""情感、态度和价值观"三个维度设定。学生以个人或集体合作的方式参与美术活动,激发创意,了解美术语言及其表达方式

和方法;运用各种工具、媒材进行创作,表达情感与思想,改善环境与生活;学习美术欣赏和评述的方法,提高审美能力,了解美术对文化生活和社会发展的独特作用。学生在美术学习过程中,丰富视觉、触觉和审美经验,获得对美术学习的持久兴趣,形成基本的美术素养。

二、课程领域分目标

美术课程分目标从"造型·表现""设计·应用""欣赏·评述"和"综合·探索"四个学习领域设定。

(一)"造型·表现"学习领域

1. 观察、认识与理解线条、形状、色影、空间、明暗、肌理等基本造型元素,运用对称、均衡、重复、节奏、对比、变化、统一等形式原理进行造型活动,增进想象力和创新意识。

2. 通过对各种美术媒材、技巧和制作过程的探索及实验,发展艺术感知能力和造型表现能力。

3. 体验造型活动的乐趣,敢于创新与表现,产生对美术学习的持久兴趣。

(二)"设计·应用"学习领域

1. 了解设计与工艺的知识、意义、特征与价值以及"物以致用"的设计思想,知道设计与工艺的基本程序,学会设计创意与工艺制作的基本方法,逐步发展关注身边事物、善于发现问题和解决问题的能力。

2. 感受各种材料的特性,根据意图选择媒材,合理使用工具和制作方法,进行初步的设计和制作活动,体验设计、制作的过程,发展创新意识和创造能力。

3. 养成勤于观察、敏于发现、严于计划、善于借鉴、精于制作的行为习惯和耐心细致、团结合作的工作态度,增强以设计和工艺改善环境与生活的愿望。

(三)"欣赏·评述"学习领域

1. 感受自然美,了解美术作品的题材、主题、形式、风格与流派,知道重要的美术家和美术作品,以及美术与生活、历史、文化的关系,初步形成审美判断能力。

2. 学会从多角度欣赏与认识美术作品,逐步提高视觉感受、理解与评述能力,初步掌握美术欣赏的基本方法,能够在文化情境中认识美术。

3. 提高对自然美、美术作品和美术现象的兴趣,形成健康的审美情趣,崇尚文明,珍视优秀的民族、民间美术与文化遗产,增强民族自豪感,养成尊重世界多元文化的态度。

(四)"综合·探索"学习领域

1. 了解美术各学习领域的联系,以及美术学科与其他学科的联系,逐步学会以议题为中心,将美术学科与其他学科融会贯通的方法,提高综合解决问题的能力。

2. 认识美术与自然、美术与生活、美术与文化、美术与科技之间的关系,进行探究性、综合性的美术活动,并以各种形式发表学习成果。

3. 开阔视野,拓展想象的空间,激发探索未知领域的欲望,体验探究的愉悦与成功感。

化学课程标准

一、课程目标

义务教育阶段的化学课程以提高学生的科学素养为主旨,激发学生学习化学的兴趣,帮助学生了解科学探究的基本过程和方法,发展科学探究能力,获得进一步学习和发展所需要的化学基础知识和基本技能;引导学生认识化学在促进社会发展和提高人类生活质量方面的重要作用,通过化学学习培养学生的合作精神和社会责任感,培养学生的民族自尊心、自信心和自豪感;引导学生学会学习,学会生存,能更好地适应现代生活。

二、课程领域分目标

(一)知识与技能

(略)

(二)过程与方法

1. 认识科学探究的意义和基本过程,能进行简单的探究活动,增进对科学探究的体验。

2. 初步学习运用观察、实验等方法获取信息,能用文字、图表和化学语言表述有关的信息;初步学习运用比较、分类、归纳和概括等方法对获取的信息进行加工。

3. 能用变化和联系的观点分析常见的化学现象,说明并解释一些简单的化学问题。

4. 能主动与他人进行交流和讨论,清楚地表达自己的观点,逐步形成良好的学习习惯和学习方法。

（三）情感·态度·价值观

1. 保持和增强对生活和自然界中化学现象的好奇心和探究欲望,发展学习化学的兴趣。

2. 初步建立科学的物质观,增进对"世界是物质的""物质是变化的"等辨证唯物主义观点的认识,逐步树立崇尚科学、反对迷信的观念。

3. 感受并赞赏化学对改善人类生活和促进社会发展的积极作用,关注与化学有关的社会热点问题,初步形成主动参与社会决策的意识。

4. 增强安全意识,逐步树立珍惜资源、爱护环境、合理使用化学物质的可持续发展观念。

5. 初步养成勤于思考、敢于质疑、严谨求实、乐于实践、善于合作、勇于创新等科学品质。

6. 增强热爱祖国的情感,树立为中华民族伟大复兴和社会进步学习化学的志向。

历史与社会课程标准

一、课程目标

历史与社会课程综合历史、地理及相关学科的教学内容,旨在提高学生的人文素养和学习能力、创新能力、社会实践能力,使他们能够正确面对人生、社会和自然环境中的各种问题,弘扬以爱国主义为核心的民族精神和以改革创新为核心的时代精神,初步形成正确的世界观、人生观和价值观,逐步成长为中国特色社会主义事业的合格建设者和接班人。

二、课程领域分目标

（一）知识与技能

1. 了解中国与世界历史进程的基本事实,了解中国与世界人文地理的概况。

2. 了解社会生活的丰富内涵以及参与社会生活的多种方式和途径,理解个体发展与社会进步的关系。

3. 了解人类面临的环境问题,理解人口、资源、环境与经济社会发展的关系,理解人与自然的和谐发展。

4. 了解中国历史和世界历史的基本脉络以及人类物质文明、精神文明、政治文明、生态文明发展的基本趋势,理解近现代中国革命、建设、改革的曲折历程。

5.运用多种方法和现代信息技术,收集、处理历史材料、地理和社会信息。

(二)过程与方法

1.经历观察、体验、感悟的过程,逐步提高参与社会生活的能力。

2.尝试多角度探究当前生活中的挑战与机遇,学会独立思考、提出疑问、进行反思,逐步提高自主选择与决断的能力。

3.采用比较、分析、综合等方法,探究、解释历史和现实问题。

4.运用辨证的、发展的观点认识历史进程,评估人们做了什么、能做什么、该做什么。

(三)情感·态度·价值观

1.认同社会主义核心价值观,逐步树立走中国特色社会主义道路的信念。

2.逐步形成资源环境意识和社会责任感,确立可持续发展的理念。

3.逐步增强国家认同感、归属感和自豪感。

4.学会尊重文明多样性,欣赏不同民族和区域的人文特色。

5.享受历史与社会相关问题探究的乐趣,形成积极进取的学习态度。

地理课程标准

一、课程目标

义务教育地理课程的总目标是:掌握基础的地理知识,获得基本的地理技能和方法,了解环境与发展问题,增强爱国主义情感,初步形成全球意识和可持续发展观念。

二、课程领域分目标

(一)知识与技能

(略)

(二)过程与方法

1.通过各种途径感知身边的地理事物和现象,积累丰富的地理表象;初步学会根据收集到的地理信息,通过比较、分析、归纳等思维过程,形成地理概念,归纳地理特征,理解地理规律。

2. 运用已获得的地理基本概念和地理基本原理,对地理事物和现象进行分析,做出判断。

3. 具有创新意识和实践能力,善于发现地理问题,收集相关信息,运用有关知识和方法,提出解决问题的设想。

4. 运用适当的方式方法,表达、交流地理学习的体会、想法和成果。

(三)情感·态度·价值观

1. 增强对地理事物和现象的好奇心,提高学习地理的兴趣以及对地理环境的审美情趣。

2. 关心家乡的环境与发展,关心我国的基本地理国情,增强热爱家乡、热爱祖国的情感。

3. 尊重世界不同国家的文化和传统,增强民族自尊心、自信心和自豪感,理解国际合作的意义,初步形成全球意识。

4. 初步形成尊重自然、与自然和谐相处、因地制宜的意识及可持续发展的观念,增强防范自然灾害、保护环境与资源和遵守相关法律法规的意识,养成关心和爱护地理环境的行为习惯。

物理课程标准

一、课程目标

义务教育物理课程旨在提高学生的科学素养,让学生:

学习终身发展必需的物理基础知识和方法,养成良好的思维习惯,在分析问题和解决问题时尝试运用科学知识和科学研究方法;经历科学探究过程,具有初步的科学探究能力,乐于参加与科学技术有关的活动,有运用研究方法的意识;保持探索科学的兴趣与热情,在认识自然的过程中获得成就感,能独立思考、敢于质疑、尊重事实、勇于创新;关心科学技术的发展,具有环境保护和可持续发展的意识,树立正确的世界观,有振兴中华、将科学服务于人类的使命感与责任感。

二、课程领域分目标

（一）知识与技能

（略）

（二）过程与方法

1. 经历观察物理现象的过程，能简单描述所观察物理现象的主要特征，能在观察和学习中发现问题，具有初步的观察能力及提出问题的能力。

2. 通过参与科学探究活动，学习拟订简单的科学探究计划和实验方案，有控制实验条件的意识，能通过实验收集数据，会利用多种渠道收集信息，有初步的信息收集能力。

3. 经历信息处理过程，有对信息的有效性、客观性做出判断的意识，经历从信息中分析、归纳规律的过程，尝试解释根据调查或实验数据得出的结论，有初步的分析概括能力。

4. 能书面或口头表述自己的观点，能与他人交流，有自我反思和听取意见的意识，有初步的信息交流能力。

5. 通过学习物理知识，提高分析问题与解决问题的能力，养成自学能力，学习物理学家在科学探索中的研究方法，并能在解决问题中尝试应用科学研究方法。

（三）情感·态度·价值观

1. 有学习物理的兴趣，有对科学的求知欲，能保持对自然界的好奇，乐于探索自然，能领略自然界的美妙与和谐，对大自然有亲近、热爱、和谐相处的情感。

2. 有将科学技术应用于日常生活、社会实践的意识，乐于探究日常用品或新产品中的物理学原理，乐于参与观察、实验、制作、调查等科学实践活动，有团队精神。

3. 有克服困难的信心和决心，能总结成功的经验，分析失败的原因，体验战胜困难、解决物理问题时的喜悦。

4. 养成实事求是、尊重自然规律的科学态度，不迷信权威，勇于创新，有判断大众传媒信息是否符合科学规律的初步意识，有将自己的见解与他人交流的意识，敢于提出与别人不同的见解，勇于放弃或修正不正确的观点。

5. 关注科学技术对社会发展、自然环境及人类生活的影响，有保护环境及可持续发展的意识，能在个人力所能及的范围内对社会的可持续发展做出贡献，有将科学服务于人类的意识，热爱祖国，有振兴中华的使命感与责任感。

语文课程标准

一、总体目标与内容

课程目标从知识与能力、过程与方法、情感态度与价值观三个方面设计。三者相互渗透,融为一体。目标的设计着眼于语文素养的整体提高。

1. 在语文学习过程中,培养爱国主义、集体主义、社会主义思想道德和健康的审美情趣,发展个性,培养创新精神和合作精神,逐步形成积极的人生态度和正确的世界观、价值观。

2. 认识中华文化的丰厚博大,汲取民族文化智慧。关心当代文化生活,尊重多样文化,吸收人类优秀文化的营养,提高文化品位。

3. 培育热爱祖国语言文字的情感,增强学习语文的自信心,养成良好的语文学习习惯,初步掌握学习语文的基本方法。

4. 在发展语言能力的同时,发展思维能力,学习科学的思想方法,逐步养成实事求是、崇尚真知的科学态度。

5. 能主动进行探究性学习,激发想象力和创造潜能,在实践中学习和运用语文。

6. 学会汉语拼音。能说普通话。认识3500个左右的常用汉字。能正确工整地书写汉字,并有一定的速度。

7. 具有独立阅读的能力,学会运用多种阅读方法。有较为丰富的积累和良好的语感,注重情感体验,发展感受和理解的能力。能阅读日常的书报杂志,能初步鉴赏文学作品,丰富自己的精神世界。能借助工具书阅读浅易文言文。背诵优秀诗文240篇(段)。九年课外阅读总量应在400万字以上。

8. 能具体明确、文从字顺地表达自己的见闻、体验和想法。能根据需要,运用常见的表达方式写作,发展书面语言运用能力。

9. 具有日常口语交际的基本能力,学会倾听、表达与交流,初步学会运用口头语言文明地进行人际沟通和社会交往。

10. 学会使用常用的语文工具书。初步具备搜集和处理信息的能力,积极尝试运用新技术和多种媒体学习语文。

二、学段目标与内容

(略)

生物学课程标准

一、课程目标

通过义务教育阶段生物学课程的学习,学生将在以下几方面得到发展。

1. 获得生物学基本事实、概念、原理和规律等方面的基础知识,了解并关注这些知识在生活、生产和社会发展中的应用。

2. 初步具有生物学实验操作的基本技能、一定的科学探究和实践能力,养成科学思维的习惯。

3. 理解人与自然和谐发展的意义,提高环境保护意识。

4. 初步形成生物学基本观点、创新意识和科学态度,并为确立辨证唯物主义世界观奠定必要的基础。

5. 作为本课程的学习成果,每个学生要努力实现以下具体目标。

二、课程领域分目标

(一)知识

(略)

(二)能力

1. 正确使用显微镜等生物学实验中常用的仪器和用具,具备一定的实验操作能力。

2. 初步具有收集、鉴别和利用课内外的图文资料及其他信息的能力。

3. 初步学会生物科学探究的一般方法,发展学生提出问题、作出假设、制订计划、实施计划、得出结论、表达和交流的科学探究能力。在科学探究中发展合作能力、实践能力和创新能力。

4. 初步学会运用所学的生物学知识分析和解决某些生活、生产或社会实际问题。

(三)情感·态度·价值观

1. 了解我国的生物资源状况和生物科学技术发展状况,形成爱祖国、爱家乡的情感,增强振兴祖国和改变祖国面貌的使命感与责任感。

2. 热爱自然,珍爱生命,理解人与自然和谐发展的意义,提高环境保护意识。

3. 乐于探索生命的奥秘,具有实事求是的科学态度、探索精神和创新意识。

4. 关注与生物学相关的社会问题,初步形成主动参与社会决策的意识。

5. 逐步养成良好的生活与卫生习惯,确立积极、健康的生活态度。

思想品德课程标准

一、课程目标

思想品德课程以社会主义核心价值体系为导向,旨在促进初中学生正确思想观念和良好道德品质的形成与发展,为使学生成为有理想、有道德、有文化、有纪律的社会主义合格公民奠定基础。

思想品德课程引导和帮助学生达到以下几个方面的目标。

二、课程领域分目标

(一) 情感·态度·价值观

1. 感受生命的可贵,养成自尊自信、乐观向上、意志坚强的人生态度。

2. 体会生态环境与人类生存的关系,爱护环境,形成勤俭节约、珍惜资源的意识。

3. 养成孝敬父母、尊重他人、诚实守信、乐于助人、有责任心、追求公正的品质。

4. 形成热爱劳动、注重实践、崇尚科学、自主自立、敢于竞争、善于合作、勇于创新的个性品质。

5. 树立规则意识、法治观念,有公共精神,增强公民意识。

6. 热爱集体、热爱祖国、热爱人民、热爱社会主义,认同中华文化,继承革命传统,弘扬民族精神,有全球意识和国际视野,热爱和平。

(二) 能力

1. 学会调控自己的情绪,能够自我调整,自我控制。

2. 掌握爱护环境的基本方法,形成爱护环境的能力。

3. 逐步掌握交往与沟通的技能,学习参与社会公共生活的方法。

4. 学习搜集、处理、运用信息的方法,提高媒介素养,能够积极适应信息化社会。

5. 学会面对复杂的社会生活和多样的价值观念,以正确的价值观为标准,做出正确的道德判断和选择。

6. 学习运用法律维护自己、他人、国家和社会的合法权益。

(三) 知识

（略）

品德与社会课程标准

一、课程目标

品德与社会课程旨在培养学生的良好品德，促进学生的社会性发展，为学生认识社会、参与社会、适应社会，成为具有爱心、责任心、良好行为习惯和个性品质的公民奠定基础。

本课程引导和帮助学生达到以下几个方面的目标。

二、课程领域分目标

（一）情感·态度·价值观

1. 珍爱生命，热爱生活，养成自尊自爱、乐观向上、勤劳朴素的态度。
2. 爱亲敬长，养成文明礼貌、诚实守信、友爱宽容、热爱集体、团结合作、有责任心的品质。
3. 初步形成规则意识和民主、法治观念，崇尚公平与公正。
4. 热爱家乡，珍视祖国的历史与文化，具有中华民族的归属感和自豪感，尊重不同国家和民族的文化差异，初步形成开放的国际视野。
5. 具有关爱自然的情感，逐步形成保护生态环境的意识。

（二）能力与方法

1. 养成安全、健康、环保的良好生活和行为习惯。
2. 初步认识自我，掌握一些调整自己情绪和行为的方法。
3. 学会清楚地表达自己的感受和见解，倾听他人的意见，体会他人的心情和需要，与他人平等地交流与合作，积极参与集体生活。
4. 学习从不同的角度观察社会事物和现象，对生活中遇到的道德问题做出正确的判断，尝试合理地、有创意地探究和解决生活中的问题，力所能及地参与社会公益活动。

5. 初步掌握收集、整理和运用信息的能力,能够选用恰当的工具和方法分析、说明问题。

(三) 知识

(略)

数学课程标准

一、课程目标

通过义务教育阶段的数学学习,学生能:

1. 获得适应社会生活和进一步发展所必需的数学的基础知识、基本技能、基本思想、基本活动经验;

2. 体会数学知识之间、数学与其他学科之间、数学与生活之间的联系,运用数学的思维方式进行思考,增强发现和提出问题的能力、分析和解决问题的能力;

3. 了解数学的价值,提高学习数学的兴趣,增强学好数学的信心,养成良好的学习习惯,具有初步的创新意识和科学态度。

二、课程领域分目标

(一) 知识技能

(略)

(二) 数学思考

1. 建立数感,符号意识和空间观念,初步形成几何直观和运算能力,发展形象思维与抽象思维。

2. 体会统计方法的意义,发展数据分析观念,感受随机现象。

3. 在参与观察、实验、猜想、证明、综合实践等数学活动中,发展合情推理和演绎推理能力,清晰地表达自己的想法。

4. 学会独立思考,体会数学的基本思想和思维方式。

(三) 问题解决

1. 初步学会从数学的角度发现问题和提出问题,综合运用数学知识解决简单的实际问题,增强应用意识,提高实践能力。

2. 获得分析问题和解决问题的一些基本方法,体验解决问题方法的多样性,发展创新意识。

3. 学会与他人合作交流。

4. 初步形成评价和反思的意识

(四) 情感态度

1. 积极参与数学活动,对数学有好奇心和求知欲。

2. 在数学学习过程中,体验获得成功的乐趣,锻炼克服困难的意志,建立自信心。

3. 体会数学的特点,了解数学的价值。

4. 养成认真勤奋、独立思考、合作交流、反思质疑等学习习惯。

5. 形成坚持真理、修正错误、严谨求实的科学态度。

附录三

高中课程标准中的学科核心素养（节选）

普通高中艺术学科核心素养

一、艺术感知

艺术感知是艺术学习与实践活动的基础，是学生对各艺术门类的艺术语言、艺术形象、思想情感的感受和认知。

二、创意表达

创意表达是创造性的艺术表现活动，是学生在各种艺术实践中想象力、表现力、创造力的体现。

三、审美情趣

审美情趣是审美愉悦、高雅气质、人文情怀等艺术涵养的体现，是对真善美的精神追求。

四、文化理解

文化理解是从不同文化的角度认识艺术，体现在艺术鉴赏、文化认同和艺术精神的领悟等方面。

普通高中语文学科核心素养

一、语言建构与运用

语言建构与运用是指学生在丰富的语言实践中,通过主动地积累、梳理和整合,逐步掌握祖国语言文字特点及其运用规律,形成个体言语经验,发展在具体语言情境中正确有效地运用祖国语言文字进行交流沟通的能力。

二、思维发展与提升

思维发展与提升是指学生在语文学习过程中,通过语言运用,获得直觉思维、形象思维、逻辑思维、辨证思维和创造思维的发展,以及深刻性、敏捷性、灵活性、批判性和独创性等思维品质的提升。

三、审美鉴赏与创造

审美鉴赏与创造是指学生在语文学习中,通过审美体验、评价等活动形成正确的审美意识、健康向上的审美情趣与鉴赏品位,并在此过程中逐步掌握表现美、创造美的方法。

四、文化传承与理解

文化传承与理解指学生在语文学习中,继承和弘扬中华优秀传统文化、革命文化、社会主义先进文化,理解和借鉴不同民族和地区的文化,拓展文化视野,增强文化自觉,提升中国特色社会主义文化自信,热爱祖国语言文字,热爱中华文化,防止文化上的民族虚无主义。

普通高中美术学科核心素养

一、图像识读

图像识读指对美术作品、图形、影像及其他视觉符号的观看、识别和解读。

二、美术表现

美术表现指运用传统与现代媒材、技术和美术语言创造视觉形象。

三、审美判断

审美判断指对美术作品和现实中的审美对象进行感知、评价、判断与表达。

四、创意实践

创意实践指在美术活动中形成创新意识,运用创意思维和创造方法。

五、文化理解

文化理解指从文化的角度观察和理解美术作品、美术现象和观念。

普通高中历史学科核心素养

一、唯物史观

唯物史观是揭示人类社会历史客观基础发展规律的科学的历史观和方法论。

二、时空观念

时空观念是在特定的时间联系和空间联系中对事物进行观察、分析的意识和思维方式。

三、史料实证

史料实证是指对获取的史料进行辨析,并运用可信的史料努力重现历史真实的态度与方法。

四、历史解释

历史解释是指以史料为依据,对历史事物进行理性分析和客观评判的态度、能力与方法。

五、家国情怀

家国情怀是学习和探究历史应具有的人文追求,体现了对国家富强、人民幸福的情感,以及对国家的高度认同感、归属感、责任感和使命感。

普通高中地理学科核心素养

一、人地协调观

人地协调观指人们对人类与地理环境之间关系秉持的正确的价值观。

二、综合思维

综合思维指人们运用综合的观点认识地理环境的思维方式和能力。

三、区域认知

区域认知指人们运用空间—区域的观点认识地理环境的思维方式和能力。

四、地理实践能力

地理实践能力指人们在考察、实验和调查等地理实践活动中所具备的意志品质和行动能力。

普通高中英语学科核心素养

一、语言能力

语言能力指在社会情境中,以听、说、读、看、写等方式理解和表达意义的能力,以及在学习和使用语言的过程中形成的语言意识和语感。

二、文化意识

文化意识指对中外文化的理解和对优秀文化的认同,是学生在全球化背景下表现出的跨文化认知、态度和行为取向。

三、思维品质

思维品质指思维在逻辑性、批判性、创新性等方面所表现的能力和水平。

四、学习能力

学习能力指学生积极运用和主动调适英语学习策略、拓宽英语学习渠道、努力提升英语学习效率的意识和能力。

普通高中化学学科核心素养

一、宏观辨识与微观探析

能从不同层次认识物质的多样性,并对物质进行分类;能从元素和原子、分子水平认识物质的组成、结构、性质和变化,形成"结构决定性质"的观念。

二、变化观念与平衡思想

能认识物质是运动和变化的,知道化学变化需要一定的条件,并遵循一定规律;认识化学变化的本质特征是有新物质生成,并伴有能量转化;认识化学变化有一定限度、速率,是可以调控的。

三、证据推理与模型认知

具有证据意识,能基于证据对物质组成、结构及其变化提出可能的假设,通过分析推理加以证实或证伪;建立观点、结论和证据之间的逻辑关系。

四、科学探究与创新意识

认识科学探究是进行科学解释和发现、创造和应用的科学实践活动;能发现和提出有探究价值的问题;能从问题和假设出发,依据探究目的,设计探究方案,运用化学实验、调查等方法进行实验探究;勤于实践,善于合作,敢于质疑,勇于创新。

五、科学态度与社会责任

具有安全意识和严谨求实的科学态度,具有探索未知、崇尚真理的意识;深刻认识化学对创造更多物质财富和精神财富、满足人民日益增长的美好生活需要的重大贡献;具有节约资源、保护环境的可持续发展意识,从自身做起,形成简约适度、绿色低碳的生活方式;能对与化学有关的社会热点问题做出正确的价值判断,能参与有关化学问题的社会实践活动。

普通高中物理学科核心素养

一、物理观念

物理观念是从物理学视角形成的关于物质、运动与相互作用、能量等的基本认识;是物理概念和规律等在头脑中的提炼与升华;是从物理学视角解释自然现象和解决实际问题的基础。

二、科学思维

科学思维是从物理学视角对客观事物的本质属性、内在规律及相互关系的认识方式;是基于经验事实建构物理模型的抽象概括过程;是分析综合、推理论证等方法在科学领域的具体运用;是基于事实证据和科学推理对不同观点和结论提出质疑和批判,进行检验和修正,进而提出创造性见解的能力与品格。

三、科学探究

科学探究是指基于观察和实验提出物理问题、形成猜想和假设、设计实验与制订方案、获取和处理信息、基于证据得出结论并做出解释,以及对科学探究过程和结果进行交流、评估、反思的能力。

四、科学态度与责任

科学态度与责任是指在认识科学本质,认识科学·技术·社会·环境关系的基础上,逐渐形成的探索自然的内在动力,严谨认真、实事求是和持之以恒的科学态度,以及遵守道德规范,保护环境并推动可持续发展的责任感。

普通高中生物学核心素养

一、生命观念

生命观念是指对观察到的生命现象及相互关系或特性进行解释后的抽象,是人们经过实证后的观点,是能够理解或解释生物学相关事件和现象的意识、观念和思想方法。

二、科学思维

科学思维是指尊重事实和证据,崇尚严谨和务实的求知态度,运用科学的思维方法认识事物、解决实际问题的思维习惯和能力。

三、科学探究

科学探究是指能够发现现实世界中的生物学问题,针对特定的生物学现象,进行观察、提问、实验设计、方案实施以及对结果的交流与讨论的能力。

四、社会责任

社会责任是指基于生物学的认识,参与个人与社会事务的讨论,做出理性解释和判断,解决生产生活问题的担当和能力。

普通高中数学核心素养

一、数学抽象

数学抽象是指通过对数量关系与空间形成的抽象,得到数学研究对象的素养。

二、逻辑推理

逻辑推理是指从一些事实和命题出发,依据规则推出其他命题的素养。

三、数学建模

数学建模是对现实问题进行数学抽象,用数学语言表达问题、用数学方法构建模型解决问题的素养。

四、直观想象

直观想象是指借助几何直观和空间想象感知事物的形态与变化,利用空间形式特别是图形,理解和解决数学问题的素养。

五、数学运算

数学运算是指在明晰运算对象的基础上,依据运算法则解决数学问题的素养。

六、数据分析

数据分析是指针对研究对象获取数据,运用数学方法对数据进行整理、分析和推断,形成关于研究对象知识的素养。

插页图1-1 贝聿铭的"金字塔"是建筑设计中的经典创新案例

插页图1-2 在真实世界里,所有学科都相互贯通,就像看似各自独立的山头之间其实有着千丝万缕的联系

插页图2-1 学生设计的"援助非洲"的太阳能照明住宅(案例和照片由贵阳市第二实验中学苟廷琴老师提供)

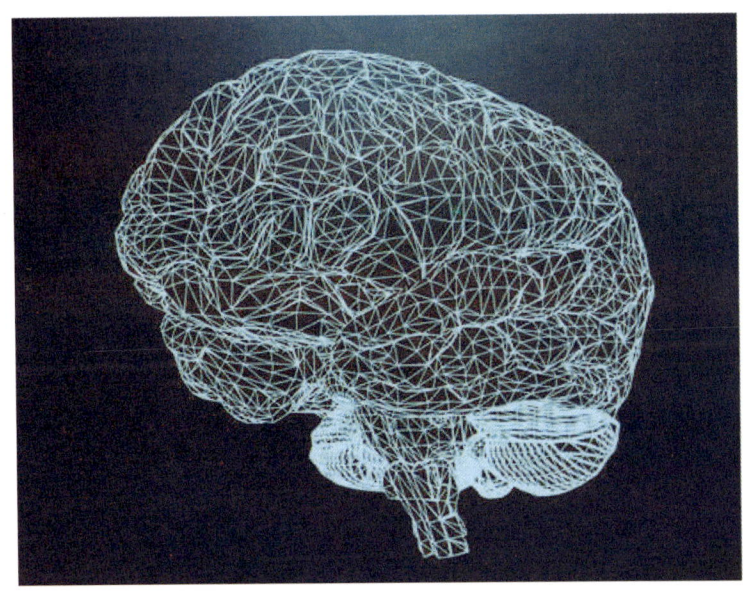

插页图2-2 我们所有的认知和智力活动都发生在大脑神经网络中

插页图2-3 把创新教育和解决实际问题结合在一起进行课堂教学本身就是一个创新（案例和照片由贵阳市实验小学何莉娜老师提供）

插页图2-4 学生根据问卷调查结果设计的"拯救流浪狗"海报(案例和照片由北京市丰台区丰台第一小学张珺老师、王萌老师、王梦怡老师提供)

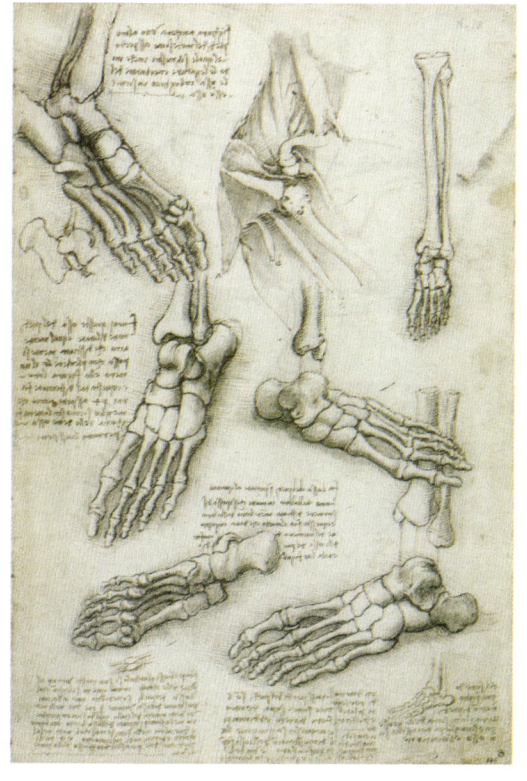

插页图2-5 达·芬奇通过临摹人体肌肉和骨骼,从生活中为艺术创作收集素材

插页图3-1a 六边形巢室是蜂巢的要素

插页图3-1b 要素与要素组成蜂巢的整体结构,具有孵化、抚养幼虫等功能

插页图3-1c 蜂巢的系统与环境相适应

这3张图体现了蜂巢的要素—结构—功能—环境之间的关系

插页图3-2 白蚁和蜜蜂同属群居的社会性昆虫,但巢穴有着巨大差异

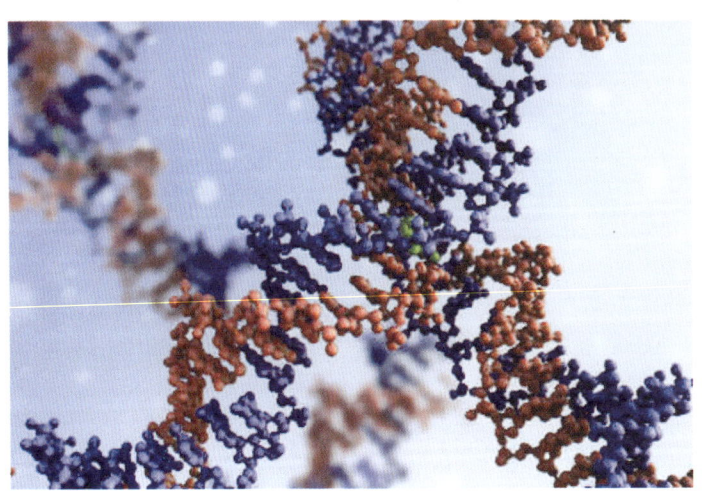

插页图3-3 蛋白质结构改变则功能改变

插页图3-4 用生活中随处可见的例子（如课桌）来引导学生理解抽象的"系统"概念（案例和照片由北京市朝阳区实验小学贵阳分校陈湘湘老师提供）

插页图3-5a 山地自行车

不同功能的自行车结构不同

插页图3-5b 载物自行车

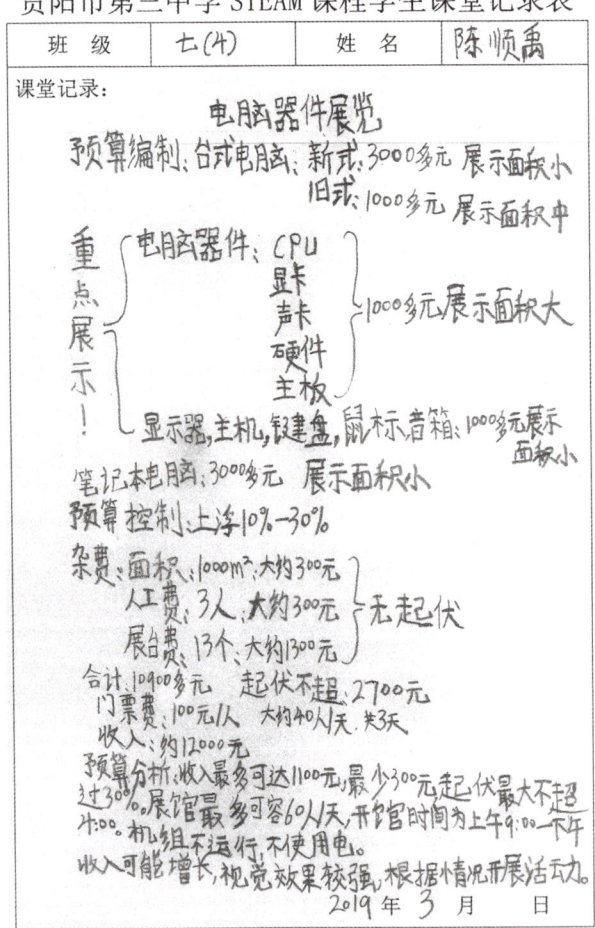

插页图3-6 "权衡"思想思维训练课堂的一个实例（案例和照片由贵阳市第三中学黄小蓉老师提供）

插页图4-1 学生设计的叉子很有想象力，制作也很漂亮，但暴露了他们没有"设计要满足需求"的"前概念"的问题（案例和照片由贵阳市实验小学周婧老师提供）

插页图4-2 引导学生理解"约束不是想象力的敌人而是朋友"——图为学生展示根据杯子上的咖啡渍创作的涂鸦作品(案例和照片由长春市绿园区绿园小学齐彦老师提供)

插页图4-3 人类无法想象自己没有见过的东西,除非依靠科学推理和数学计算,图为科学家"看"到的黑洞,它与之前计算得出的结果非常接近

插页图4-4 建筑设计中既有科学、技术和工程,又充满了表现力,是激发学生观察生活的好奇心的好主题(案例和照片由长春市绿园区雷锋小学聂晓辉老师提供)

插页图4-5a 文艺复兴早期(15世纪)弗兰德斯画家凡艾克的自画像

插页图4-5b 19世纪末印象派画家雷诺阿的《露台上的两姐妹》

比较二者的光线、人物肌肤质感和肢体动作,读者可以感受不同绘画表现手法的不同效果。

插页图4-6 平面视觉中的模式,雪花沿四个方向规则排列,不同颜色也规律出现

插页图4-7 生物特征模式:不同品种的猫具有共同的面部、毛发和体型特征

插页图4-8 观察这三张图可知,它们都采用同一色系的颜色,但又有稍许变化,产生了协调而不单调的美感

插页图4-9 观察这些"变废为宝"的设计可知,虽然三个设计使用的材料不同,但它们都是通过改变原有物品的结构而产生了新的功能

插页图4-10 学生设计的蘑菇形分类垃圾桶,让人联想到森林、自然、环保,同时起到清洁、美化和宣传的作用(案例和照片由北京市丰台区丰台第一小学张莉老师提供)

插页图4-11 设计一份"令人垂涎欲滴"的午餐,教师引导学生把抽象的概念和具体的视觉感受联系起来(照片和案例由青岛市市南区教育和体育局董坤凌老师提供)

插页图4-12 宁夏石嘴山市实验中学的设计空间,为学生提供了丰富的设计思维训练机会

插页图 4-13 彩色的风景令人心旷神怡,黑白景物气氛则完全不同

插页图 4-14a
这样的景物给人留下怎样的感受和印象?

插页图 4-14b

插页图 4-15a

黑色景物给人留下怎样的感受和印象?

插页图 4-15b

插页图 4-15c

插页图4-16a

插页图4-16b

插页图4-16c
红色景物给人留下怎样的感受和印象？

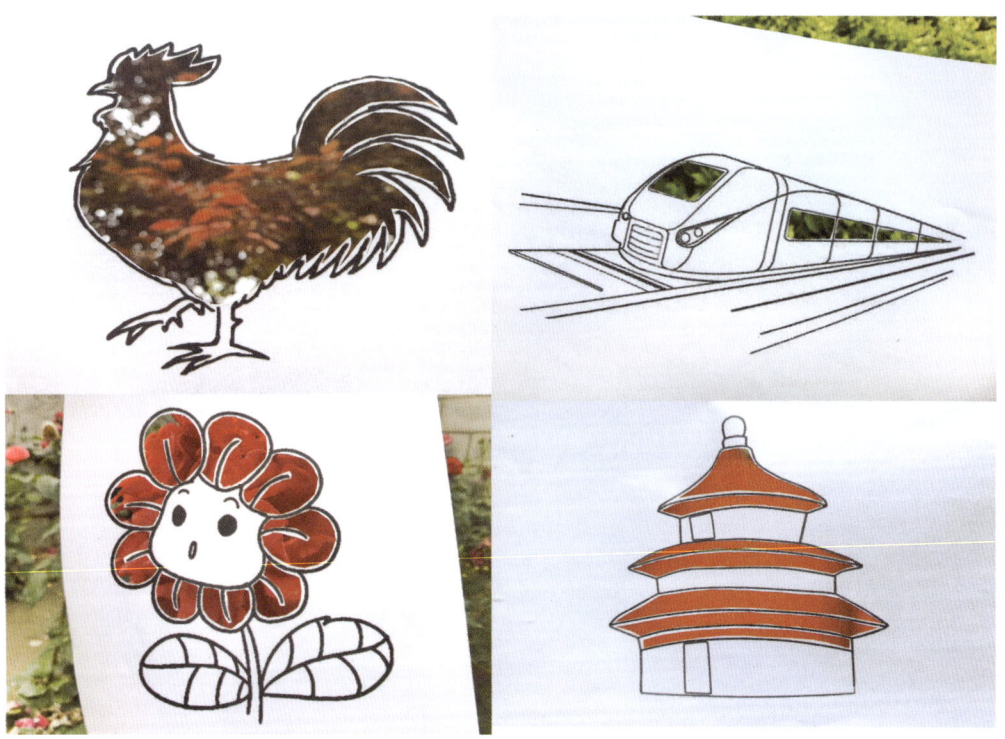
插页图4-17 结合动物、植物和人的图案拍照，拍出身边的生活气息

插页图5-1 教师引导学生综合运用科学和数学知识,创新性地解决实际问题(案例和照片由北京市第八中学贵阳分校陈园园老师提供)

插页图5-2 教师通过海军旗语、信号灯、莫尔斯电码、恩尼格码密码机等,引导学生认识人类通信技术的发展、二进制的编码及其应用(案例和照片由青岛八大峡小学殷洁老师提供)

插页图5-3 广州电视塔,昵称"小蛮腰",是文化、艺术和科技的创意组合

插页图5-4 对于设计师来说,一张图胜过千言万语

插页图6-1 设计思维课程围绕具体事例进行引导,如为机场设计纸杯(案例和照片由青岛李沧区永平路小学姜秀丽老师提供)

插页图6-2 引导学生从李白站在船上看天门山的视角想象《望天门山》一诗的画面,学生不仅更容易记忆、背诵全诗,而且更容易理解诗的意境和美感

插页图6-3 学生用英语完成项目式学习"自己学会并教别人做一道甜品",涉及英语语境下的记忆、辨识、物化、创造性决策和问题解决,可从多个认知层次掌握英语(案例和照片由贵阳市南明区第二实验中学张杏老师提供)

插页图6-4 即使是"包装礼物"这种看似感性、随意的设计活动,也同样可以训练学生的理性思考和逻辑表达能力(案例和照片由青岛市宾川路小学邱萍萍老师提供)

插页图8-1 教师抓住各年龄段学生认知发展特点,用恰当的方式促进学生思维能力的发展(案例和照片由北京市丰台区西罗园幼儿园高建侠老师提供)

插页图8-2 创意垃圾桶的设计展现了学生对表现力的思考和探索(案例和照片由北京市丰台区第一小学张莉老师提供)

插页图8-3 引导学生用简单的几何方法解决涉及复杂代数和物理知识的工程问题,在设计思维的项目式学习课堂上,学生能感受到解决实际问题时,需要跨学科知识,并勇于创新(案例和照片由贵阳市第二实验中学苟廷琴老师提供)

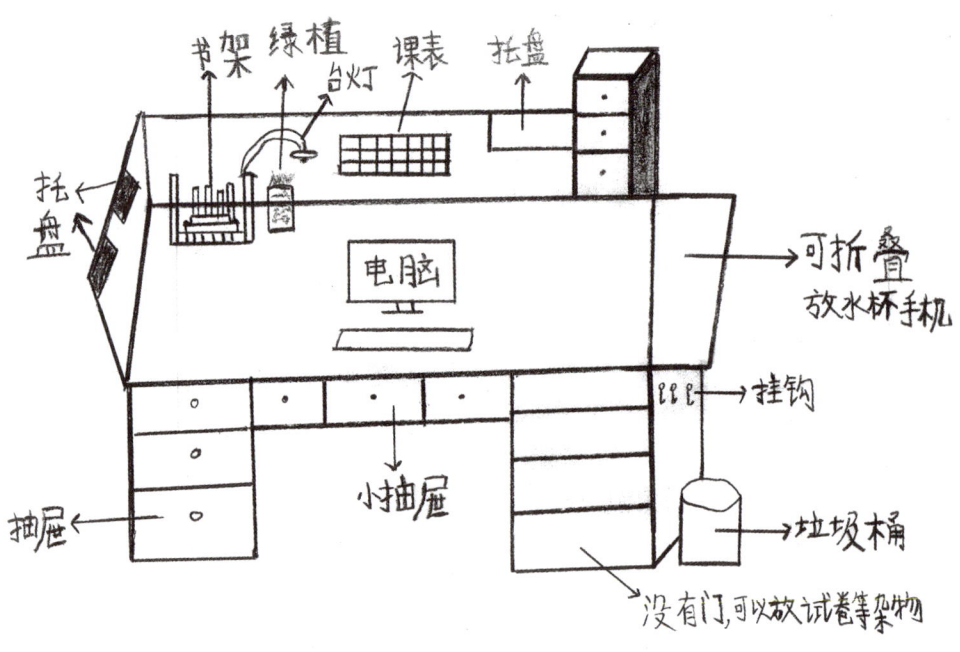

插页图8-4 不用高级设备或专业教室也能开展设计思维教学——图为三年级学生为老师设计的办公桌,满足多方面需要(案例和照片由北京市前门小学张健老师提供)